Críticas ao *Chi* Mental

"Quando li este livro disse para mim mesmo: 'Já era tempo.' Ele associa conhecimentos avançados sobre o cérebro, as melhores abordagens psicológicas e a sabedoria de todas as eras em um formato que facilita o acesso ao poder que existe em tudo isso. Uma dose diária de *Chi* Mental talvez não cure verrugas, mas com certeza melhora a vitalidade, diminui o estresse e nos permite ver mais claramente várias dádivas da vida."

Stephen C. Lundin, Ph.D., autor de *FISH!*, *best-seller* com cinco milhões de exemplares vendidos

"Leonardo tinha isso, Edison tinha isso e você também pode ter isso. O 'isso' é *Chi* Mental. Este livro influente nos ensina a cultivar, integrar e aplicar nossa energia mental para obter um extraordinário desempenho em todos os âmbitos da vida."

Michael J. Gelb, autor de *Aprenda a Pensar com Leonardo Da Vinci*

"*Chi* Mental é uma maneira nova, interessante e prática de aumentar nossa capacidade mental. Oito minutos por dia é um investimento que vale a pena para qualquer pessoa que encara com seriedade o desenvolvimento pessoal, o bem-estar e a felicidade."

Dr. Karl Albrecht, conselheiro executivo, futurista, palestrante e autor de *Inteligência Prática: Arte e Ciência do Bom Senso*

"Embora várias partes do *Chi* Mental me interessem, acho que este livro ensina as pessoas a vencer a principal causa do esquecimento: a distração. Oito minutos de atenção ininterrupta, além de ser uma forma de começar o dia, estabelece o ritmo de cada hora de atividade. Ao final do dia, você ficará surpreso com o quanto realizou."

Scott Hagwood, autor de *Memory Power*

"Vanda North e Richard Israel realizaram um tour de force que transformará muitas vidas. Com paixão, compaixão, humor e disciplina, o apelo dos autores evidencia-se como um chamado à ação... para mostrar que seu destino é importante. Compre este livro, experimente seu conteúdo e ajude outras pessoas a despertar para seus fascínios!"

Dilip Mukerjea, autor de vários títulos da série *The Creative Brain*

"Este livro lhe oferece técnicas que você pode praticar imediatamente para obter resultados duradouros."

Conni Gordon, autora do *best-seller 4-Step Instant Art Method*

"Este livro é o mais avançado compêndio de exercícios práticos para otimizar sua energia mental. Se você aplicar regularmente as técnicas apresentadas, poderá atingir seus objetivos e maximizar sua qualidade de vida e igualmente melhorar seu desempenho."

Helen Whitten, diretora executiva da Positiveworks, Reino Unido, *coach* executiva e autora de *Cognitive-behavioural Coaching Techniques for Dummies and Emotional Healing for Dummies*

"Este livro, além de ser fácil de ler, oferece dicas convincentes para ajudá-lo a realizar mudanças extraordinárias. Aprenda a mudar o pensamento negativo, a aguçar sua acuidade mental, a intensificar sua concentração e a aumentar sua energia. Misture e compatibilize as 50 estratégias de sucesso do chi mental para desenvolver sua harmonia interior. Controle sua mente e torne-se mestre de seu destino."

Margo Berman, professora na Universidade Internacional da Flórida e autora de *Street-Smart Advertising and The Brains Behind Great Ad Campaigns*

"Tenho o máximo prazer em recomendar o programa *Chi* Mental de Richard Israel e Vanda North. Conheço pessoalmente Israel há anos e posso atestar sua capacidade de tirar ideias 'do nada' e traduzi-las em programas viáveis. O *Chi* Mental é um programa que demorou mas chegou! Espero que você o considere providencial tanto quanto eu."

Bernie Cleveland, Ph.D., diretor executivo, TeacherOnlineEducation.com

"Bela visão... Neste mundo de grandes desafios, o programa *Chi* Mental de Richard Israel e Vanda North abre caminho para nos tornarmos mais competentes para lidar com a vida no ambiente de trabalho. Este livro possibilita que os leitores saiam de si mesmos e vejam o que eles de fato precisam ver."

Jeffrey Meshel, autor de *One Phone Call Away, Secrets of a Master Networker*

"Além de aplicarem pessoalmente e de forma exemplar o programa *Chi* Mental, Vanda e Richard agora podem transferi-lo para profissionais e empresas que desejam um sucesso revolucionário!"

Jamie Nast, autor de *Idea Mapping*

CHI MENTAL

REPROGRAME SEU CÉREBRO DIARIAMENTE EM APENAS 8 MINUTOS

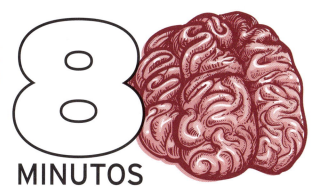

ESTRATÉGIAS DE SUCESSO PARA A SUA VIDA PESSOAL E PROFISSIONAL

RICHARD ISRAEL e VANDA NORTH

Tradução: Beth Honorato

www.dvseditora.com.br
São Paulo, 2012

*À Sara Sutton,
cujo extraordinário comprometimento com este projeto
não tem precedentes.*

CHI MENTAL

REPROGRAME SEU CÉREBRO DIARIAMENTE EM APENAS 8 MINUTOS

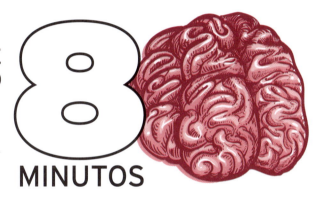

ESTRATÉGIAS DE SUCESSO PARA A SUA VIDA PESSOAL E PROFISSIONAL

RICHARD ISRAEL e VANDA NORTH

Tradução: Beth Honorato

www.dvseditora.com.br
São Paulo, 2012

CHI MENTAL
REPROGRAME SEU CÉREBRO DIARIAMENTE EM APENAS 8 MINUTOS
Copyright © 2012 DVS Editora Ltda
Todos os direitos para a território brasileiro reservados pela editora.

MIND CHI
RE-WIRE YOUR BRAIN IN 8 MINUTES A DAY
This edition first published 2010
Copyright © 2010 Richard Israel and Vanda North

All Rights Reserved. Authorised translation from the English language edition published by Capstone Publishing Limited. Responsibility for the accuracy of the translation rests solely with DVS Editora and is not the responsibility of Capstone Publishing Limited. No part of this book may be reproduced in any form without the written permission of the original copyright holder, Capstone Publishing Limited.

Nenhuma parte deste livro poderá ser reproduzida, armazenada em sistema de recuperação, ou transmitida por qualquer meio, seja na forma eletrônica, mecânica, fotocopiada, gravada ou qualquer outra, sem a autorização por escrita da editora.

Capa: Spazio Publicidade de Propaganda - Grasiela Gonzaga
Tradução: Beth Honorato
Diagramação: Konsept Design & Projetos

Dados Internacionais de Catalogação na Publicação (CIP)
(Câmara Brasileira do Livro, SP, Brasil)

```
Israel, Richard
    Chi mental : reprograme seu cérebro diariamente
em apenas 8 minutos : estratégias de sucesso
para sua vida pessoal e profissional / Richard
Israel e Vanda North ; tradução Beth Honorato. --
São Paulo : DVS Editora, 2012.

    Título original: Mind chi : re-wire your brain
in 8 minutes.
    Bibliografia.

    1. Administração de pessoal
2. Autodesenvolvimento 3. Autorrealização
4. Desenvolvimento pessoal 5. Desenvolvimento
profissional 6. Habilidades básicas
7. Organizações - Administração 8. Sucesso
profissional I. North, Vanda. II. Título.
```

12-11542   CDD-650.14

Índices para catálogo sistemático:

1. Desenvolvimento de pessoal e profissional :
        Administração   650.14

Autores do programa *Chi* Mental

Richard Israel é consultor, palestrante, instrutor e escritor. Richard tem 40 anos de experiência e conhecimento em âmbito internacional em treinamento de vendas, desenvolvimento de liderança, criatividade e treinamento de memória e uma habilidade exclusiva para aplicação da ciência cognitiva. Pioneiro na criação de **"capital intelectual"**, ele é solicitado em todas as partes do mundo. Seu trabalho aumentou o capital intelectual nas empresas e capacitou equipes e indivíduos a atingir um ótimo nível de desempenho. Suas técnicas de treinamento foram aplicadas a mais de 1,5 milhão de pessoas em quatro continentes. Israel já ofereceu consultoria a inúmeras empresas do setor varejista, hoteleiro, de aviação, de produção e de serviços para aumentar seus resultados financeiros e revelar novas oportunidades de negócios.

O objetivo de vida de **Vanda North** é ajudar as pessoas a redescobrir e melhorar seu quociente natural de felicidade. Ela dedicou sua vida a essa finalidade, participando de programas de televisão, escrevendo livros, criando uma rede global e orientando dezenas de milhares de pessoas a ter alegria na vida! Suas principais áreas de atuação são: aulas de **"felicidade e bem-estar"** para melhorar o controle do estresse, aprendizagem por meio de técnicas aceleradas de aprendizagem, mapas, memória, leitura dinâmica e métodos de apreensão de informações (tanto para pessoas com capacidade de aprendizagem quanto para pessoas inabilitadas), desenvolvimento de autoliderança por meio da comunicação, do comprometimento e da satisfação e agora o programa *Chi* Mental. Vanda viaja para todos os cantos do mundo para ministrar seminários e faz também caminhadas de aventura — como escalar o monte Kilimanjaro — para arrecadar fundos para o hospital de sua cidade.

Outros livros dos autores

Brain$ell, Tony Buzan e Richard Israel
The Brain Smart Leader, Tony Buzan, Tony Dottino e Richard Israel
Business Mapping, Vanda North
Get Ahead: Map Your Way to Success, Vanda North
Get Ahead: Teen Learning Success, Vanda North
Grass Roots Leader: The Brainsmart Revolution in Business, Tony Buzan, Tony Dottino e Richard Israel
How to Think Creatively: Using the "TILS" 4-Step Technique, Conni Gordon e Richard Israel
Joy Journey, Vanda North
Sales Genius, Tony Buzan e Richard Israel
Shifting Gears: How You Can Succeed and Lead in the New Workplace — The Technology of Success, Susan Ford Collins e Richard Israel
The Spark, Vanda North
SuperSelf, Tony Buzan e Richard Israel
The Vision, Julianne Crane e Richard Israel
Your Mind at Work: Developing Self-knowledge for Business Success, Richard Israel, Helen Whitten e Cliff Shaffran

Agradecimentos

De Richard

À Lois Feinberg, por seu amor e compreensão ao longo do projeto do *Chi* Mental; Susan Ford Collins, por suas recomendações e pela participação na divulgação de conceitos revolucionários ao longo dos anos; Conni Gordon, por sua sabedoria e encorajamento; Tony Dottino, por compartilhar suas ideias no importante trabalho que realizamos; Kathy Shurte, por seu apoio desde o primeiro dia do projeto do *Chi* Mental nos Estados Unidos da América (EUA); Lana Israel, minha fonte constante de inspiração e minha torcedora; Helen Whitten, por sempre acreditar no trabalho que realizamos em conjunto; Gwen Carden, o melhor agente de relações públicas que alguém pode desejar; Stu Elliott, por sua amizade incondicional; Dilip Mukerjea, o "supercérebro" e meu modelo de "estratégia para tornar-se especialista"; Leon Cai, por seu apoio e grande dedicação na comercialização de minhas técnicas na China; e com certeza à minha mãe, Rita Israel, que tornou tudo isso possível. Gostaria também de agradecer a todos os "grandes cérebros", cuja relação é muita extensa para mencionar, no Sudeste da Ásia, na África do Sul, na Europa e na América do Norte, que participaram dos pilotos do *Chi* Mental e possibilitaram que este programa se tornasse realidade.

De Vanda

Uma grande salva de palmas para todos aqueles que me ajudaram a adaptar o *Chi* Mental participando das fases piloto — alguns em *workshops* e outros por *e-mail*. Às pessoas que me prestaram ajuda especial — Kate Boyd, Angelo Lam, Adrian Woods, Anne Jones, Maria De Ionno, Tony Muir, Kirsty Mawer, Pat Pollman, Alan Adair, Mike Collins e Betina Jetter —, meu enorme agradecimento. E aos meus revisores: Caro Ayre, Kim Corders e Bob Chapman. Vocês conseguiram se impor e lidar com várias versões diferentes, fazendo inúmeras sugestões de melhoria com destemor e sinceridade. Espero que vocês vejam o fruto desse trabalho e sintam orgulho do resultado. Gostaria também de agradecer a todas as pessoas que compartilham comigo coisas preciosas e especiais que hoje fazem parte do que eu sou e da maneira como vivo. Não há espaço para citar todos vocês aqui, mas sempre haverá um lugar especial de agradecimento a vocês em meu coração. Agradeço especialmente às pessoas que estiveram ao meu lado, à minha família e ao coautor deste livro! Vocês foram meu amparo, meu exemplo, minha alegria, minha fonte de referência e meu alimento. Tenho profunda estima por todos vocês.

De ambos

Fomos abençoados! O papel de "parteira", *coach* e norteadora foi desempenhado por um anjo conhecido pelo nome de Sarah Sutton. Da concepção aos primeiros "anos de formação" do *Chi Mental*, ela sempre esteve ao nosso lado. O livro que agora você tem em suas mãos existe pela dedicação e pelo conhecimento de Sutton. "Nosso obrigado" é apenas uma ponta da imensa gratidão que sentimos.

Agradecemos à nossa equipe da Wiley, por sua dedicação, paciência, apoio e flexibilidade e igualmente por sua afabilidade.

A todos aqueles que já participaram de nossos seminários, somos gratos pelo conhecimento que recebemos.

Uma menção especial ao nosso mentor, Tony Buzan, que nos últimos vinte anos foi nosso mestre, nosso *coach*, nossa fonte de inspiração e nosso amigo, encorajando-nos a dar asas à imaginação.

Por fim, nossos sinceros agradecimentos à Jamie Nast, por seu apoio incondicional. Nast acredita piamente na "alfabetização mental" e é um modelo de excelência.

Sumário

Agradecimentos	ix
Via expressa do *Chi* Mental	xv
Chi Mental: introdução	1
PARTE 1: PONTAPÉ INICIAL DO *CHI* MENTAL	**17**
Capítulo 1 — O que é *Chi* Mental?	19
Capítulo 2 — Conhecendo o *Chi*, seu mentor	37
Capítulo 3 — BEAT do *Chi* Mental	45
Capítulo 4 — *Chi* Mental básico	49
PARTE 2: *Chi* Mental na prática	**81**
Capítulo 5 — Mapas mentais	83
Capítulo 6 — Criando um plano de *Chi* Mental exclusivo	91
Capítulo 7 — *Chi* Mental na prática	105
Capítulo 8 — Mudanças por meio do *Chi* Mental	147
PARTE 3: 50 PLANOS DE *CHI* MENTAL – ESTRATÉGIAS DE SUCESSO	**153**
Capítulo 9 — Objetivos	159
Capítulo 10 — Habilidades	173
Capítulo 11 — Vendas	187
Capítulo 12 — Comunicação	197
Capítulo 13 — Inteligência no trabalho	211
Capítulo 14 — Treinamento	225
Capítulo 15 — Saúde	245
Capítulo 16 — Autoconceito	265
PARTE 4: *CHI* MENTAL COMPLEMENTAR	**281**
Capítulo 17 — Veículo do *Chi* Mental	283
Capítulo 18 — Assistência ao programa *Chi* Mental	311
Capítulo 19 — Crenças e o *Chi* Mental	319
Capítulo 20 — Tudo se encontra em seu *Chi* Mental	331
Glossário do *Chi* Mental	345
Bibliografia	349
Sugestões de leitura	353
Recursos adicionais	359
Páginas de modelo	361
Índice	371

50 Planos de *Chi* Mental – Estratégias de Sucesso

OBJETIVOS

1.	Alcançar objetivos	160
2.	Saber planejar	162
3.	Estabelecer prioridades	164
4.	Saber gerenciar bem o tempo	166
5.	Vencer a protelação	168
6.	Saber delegar	170

HABILIDADES

7.	Aumentar a criatividade	174
8.	Gerenciar mudanças	177
9.	Realizar reuniões produtivas	179
10.	Desenvolver equipes positivas	181
11.	Desenvolver habilidades de aconselhamento (*coaching*)	183

VENDAS

12.	Saber fazer prospecção	188
13.	Lidar com a rejeição	190
14.	Concretizar vendas	192
15.	Superar a concorrência	194

COMUNICAÇÃO

16.	Saber oferecer *feedback* (dar opiniões)	198
17.	Aceitar críticas	200
18.	Saber negociar e entrar em entendimento	202
19.	Esclarecer mal-entendidos	204
20.	Ouvir com atenção	206
21.	Fazer boas apresentações orais	208

INTELIGÊNCIA NO TRABALHO

22.	Autotransformar-se	212
23.	Melhorar a estabilidade no emprego	214
24.	Preparar-se para entrevistas de emprego	216
25.	Formar habilidades de *networking*	218
26.	Trabalhar bem com o chefe	220
27.	Lidar com pessoas difíceis	222

TREINAMENTO

28.	Reverter a falta de memória	226
29.	Recordar-se de nomes e rostos	229
30.	Lidar com a sobrecarga de informações	231
31.	Desenvolver a habilidade de leitura dinâmica	233
32.	Desenvolver habilidade para ler na tela do computador	236
33.	Controlar os *e-mails*	238
34.	Redigir relatórios e cartas	240
35.	Aprender a aprender	242

SAÚDE

36.	Lidar com múltiplas tarefas simultâneas	246
37.	Transformar a raiva	248
38.	Controlar a depressão	250
39.	Perdoar	252
40.	Diminuir o estresse	254
41.	Fazer pequenas pausas	256
42.	Lidar bem com a transição	258
43.	Manter o equilíbrio entre trabalho e vida pessoal	261

AUTOCONCEITO

44.	Desenvolver habilidades de liderança	266
45.	Criar motivação	268
46.	Manter a positividade	270
47.	Estar bem preparado	272
48.	Elevar a autoestima	274
49.	Fazer diferença	276
50.	Honrar os compromissos	278

Via expressa do *Chi* Mental

> Apresentamos aqui uma breve passagem pela estrutura do programa *Chi* Mental — uma visão geral dos benefícios e dos recursos desse empreendimento que você está para começar. Uma introdução mais detalhada vem a seguir, mas aqui você terá o que precisa saber neste exato momento.

O que é *Chi* Mental?

Chi Mental é sua energia mental. O programa *Chi* Mental lhe ensina a desenvolver, controlar e direcionar sua energia mental para ter maior êxito em sua vida profissional e pessoal. Com ele, você poderá **"reinventar-se"** para ter melhor desempenho em momentos difíceis e em momentos de mudança. O programa *Chi* Mental lhe oferece um presente especial, para que você reganhe o autocontrole — seu próprio oásis de segurança neste grande período de mudanças.

Os benefícios do programa *Chi* Mental

- Métodos rápidos e fáceis para aprimorar seu raciocínio.
- Transformação de pensamentos disruptivos em pensamentos positivos e proativos.
- Rápido desenvolvimento de novos hábitos positivos.
- Processos mentais que evitam o estresse e promovem a autoconfiança.
- Melhoria do limiar de atenção, da memória e dos sistemas de crenças.
- Controle sobre sentimentos, pensamentos e comportamentos.
- Maior resiliência e melhor capacidade de gerenciamento de informações.
- Mais energia mental e física durante e após o trabalho!

Por que o programa *Chi* Mental é diferente?

Sim! Essas são as grandes promessas e você pode obter esses benefícios

1. O programa *Chi* Mental desenvolve imediatamente quatro processos de grande eficácia, sempre o ajudando a realizar as mudanças que você deseja. Eles são o **veículo do *Chi* Mental** nesse processo de mudança.
2. O *Chi* Mental emprega as pesquisas mais recentes sobre as funções cerebrais/mentais e mostra como essas informações podem de fato fazer uma diferença positiva em sua vida por meio do **programa *Chi* Mental**.
3. O *Chi* Mental tem um mentor próprio, o *Chi*, que o ajudará a atingir seus objetivos e a fortalecer sua força de vontade. O *Chi* incorpora o *meme* **positivo do *Chi* Mental**.
4. O *Chi* Mental é um programa que favorece suas funções mentais, oferecendo processos "simples" mas profundamente sérios que você pode utilizar para organizar seus pensamentos e planejar sua vida: os **mapas mentais**. Com esse programa, você ganha controle sobre si mesmo — seus corpo, emoções, atitudes e pensamentos — por meio do **BEAT do *Chi* Mental**.

Faça ficar fácil com o *Chi* Mental

- **Comece hoje** — São oito minutos de *Chi* Mental por dia ao longo de 28 dias. Você conseguirá alcançar uma posição segura de autocontrole e comprovará por si mesmo o que será possível realizar em decorrência disso.
- **Resolva seu problema** com um dos planos de *Chi* Mental — utilize qualquer uma das 50 estratégias de sucesso já elaboradas ou idealize a sua.
- **Alcance suas metas e objetivos** — O veículo do *Chi* Mental o conduzirá ao seu destino, assessorado por seu hábil mentor, o *Chi*.

Filosofia do programa *Chi* Mental

É nas escolas da psicologia positiva, do bem-estar mental e do eudemonismo que o programa *Chi* Mental firma suas raízes. O que você acha adequado em você mesmo e como você pode otimizar isso? Quais processos e conhecimentos podem ajudá-lo a direcionar sua vontade e gerar os resultados desejados? Como você pode corrigir impedimentos (relativamente) menores e melhorar os aspectos que você deseja? Como você pode prosperar?

O programa *Chi* Mental consiste exatamente nisso!

Chi Mental: introdução

> **Visão geral**
>
> O *Chi* Mental é sua energia mental
> Benefícios do programa *Chi* Mental
> Visão geral do programa *Chi* Mental
> Tudo se encontra em seu *Chi* Mental

Bem-vindo ao programa *Chi* Mental, um método simples e revolucionário cujo objetivo é ajudá-lo a **melhorar sua energia mental**, a reaver o autocontrole e a atingir seus objetivos e metas mais importantes. Esse programa é uma síntese aplicada de pesquisas do campo da psicologia positiva, do bem-estar mental e do eudemonismo ou estudo da felicidade (consulte o "Glossário"). Os oito passos desse programa estão firmemente fundamentados em teorias já estabelecidas sobre memória, mente e desenvolvimento motivacional e são a essência de mais de oito anos de experiências e aprimoramentos pessoais de ambos os autores deste livro. As técnicas aqui apresentadas foram concebidas para ajudá-lo a ter maior autocontrole, força de vontade e concentração e, desse modo, obter maior sucesso em sua vida pessoal e profissional.

O *Chi* Mental é sua energia mental

Tudo o que fazemos, sentimos, expressamos, experimentamos e pensamos é alimentado e impulsionado por nossa energia mental. O resultado de todo pensamento, atitude ou emoção depende da forma como direcionamos nossa energia. Você está utilizando sua energia para o seu próprio bem ou para se

> O *Chi* Mental é a sua energia mental.

autodestruir? Você está utilizando o máximo ou o mínimo dessa energia para ter o melhor desempenho possível em sua vida?

O programa *Chi* Mental lhe ensina a criar, controlar e direcionar sua energia mental para sempre ter êxito e prazer em sua vida pessoal e profissional. Com ele, você conseguirá adaptar-se, reinventar-se e ter maior desempenho em momentos que exigem mudanças. O conceito de *chi*, que está enraizado na cultura e filosofia chinesas, é familiar para aqueles que já viram ou praticaram *tai chi chuan* ou *qigong* (*chi kung*). O *chi* está relacionado com o conceito científico de energia, mas não é precisamente a mesma coisa. No programa *Chi* Mental, a energia *chi* é um sentimento e uma postura em relação à sua força de vontade. Sua energia mental intensifica-se de acordo com seu nível de atenção e a força dessa intenção. Essa é a premissa básica deste programa.

Precisamos aprender a criar, controlar e direcionar nossa energia mental para o nosso próprio bem-estar e sucesso. É extremamente fácil passarmos pela vida sem ao menos percebermos de que forma estamos utilizando esse recurso vital. Talvez você acredite que esteja à mercê de reações "involuntárias" — e pode ser que esteja —, mas isso não precisa continuar assim. Com o programa *Chi* Mental, você consegue controlar seus pensamentos, atitudes, corpo e emoções.

A decisão, acredite ou não, é sua!

Nossos pensamentos e atos negativos aumentam ainda mais a negatividade, espalhando um sentimento de melancolia irremediável a uma velocidade mais rápida do que a do Twitter. A negatividade nos rouba o poder de controlar nossa vontade e volição. O programa *Chi* Mental lhe mostrará que, se pensar positivamente e adequadamente, você (e não outra pessoa ou outra coisa qualquer) sempre conseguirá ter controle sobre si mesmo. O objetivo deste programa é justamente ajudá-lo a reaver a chave de seu futuro e saber quando e como deve utilizá-la.

Com o programa *Chi* Mental você desenvolve sua mente para que ela funcione a **seu favor**, e não **contra você**.

Os oito passos deste programa vão incentivá-lo a refletir a respeito de si mesmo. O que estou fazendo corretamente e como posso aproveitar mais isso? Como posso aprender a controlar minha vontade para obter os resultados que desejo?

Com apenas oito minutos por dia você aprenderá a retroceder ao passado, analisar e avaliar o presente e visualizar e planejar um futuro de acordo com sua escolha.

No decorrer de 28 dias, você pode transformar essa rotina básica em um hábito de vida saudável.

> **Sobre o *tai chi* e *chi kung***
>
> O *tai chi chuan* é uma forma de arte marcial chinesa. Em mandarim, esse termo significa "punho do limite supremo" e representa a fusão do *yin* (o princípio passivo, noturno, escuro, frio) e *yang* (o princípio ativo, diurno, luminoso, quente) e de várias filosofias chinesas. Ele é um dos principais pilares da medicina tradicional chinesa (MTC) e é praticado principalmente para beneficiar a saúde e o bem-estar. Os movimentos coordenados do corpo concentram, cultivam e direcionam a energia interior. O objetivo é harmonizar a mente, o corpo e o espírito, para promover tanto o bem-estar mental quanto físico suave e relaxadamente. Quando praticados corretamente, os movimentos (ou a forma) do *tai chi* parecem ser rítmicos e leves e ter um fluxo contínuo.
>
> O *qigong* (pronunciado e às vezes escrito como *chi kung*) é uma arte marcial mais recente. O significado de *chi* é "ar", "sopro", "força vital" ou "energia" e de *kung* é "cultivar". O *qigong* também é praticado com movimentos leves para coordenar corpo e mente. Com a prática do *tai chi* ou do *qigong*, nos sentimos revitalizados, relaxados, autoconfiantes, mais tolerantes, mais fortes e mais saudáveis física e mentalmente. Ao contrário da maioria das modalidades de exercícios e esportes, o *qigong* e o *tai chi* não dependem de **resistência**, **força** e **velocidade**. Por isso, são ideais para pessoas de ambos os sexos, jovens e idosas, fortes ou fracas.
>
> O *tai chi* e o *qigong* transferem ensinamentos para que a pessoa aprenda a se manter saudável e centrada em ambientes caóticos. Alguns de seus principais benefícios físicos são: maior equilíbrio e flexibilidade e melhor postura; relaxamento; melhor coordenação; mais energia; maior resistência do sistema imunológico; maior tônus muscular e melhor circulação; menor pressão arterial e menor frequência de batimentos cardíacos; prevenção contra a osteoporose e sensação de maior "sintonia" com o corpo. Provavelmente é por esse motivo que o *tai chi* é praticado desde 1200 a.C. e que dezenas de milhões de pessoas hoje o pratiquem diariamente. Essa arte resistiu ao teste do tempo e dos números.

Benefícios do programa *Chi* Mental

Que resultados você pode esperar do programa *Chi* Mental?

Este programa o ajuda a melhorar sua energia mental. Isso, por sua vez, significa que você aumenta seu poder pessoal e aumenta significativamente sua chance de ter o futuro que deseja. Como nesse caso você conseguirá controlar o estresse de uma maneira positiva, sua saúde de forma geral também será continuamente beneficiada. Existe uma correlação direta entre nosso estado de contentamento e nosso estado de bem-estar. Por isso, você dormirá melhor e se sentirá mais revigorado. Isso significa que a cada dia que praticar esses exercícios você se sentirá mais feliz e que terá maior controle sobre si mesmo e as coisas ao seu redor. Tudo isso com apenas **oito minutos de dedicação por dia**!

As duas principais palavras que os praticantes deste programa costumam relatar são "controle" e "satisfação":

> O *Chi* Mental torna-se um modo de vida. É uma forma de pensar e de ser que lhe dá oportunidade de se transformar em tudo o que deseja.

- **Controle** — isso quer dizer que você aprende o BEAT do *Chi* Mental, isto é, a avaliar e controlar seu corpo (*body*), emoções (*emotions*), atitudes (*actions*) e pensamentos (*thoughts*) e a ter consciência do que está ocorrendo com você física e mentalmente. Desse modo, você pode decidir fazer os ajustes necessários para criar uma sensação de controle mais intensa sobre si mesmo e sobre tudo o que estiver enfrentando.
- **Satisfação** — a princípio você se sentirá satisfeito porque perceberá progressos rápidos em apenas alguns dias. Essa satisfação é propiciada pelo exercício de projeção, cujo objetivo é visualizar e planejar suas 24 horas seguintes. Se você utilizar o programa *Chi* Mental para planejar, a probabilidade de obter resultados positivos e conseguir as respostas desejadas será maior.

Os benefícios que este programa lhe oferecerá serão vários. Veja alguns deles:

1. **Equilíbrio em sua vida pessoal e profissional** – Buscar um equilíbrio saudável entre vida pessoal e profissional. Você aprenderá a "trabalhar de forma mais inteligente" para que as coisas verdadeiramente importantes em sua vida recebam a mesma prioridade.
2. **Identificação de seus objetivos e metas** – Aprender a visualizar e planejar aquilo que você deseja. Este programa lhe ensina a visualizar e atingir seus objetivos.
3. **Viver "o momento"**: O BEAT do *Chi* Mental – um método simples para você examinar seu corpo, emoções, atitudes e pensamentos – o estimula a se concentrar mais, a dar maior atenção ao momento presente e a realizar as mudanças que precisa ou deseja fazer.
4. **Ser o que você tem de melhor** – Empregar estratégias inovadoras para ter sucesso profissional e felicidade pessoal — melhorando suas habilidades de comunicação, algumas técnicas de gerenciamento, sua saúde, seu autoconceito e possíveis problemas de relacionamento. Você conseguirá melhorar seu desempenho porque solucionará pequenos (ou grandes) problemas em diversas áreas de sua vida e atingirá seus objetivos.
5. **Conseguir concentrar-se** – Você conseguirá eliminar as distrações e dirigir sua atenção quando e para o ponto que deseja.
6. **Acreditar mais em sua memória** – Aprender a se lembrar do que você deseja e entender o que causa esse "esquecimento" (falta de atenção).
7. **Melhorar a qualidade de seus relacionamentos** – Suas relações profissionais e com sua família e amigos terá maior qualidade à medida que você desenvolver habilidades interpessoais e tiver uma ideia mais clara do que deseja e de como pode conseguir isso.
8. **Aumentar seu poder e propósito em tudo o que você faz** – Isso significa maior satisfação profissional,

Trata-se da sua vida! É melhor aproveitá-la ao máximo.

resultados mais concretos e maior satisfação em tudo o que você fizer.

Visão geral do programa *Chi* Mental

O programa *Chi* Mental está dividido em quatro partes, da seguinte forma:

Parte 1 — **Pontapé inicial do *Chi* Mental!** Na Parte 1, você percorrerá rapidamente todos os oito passos do *Chi* Mental básico e conhecerá o *Chi* – seu **mentor** – e seu BEAT para ajudá-lo a obter um controle imediato de seus pensamentos. O exercício diário do *Chi* Mental básico é explicado detalhadamente. Os oito passos são executados em apenas oito minutos por dia.

Parte 2 — ***Chi* Mental na prática.** Como ao longo deste livro utilizamos **mapas mentais**, primeiramente explicamos o que são esses "mapas" e de que forma eles podem ser empregados. Nessa parte você aprende a resolver problemas ou atingir objetivos para o seu aprimoramento profissional e pessoal. Explicamos também o processo subjacente para que você consiga redigir um plano de *Chi* Mental pessoal ou utilizar uma das 50 estratégias de sucesso descritas na Parte 3. Você encontrará na página 109 dois exemplos elaborados de estratégia — um profissional e outro pessoal.

Parte 3 — **50 planos de *Chi* Mental — Estratégias de Sucesso.** O principal enfoque da Parte 3 são os desafios práticos enfrentados diariamente na vida profissional. Nós, autores, associamos nossas experiências para nos concentrarmos nos tópicos de maior interesse. Isso também pode melhorar a eficácia e a lucratividade dos profissionais de maneira geral.

Essas **50 estratégias** foram agrupadas nos seguintes temas: **objetivos**; **habilidades**; **ven-**

	das; comunicação; inteligência no trabalho; treinamento; saúde e autoconceito.
Parte 4	**Chi Mental complementar.** A Parte 4 o ajuda a "assumir as rédeas" do que chamamos de veículo do *Chi* Mental e mostra que o projeto desse veículo associa várias técnicas, como a terapia cognitivo-comportamental (TCC), a terapia de vivência racional (TVR), a tensão estrutural (TE), de Robert Fritz, o método dos 4 Rs, do doutor Jeffrey Schwartz, e o excelente trabalho de vários cientistas e pesquisadores que procuram respostas para melhorar a memória. No capítulo "Assistência ao programa *Chi* Mental", apresentamos outras técnicas para que você alargue sua maneira de pensar, supere crenças limitadoras, reinvente-se e eleve sua autoestima. Por fim, nós lhe transmitimos o *meme* do *Chi* Mental, para que utilize para si mesmo e passe para outras pessoas.

Você gostaria de iniciar este programa imediatamente? Nesse caso, vá **para "Pontapé inicial do *Chi* Mental!"** (página 17) e aprenda o exercício diário *Chi* Mental básico (página 49).

Você primeiramente gostaria de conhecer melhor o programa *Chi* Mental? Vá para "**Tudo se encontra em seu *Chi* Mental**" (página 11) e em seguida "*Chi* Mental complementar" (página 281).

Você está enfrentando alguma questão ou algum problema específico? Escolha uma estratégia de sucesso na lista que oferecemos (página 153). Contudo, primeiro você deve familiarizar-se com o exercício diário *Chi* Mental básico e aprender a aplicá-lo para atingir um determinado objetivo (páginas 49 e 105).

Obviamente, outra opção é ler o livro do início ao fim. O programa *Chi* Mental funcionará em qualquer direção que você escolher seguir.

Terminologia utilizada no programa Chi Mental

Tentamos utilizar expressões o máximo possível descritivas. Portanto, "o que está escrito é exatamente o que será feito"!

- **Chi Mental básico** – Os oito passos dessa parte, que incluem os princípios básicos do nosso programa (página 49), tomam oito minutos do seu dia.
- **Plano de *Chi* Mental** – Um plano de ação e uma rápida visão sobre a tensão entre sua realidade atual, seu BEAT e seu objetivo e condição desejados no futuro (página 91). Isso abrange o *meme* do *Chi* Mental (página 100), que é um pensamento positivo que o impele em direção ao seu objetivo. Apresentamos 50 planos neste livro, que na verdade são "estratégias direcionadas ao sucesso" tanto na vida profissional quanto na vida pessoal.
- **Chi Mental aplicado** – Quando você aplica o programa *Chi* Mental a um plano de ação, você adapta os oito passos do *Chi* Mental básico às necessidades de sua estratégia específica.
- **Chi Mental na prática** – Não é possível mudar nada se não houver atitude. Todo plano de *Chi* Mental contém passos que devem ser seguidos paralelamente ao exercício *Chi* Mental aplicado.
- **Programa *Chi* Mental** – Engloba os oito passos do *Chi* Mental básico e do *Chi* Mental aplicado, o seu plano de *Chi* Mental e o *Chi* Mental na prática (página 105).

Em seguida, são apresentados quatro métodos para facilitar ao máximo esse processo:

- **Mapas mentais** – Uma representação gráfica das informações de uma maneira condensada e visualmente eficaz. Os mapas melhoram naturalmente sua memória e em geral aumentam seu desejo de se envolver (página 83).

> Gostaríamos muito de receber suas opiniões. Visite www.mindchi.com para compartilhar seus pontos de vista e obter outros recursos do programa *Chi* Mental.

- **BEAT do *Chi* Mental** – Sua forma de aumentar sua consciência sobre como você está funcionamento no presente e de ter controle sobre si mesmo nesse momento. Você aprende a examinar e a escolher suas respostas em nível de corpo, emoção, atitudes e pensamentos (o que forma o acrônimo BEAT em inglês, página 45).
- **Veículo do *Chi* Mental** – Associação eficaz de quatro processos neuropsicológicos consolidados que são entrelaçados com o programa *Chi* Mental para ajudá-lo a se transformar (página 283).
- **Mentor do *Chi* Mental**, que chamamos de *Chi*, como uma referência à voz que fala o tempo todo em sua mente. Seu *Chi* será estimulado a ajudá-lo a obter o melhor benefício possível para si mesmo (página 37).

Esses tópicos serão apresentados nos capítulos subsequentes e em breve você ficará a par dos detalhes.

O efeito do *Chi* Mental

Existe um equilíbrio sutil entre o que talvez lhe pareça um "sermão" e a apresentação de conceitos que procuram estimulá-lo a dar o melhor de si mesmo. Nossa intenção é ajudar o maior número possível de pessoas a ser o melhor que elas desejam ser. As técnicas que utilizamos podem influenciá-lo **"mais"** ou **"menos"**, mas nosso objetivo é que elas criem e inspirem em você os mais altos ideais.

Assim que você experimentar os benefícios deste programa, divulgue-o a outras pessoas! Este livro é direcionado à comunidade profissional, isto é, a todas as pessoas que realizam algum tipo de trabalho (pago ou não) na maioria dos dias (bem, esperamos que você tenha fim de semana!). Não obstante, a filosofia do *Chi* Mental aplica-se a **todos** os seres humanos. Portanto, compartilhe-o com seus filhos (sem dúvida, faça isso, porque eles realmente precisam aprender esses conceitos), com seus "parentes mais velhos" — eles também podem se beneficiar verdadeiramente — e com qualquer pessoa, em qualquer empreendimento cujo objetivo seja melhorar o desempenho e ter maior satisfação.

Tudo se encontra em seu *Chi* Mental

Qual é a diferença entre **"cérebro"** e **"mente"**? O debate está em pauta. O termo "cérebro" normalmente se refere ao funcionamento físico, químico e elétrico em si da massa cinzenta do cérebro, ao passo que a palavra "mente" é empregada em referência às funções cognitivas, ao intelecto, à consciência e às percepções. Entretanto, à medida que os cientistas aprofundam-se em suas pesquisas sobre o cérebro, complexidades cada vez maiores são reveladas e a distinção entre cérebro e mente começa a ficar obscura: trata-se de uma "máquina" fisicamente estruturada e programada nada fácil de compreender. No programa *Chi* Mental, utilizamos as palavras "cérebro" e "mente" **alternadamente**, ou seja, de forma intercambiável.

Mesmo os cientistas que há anos estão profundamente imersos em pesquisas sobre o cérebro, que compreendem de alguma forma seu funcionamento e suas relações com a aprendizagem e a eficácia de desempenho, têm acompanhado com arrebatada atenção a expansão de novas fronteiras, que cruzam os limites entre a física quântica e a neurociência.

Atualmente, a atividade cerebral pode ser mapeada e examinada por meio de tomografias por emissão de pósitrons (*Positron Emission Tomography* — PET), por processos de imagiologia de ressonância magnética funcional (*functional Magnetic Resonance Imaging* — fMRI) e mapeamentos meticulosos. Comportamentos habituais podem ser vistos **no momento em que** ocorrem no cérebro. Mesmo os pensamentos podem ser "vistos" e interpretados com precisão. Hoje, **essa** afirmação tem desdobramentos inacreditáveis! Além disso, já foi constatado que a "plasticidade" do cérebro é bem maior do que a princípio se imaginava: o cérebro literalmente se reprograma e se remodela de acordo com os padrões pelos quais ele é utilizado. O cérebro é uma verdadeira "máquina de aprendizagem" que se ajusta à medida que recebe novas informações. Ele é programado para mudar e transformar-se de acordo com seus pensamentos e comandos. Dois experimentos recentes demonstram isso: Pascual-Leone utilizou algumas pessoas com visão e vendou-lhes os olhos durante cinco dias, observando que foram necessários apenas dois dias para o córtex visual reorganizar-se e processar sinais táteis e auditivos. Separadamente, alguns pacientes com acidente vascular cerebral (AVC) crônico receberam "terapia de movimento induzido por restrição" (TMIR) durante duas semanas. Nesse caso, o braço com movimento é mantido em uma tipoia e o braço "paralisado" recebe terapia e volta a funcionar — mesmo depois de 70 anos sem uso! A questão que nos interessa aqui é a capacidade do cérebro de sempre reorganizar e "aprender" novos caminhos ou vias. Isso porque, ao que parece, determinadas regiões cerebrais não estão alocadas para tarefas específicas. Por isso, você pode — e de fato consegue — utilizar essas vias sempre que houver necessidade. **Surpreendente, não?**

Você pode e **deve** ensinar novos truques a um cachorro velho.

A flexibilidade e a enorme capacidade de aprendizagem do cérebro têm amplas implicações para a eficácia do *Chi* Mental e também para a sua capacidade de se concentrar e atingir seus objetivos futuros. Isso é um imenso estímulo para que você não pare de aprender coisas novas ao longo da vida.

Com as informações a respeito do cérebro e da mente que apresentamos a seguir você passará a ter maior consciência do extraordinário poder e potencial que você tem ao seu lado todos os dias e aos quais provavelmente não dá muita atenção e valor. Nosso cérebro realmente sabe fazer verdadeiros milagres.

Sobre o cérebro

O cérebro humano é bem diferente do cérebro de outros animais ou dos répteis. O que nos diferencia é o neocórtex (córtex significa casca ou cortiça): superfície externa enrugada que podemos "ver" e reconhecer. O córtex forma em torno de 76% da massa cerebral e é significativamente mais amplo do que o de outros animais. Essa é a área em que as "funções superiores" são mais predominantes, em que estão armazenados a linguagem, os pensamentos, a razão, a consciência e a volição — aspectos com frequência atribuídos à "mente".

No século IV a.C., Aristóteles acreditava que o coração fosse o órgão central da vida humana, ao passo que o cérebro era visto como uma forma de "preenchimento craniano" ou "refrigerador". Essa visão desde então tomou uma direção oposta. Atualmente, o cérebro é considerado a sede da inteligência, embora o coração ainda figure simbolicamente em nossas descrições em referência à memória, como em "decorar".*

---

* A frase original é *"learn by heart"*, que significa decorar ou memorizar. Decorar provém do latim *decor* (preposição *de* mais substantivo *cordis*, coração, considerado então a sede da afetividade e também da inteligência e da memória). (N. da T.)

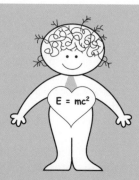

$E = mc^{2*}$

Os escritos árabes do século X apresentam descrições detalhadas sobre a neuroanatomia, neurobiologia e neurofisiologia do cérebro e identificam vários "distúrbios" e sintomas neurológicos, como doença do sono, perda de memória, coma, vertigem, epilepsia e paixão.

Segundo a ortodoxia do século XI, a visão ocorre no cérebro, e não nos olhos, ressaltando que a visão e a percepção são subjetivas porque a experiência pessoal influi naquilo que as pessoas enxergam e no modo como elas as enxergam. (Essa distinção ainda hoje não é bem compreendida. A frase "Eu só acreditarei quando vir por mim mesmo!" — **ver para crer** — deveria na verdade ser "Eu verei quando acreditar!" — crer para ver.)

Após a invenção do microscópio, no século XVI, as pesquisas sobre o cérebro tornaram-se gradativamente mais elucidativas. No século XIX, Camillo Golgi (1843-1926) desenvolveu um procedimento de coloração que permitiu a revelação de estruturas complexas de um único neurônio. Mais ou menos na mesma época, pesquisas com pacientes com lesões cerebrais propuseram que determinadas regiões cerebrais eram responsáveis por determinadas funções.

Grandes avanços ainda têm sido obtidos no século XXI. Hoje, com as técnicas PET e fMRI, é possível monitorar o funcionamento do cérebro de uma pessoa enquanto ela executa uma determinada atividade. Avanços cirúrgicos permitem que as cirurgias cerebrais sejam realizadas com o paciente acordado. Estamos no portal da "última fronteira" das pesquisas!

---

* $E = mc^2$ é a equação desenvolvida por Albert Einstein que significa "energia é igual à massa vezes a velocidade da luz ao quadrado". (N. da T.)

Existe uma longa lista de tratamentos, baseados em evidências empíricas, para anormalidades estruturais e funcionais do cérebro. Esses tratamentos antes se fundamentavam em respostas **observadas**, porque os cientistas (até recentemente) não tinham como acessar e observar as atividades internas do cérebro. Mesmo hoje estamos apenas começando a compreender a complexidade dessa estrutura. Muitos tratamentos foram considerados extremamente eficazes com o passar do tempo e essas abordagens que apresentam bons resultados ainda sobrevivem.

Atualmente, as constatações sobre como esses processos ocorrem no cérebro têm sido gradativas. Por isso, a lógica científica por trás dos tratamentos mais bem-sucedidos está se tornando mais evidente.

- Todos os conceitos básicos sobre o *Chi* Mental estão relacionados com funções cerebrais que podem ser confirmadas.
- Muitas das explicações emergentes sobre o funcionamento da mente estão embutidas nos conceitos terapêuticos utilizados neste livro.

Sobre a mente

A palavra "mente" refere-se aos aspectos do intelecto e da consciência manifestados como pensamentos, percepções, memórias, emoções, vontades e imaginações — é o fluxo de consciência. Sua mente oferece um modelo de todo o universo de suas experiências e conhecimentos.

O termo "mente" frequentemente é sinônimo de "pensamento". Você diz para si mesmo que "mudará sua mente" ou "mudará de ideia" ("tomará uma decisão"). Quanto à intimidade de seus pensamentos, ninguém podia "conhecer sua mente", isto é, "saber o que você está pensando". Contudo, recentemente, os cientistas apresentaram evidências físicas do pensamento. Eles conseguem programar um computador de forma precisa para que "leia" o que uma pessoa está pensando. Isso pode ocorrer remotamente. Portanto, a pessoa nem precisa ter consciência de que isso está ocorrendo. Como disse recentemente um cientista: "Não existe mais ficção científica; estamos de fato fazendo tudo isso!".

PARTE 1
Pontapé Inicial do *Chi Mental!*

Capítulo 1 — O que é *Chi* Mental?
Capítulo 2 — Conhecendo o *Chi*, seu mentor
Capítulo 3 — BEAT do *Chi* Mental
Capítulo 4 — *Chi* Mental básico

1 O que é *Chi* Mental?

> **Visão geral**
>
> *Chi* Mental básico
> De que forma o programa *Chi* Mental pode ajudá-lo?
> Questionário do programa *Chi* Mental
> Selando seu compromisso com o programa *Chi* Mental

Chi Mental básico

Quando aprendemos um idioma, primeiro aprendemos as letras do alfabeto. Assim que dominamos esses elementos básicos, passamos para a etapa de aprendizagem seguinte para aprendermos a ler e escrever. O *Chi* Mental básico tem uma estrutura simples e enxuta de oito passos: são oito atividades de um minuto que tomarão apenas oito minutos de seu dia em um período de 28 dias. Com os benefícios decorrentes da aprendizagem dessas atividades, você poderá alcançar tudo o que imagina na vida para si mesmo.

Do mesmo modo que os exercícios físicos deixam as pessoas mais revigoradas e em melhor forma física, com o programa *Chi* Mental você se sentirá mentalmente recarregado e entusiasmado para começar a colocá-lo logo em prática. Este programa pode ser praticado em qualquer momento e em qualquer lugar (você só precisa de um relógio ou cronômetro para ajudá-lo) e beneficiará tanto sua mente quanto seu corpo.

Por que oito passos? Porque o número **oito** tem muitas conotações e correlações positivas. Ele é considerado por várias culturas um símbolo de prosperidade, abundância, continuidade e o início de uma nova era. Na China, os Jogos Olímpicos de Pequim foram organizados para começar no dia 8 de agosto de 2008, às 8h8min, exatamente por esses motivos. O oito é também um número da sequência dinâmica de Fibonacci, que tem aplicações positivas na matemática, na ciência e na natureza — e, portanto, na **vida**.

Por que oito minutos? Porque é uma quantidade de tempo que mesmo as pessoas mais ocupadas podem tirar de seu dia. É um tempo que não prejudica todas as outras prioridades que demandam tempo. Além disso, é o menor espaço de tempo em que é possível associar com eficácia os oito passos do programa *Chi* Mental e obter um resultado. Como é uma quantidade de tempo não usual (dez minutos, por exemplo), ela fica "gravada" na memória, o que é fundamental para a aprendizagem.

Por que 28 dias? Porque há muito tempo se acredita que o período de 28 dias consecutivos é a duração mínima necessária para o cérebro **transformar** um **novo comportamento** em um **hábito**. (Consulte o quadro "Desenvolvendo novos hábitos", na página 123, para saber de que maneira o cérebro adapta-se para tornar um hábito permanente.)

Visão geral do programa *Chi* Mental

Para concluir o programa *Chi* Mental, é necessário passar por duas fases (consulte o mapa na página seguinte):

1. ***Chi* Mental básico** — São necessários apenas oito minutos por dia para concluir os oitos passos do *Chi* Mental básico. Normalmente, esses passos geram energia mental, melhoram o desempenho do corpo e da mente e são o ponto de partida para a sedimentação desse novo hábito e estilo de vida. Ao repetir esses oito passos durante 28 dias, você conseguirá criar uma estrutura de autocontrole.

2. ***Chi* Mental na prática** — Está relacionado ao que fazer e como fazer. Assim que você dominar o exercício diário do *Chi* Mental básico, conseguirá dirigir sua energia mental para qualquer aspecto de sua vida. Oferecemos "50 estratégias de sucesso" para você superar seus problemas (por exemplo, "Vencer a protelação", na página 109) e atingir seus objetivos (por exemplo, "Realizar reuniões produtivas", na página 179). Além disso, você aprenderá a elaborar um plano próprio (página 91). Para obter os resultados que você deseja, ponha o seu plano em prática aplicando as técnicas do *Chi* Mental básico ao seu plano específico durante 28 dias.

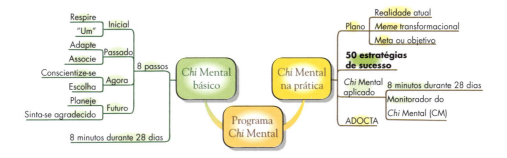

Diagrama das duas fases do programa *Chi* Mental (leia em voz alta a partir do centro).

O programa *Chi* Mental emprega quatro suportes altamente eficazes para ajudá-lo a ter sucesso:

1. **Mapas mentais** – Para apresentar as informações da maneira mais condensada possível, mas facilmente acessível, utilizamos os mapas. Essa forma de representar graficamente as informações é a que mais se assemelha ao funcionamento do cérebro. Por isso, os mapas facilitam o armazenamento e acesso aos dados. O *Chi* Mental básico, os planos de *Chi* mental e o *Chi* Mental aplicado são todos apresentados em mapas. Esses mapas transmitem

a essência das informações e permitem que as associações entre os diversos aspectos sejam vistas imediatamente. É aconselhável utilizá-los em várias das estratégias de sucesso (página 153). O mapa funciona naturalmente em parceria com seu cérebro. Por exemplo, se você prestar atenção ao lugar em que seus colegas de trabalho estão sentados a uma mesa de reunião, por exemplo, talvez consiga se lembrar de quem disse o que se fizer uma associação com o lugar em que cada um estava sentado. Os mapas utilizam igualmente cores, imagem e associação para ajudá-lo a lembrar-se daquilo que com frequência você acha que se esqueceu.

2. **BEAT do *Chi* Mental** – Com esse recurso, você poderá sintonizar-se com seu corpo (*body*), emoções (*emotions*), atitudes (*actions*) e pensamentos (*thoughts*). Agrupados, esses elementos formam o BEAT do *Chi* Mental (o acrônimo é formado pela primeira letra de cada estágio). O BEAT é o ponto central deste programa e aparecerá com frequência ao longo deste livro. Quando aprendemos a controlar nosso BEAT, isso significa que estamos optando por ter controle sobre nós mesmos naquele momento. O BEAT preenche a lacuna entre sua realidade atual (o seu "ser e estar" naquele momento) e o que deseja ("BEAT do *Chi* Mental", página 45).

3. **Veículo do *Chi* Mental** – Esse é um aspecto exclusivo do programa *Chi* Mental. Entrelaçamos cuidadosamente em nosso programa quatro processos de mudança bastante eficazes. São eles: a terapia cognitivo-comportamental (TCC); a tensão estrutural (TE); os quatros Rs; e os processos de memória. Eles são apresentados na Parte 4 (página 281) e seus efeitos são também explicados. Tudo o que você precisa saber neste momento é que eles foram entrelaçados com todos os aspectos do programa *Chi* Mental para ajudá-lo a se transformar da forma mais fácil possível.

O que é *Chi* Mental? **23**

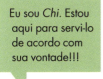

4. **O *Chi*, seu mentor** – No programa *Chi* Mental, você conhece sua voz interior. Nós a chamamos de *Chi*, um guia bem informado que pode ajudá-lo a desenvolver sua percepção consciente e transformar pensamentos negativos em pensamentos positivos. Esse é um fator extremamente importante para o sucesso do programa porque o *Chi*, seu mentor, o ajudará a pensar positivamente e a decidir descartar padrões de pensamento antigos e superados ("Conhecendo o *Chi*, seu mentor", página 37).

Um diagrama dos quatro recursos do programa *Chi* Mental para facilitar seu sucesso (TOC: transtorno obsessivo-compulsivo; TCC: terapia cognitivo-comportamental).

De que forma o programa *Chi* Mental pode ajudá-lo?

O programa *Chi* Mental vai ajudá-lo a se transformar, saindo do ponto em que você se encontra no momento (sua realidade atual) em direção ao que você deseja no futuro. Ele literalmente vai ajudá-lo a se afastar do negativo e a se impulsionar positivamente para os seus objetivos colocando em prática um plano de *Chi* Mental de sua preferência que congrega as atitudes e os passos necessários.

O lugar para o qual você dirigir sua atenção será o lugar em que depositará sua energia — esse é o cerne do programa *Chi* Mental.

O programa *Chi* Mental destina-se justamente àquelas pessoas que estão tentando manter a "cabeça fora d'água" nestes tempos de rápidas mudanças e também àquelas pessoas que estão conseguindo manter o fôlego e desejam ter um desempenho ainda melhor!

O questionário apresentado na página 28 mostrará seu estado mental atual e as áreas em que o programa *Chi* Mental pode lhe oferecer benefícios imediatos.

Já tivemos várias oportunidades de trabalhar no mundo empresarial e sabemos bem o quanto o impacto do estresse e da falta de energia pode ser prejudicial. De acordo com nossa experiência, a gravidade do sofrimento e dos desafios pessoais tornou-se crítico e as estratégias empregadas para "lidar" com tudo isso na maioria das vezes não são positivas (drogas, bebidas alcoólicas e compulsão pelo trabalho seguida de esgotamento são alguns exemplos). Nossa preocupação com o impacto debilitante desses comportamentos sobre a capacidade do indivíduo de realizar seu verdadeiro potencial é que nos fez perceber a necessidade premente de escrever este livro neste exato momento.

Onde e quando você pode utilizar o programa *Chi* Mental?

O programa *Chi* Mental pode ser utilizado quando e onde você precisar ou de acordo com sua disponibilidade ao longo do dia. Os oito passos do *Chi* Mental básico são mais eficazes quando executados em um mesmo horário e lugar (se possível), porque assim você pode torná-lo um hábito diário. Você pode também repetir qualquer um dos passos do *Chi* Mental básico como e quando precisar no decorrer do dia (por exemplo, para confirmar se você está sendo mesmo positivo ou para se recompor e entrar novamente nos trilhos em alguma situação específica). Como esses passos são **executados mentalmente**, você pode executá-los enquanto aguarda um compromisso, em uma pausa para descanso, quando estiver se sentindo tenso ou entediado ou quando estiver indo ou voltando do trabalho.

Quanto tempo é necessário para dominar a técnica do *Chi* Mental?

Você pode ganhar domínio dos oito passos do *Chi* Mental básico em um dia ou ao longo de um período de oito dias. Cada passo lhe apresenta uma nova habilidade (em um minuto). Eles serão fortalecidos e aprimorados gradativamente até o momento em que você conseguir praticar todos os oito passos no espaço de oito minutos. Cada passo foi concebido para conduzi-lo ao seguinte praticamente sem nenhum esforço. Entretanto, se você achar que consegue aprender tranquilamente vários ou todos de uma vez, siga seu ritmo.

Assim que você aprender os passos básicos, assuma o compromisso de manter esse procedimento durante 28 dias consecutivos. Depois disso, você se sentirá confortável para transformar o exercício do *Chi* Mental em um hábito e começará a colher benefícios reais. Após 28 dias, você conseguirá revisitar as questões que responderá na página 362 e observará em que ponto se aprimorou. Você terá então adquirido domínio no *Chi* Mental básico.

O passo seguinte é decidir qual aspecto específico de sua vida você deseja melhorar. Você pode ler as 50 estratégias de sucesso (página 153) do princípio ao fim e escolher um plano de *Chi* Mental que lhe pareça prioritário ou pode criar um plano exclusivo como ponto de partida (página 91). À medida que você dominar uma habilidade específica, superar um problema ou atingir um objetivo, cada novo plano de *Chi* Mental e de *Chi* Mental na prática terá 28 dias de duração.

Os conceitos simples costumam ter um efeito poderoso. Embora inúmeros conhecimentos científicos e experiências pessoais tenham sido incluídos nas estratégias de sucesso do programa *Chi* Mental, tivemos o cuidado de elaborá-las para que ficassem fáceis de seguir.

Por que agora?

O *Chi* Mental é um programa oportuno. Ele chegou na hora certa. A mudança de paradigma que está ocorrendo em nível global no mundo dos negócios é sem precedentes. Em nosso trabalho, tivemos oportunidade de observar — mais do que nunca — a rápida explosão da cultura do estresse, da angústia e da incerteza, que está afetando milhões de pessoas no mundo inteiro. Existe uma lamentável falta de alegria, paz, felicidade e satisfação em nossa vida profissional e pessoal.

Estes são alguns dos aspectos que estão piorando ainda mais a situação atual:

- **"Bens Materiais"** — Mais do que nunca, as pessoas parecem visar principalmente ao ganho material. Somente quando elas conseguem atingir um determinado nível de "sucesso" é que se dão conta de que aquela nova casa, aquele salário mais alto ou aquele carro mais rápido e moderno não lhes trouxe a felicidade que imaginaram. Então, o que poderia trazer? Mais "coisas"? (Posteriormente, percebemos que todas essas coisas precisam de limpeza, seguro, cuidados e de um lugar para serem guardadas — e isso aumenta ainda mais as preocupações e os problemas!) O programa *Chi* Mental pode ajudá-lo a se concentrar na "realidade mais

ampla" e a deixar "fresquinho" em sua mente o que de fato é importante para você.
- **Valores** — Aqueles bons e velhos "valores", "regras de conduta" e princípios morais" estão sendo transformados, estão desaparecendo ou estão sendo ridicularizados. Por isso, fica cada vez mais difícil chegar a um consenso a respeito de como as pessoas devem se comportar, o que devem esperar, como devem agir, o que é certo e quem deve assumir a responsabilidade. O *Chi* Mental nos lembra de que a responsabilidade é de cada indivíduo. Todos nós somos responsáveis por nossas atitudes e precisamos ter coragem para nos manifestar ou mudar algo que esteja errado.
- **Mudança** — Quem teria imaginado que estaríamos enfrentando tamanho distúrbio econômico, em que empresas consolidadas e indivíduos famosos estão perdendo o chão e em que o efeito dominó está atingindo a vida de praticamente todas as pessoas? Há demissões em todos os cantos, "recessão" é a palavra de ordem do momento e qualquer forma de "segurança" é coisa do passado. Com o *Chi* Mental, somos incentivados a manter uma postura positiva e a nos concentrar na **arte do possível**. A mudança é um fato da vida e uma força da natureza. Até onde sabemos, amanhã o sol nascerá novamente e poderemos aprender a confiar sempre em nós mesmos.
- **Ansiedade** — A incerteza global, por sua vez, aumenta o grau de ansiedade de todos nós. Você consegue manter-se em dia em relação à sobrecarga de informações do mundo atual, dar conta de sua carga de trabalho diária e corresponder às exigências e necessidades de sua família? O *Chi* Mental é um recurso eficaz de autogerenciamento e transformação pessoal em tempos de crise e dificuldades. Com ele, você terá as estratégias de enfrentamento para se tranquilizar e renovar sua confiança.

Quando criamos o programa *Chi* Mental, nosso objetivo era elaborar um método que pudesse ajudá-lo a administrar seus problemas e atingir seus objetivos, isto é, a controlar a parte do mundo que lhe pertence (**a você!**), independentemente de qualquer outra coisa que esteja ocorrendo com você.

> **Sobre "energia"**
>
> Existe um conteúdo de pesquisas significativo e crescente sobre os aspectos relacionados à "energia mental". Como esse conceito é relativamente novo, a terminologia correspondente ainda está passando por refinamentos. O psiquiatra Jeffrey Schwartz utiliza o termo "força mental"; nós também gostamos dos termos "volição", "vontade própria" (ou livre-arbítrio, em alguns contextos) e "força de vontade" (página 41), para simbolizar a direção intencional da força energética existente no cérebro e o comportamento que ela desencadeia.
>
> Define-se energia como a capacidade de um sistema físico de realizar uma atividade. Os cientistas já conseguem medir a energia elétrica usada pelo cérebro. E o cérebro é um consumidor de energia ganancioso! O cérebro representa (aproximadamente) 2% do peso corporal, mas consome 20% da energia do corpo. Esse consumo de energia é dez vezes superior ao do restante do corpo. Se essa energia fosse cortada mesmo que por dez minutos, o cérebro sofreria lesões permanentes.
>
> Os atletas verdadeiramente bons fazem seu desempenho parecer "fácil" quando conseguem obter suas melhores marcas. Você também perceberá que, quanto mais desenvolver sua capacidade com o *Chi* Mental, mais conseguirá realizar e com menor esforço. Uma condição invejável!

> **Questionário do programa *Chi* Mental**
>
> Para lhe dar uma ideia de seu nível de desempenho e bem-estar no momento e sobre como o *Chi* Mental pode ajudá-lo, responda este breve questionário. (Na página 362 e no *site* www.mindchi.com, você encontrará uma cópia complementar deste questionário.)
>
> Instruções: Utilize uma pontuação em que 0 = nenhum/ negativo e 10 = alto/ perfeito.*

Perguntas	Agora	Posteriormente
1. Que pontuação você daria ao seu nível de energia ao longo de um dia de trabalho?		
2. Qual o seu nível de energia ao final de um dia de trabalho?		
3. Você está dormindo bem?		
4. Que pontuação você daria à sua memória?		
5. Que pontuação você daria à sua concentração?		
6. Qual é a sua capacidade de tomar decisões?		
7. Até que ponto você consegue raciocinar claramente?		
8. Até que ponto seus "pensamentos íntimos" são positivos?		
9. Que pontuação você daria à sua autoestima?		
10. Até que ponto você está lidando com o estresse negativo?		
11. Até que ponto você está satisfeito com o equilíbrio entre sua vida profissional/ pessoal?		
12. Como está sua saúde geral?		

O que este questionário lhe revela a respeito de como você está utilizando atualmente seu *Chi* Mental (energia mental)? Qualquer resposta inferior a cinco precisa de atenção — **já**!

Nome: ....

Data: ....

Datas: ....; ....; ....

> Retorne a este questionário após o *Chi* Mental básico e responda novamente às perguntas para observar seu progresso.
>
> *Observação: Este breve comentário vale para todas as atividades e é também uma filosofia de vida! Utilizamos uma classificação de 0-10 porque é a escala que a maioria das pessoas considera mais fácil. Entretanto, nas oficinas que ministramos preferimos utilizar a classificação de 0-100, porque ela oferece um nível mais amplo de refinamento (por exemplo, uma pontuação de 93 em contraste com uma de 97, em uma classificação de 0-100, expressa uma ideia clara que uma pontuação simples de 9 em uma classificação de 0-10 não expressa). Fique à vontade para utilizar a classificação de 0-100 em qualquer atividade do *Chi* Mental (e em sua vida) se assim desejar.

Selando seu compromisso com o programa *Chi* Mental

Até que ponto você consegue tomar a decisão de mudar toda vez que deseja? Suas intenções são as melhores, mas de alguma maneira seus padrões comportamentais antigos tendem a voltar. O que você não quer parece ficar mais "arraigado" do que aquilo que você **de fato** quer. Esse é um dilema comum.

Torne o *Chi* Mental um "hábito contagiante"

Novidades! Nosso cérebro é mais maleável do que se imaginava anteriormente. Agora sabemos que ao longo da vida o cérebro evolui em nível físico, químico e elétrico. "Reprogramamos" nosso cérebro a cada pensamento. Sim, a **cada** pensamento! Isso significa que, só de nos concentramos no "por que", "o que", "quando" e "onde" desejamos mudar, já enviamos uma mensagem que começa a mudar nosso cérebro.

O programa *Chi* Mental associa os melhores processos de mudança comportamental com as pesquisas mais recentes sobre a plasticidade do cérebro e reúne tudo isso em um único método que o torna extremamente "contagiante". Tudo o que você precisa fazer para mudar um determinado hábito é tomar a decisão de executar o primeiro passo do *Chi* Mental!

Atividade

Você está pronto? Responda as perguntas a seguir.

Por que você deseja transformar o *Chi* Mental em um novo hábito em sua vida?

_____

_____

Pergunte-se: "O que isso pode fazer por mim?". Reflita sobre seus motivos ou examine os possíveis benefícios com base no questionário da página 28. De acordo com suas reflexões, enuncie claramente seu benefício. Por exemplo, "Gostaria de ter mais energia mental ao longo do dia". Diga isso em voz alta! Essa é a pergunta mais importante e está relacionada com o seu compromisso e a capacidade de "aderência" desse novo hábito.

O **que** você fará?

Os oito passos do *Chi* Mental básico (página 49), que é o ponto de partida para a mudança.

Quando você praticará o *Chi* Mental, que é um novo hábito seu?

_____

_____

O ideal é encontrar oito minutos ao longo do dia, em uma pausa para descanso, na hora do almoço ou enquanto alguém faz a manutenção de seu computador. Oito minutos é um tempo menor do que o tempo que você levaria para fazer e tomar uma xícara de café! Você pode praticar o *Chi* Mental básico em uma só sequência em qualquer horário. Antes de dormir ou logo de manhã. Isso depende de você. Decida agora o que você fará. Mais importante do que isso — decida quando começará!

Onde você praticará o *Chi* Mental?

_____

Em casa, no trabalho, quando estiver indo ou voltando do trabalho — a escolha é sua. Até agora, a opção mais comum tem sido na cama! E essa é uma boa opção. Você deve tornar esse processo funcional e fácil para você.

> **Seu compromisso com o *Chi* Mental**
>
> Pare e pense. Oito minutos por dia, durante 28 dias (tempo que você leva para tomar uma xícara de café) — esse é o compromisso que você está se propondo a assumir — e o provável benefício é ganhar domínio de uma habilidade permanente que lhe permita ser o que um dia desejou.
>
> **Atividade — Adesão ao *Chi* Mental**
>
> Portanto, em uma escala de 0-100, até que ponto você está comprometido em reservar oito minutos de seu dia nos próximos 28 dias? (Utilizamos aqui a classificação de 100 porque estamos falando de 100% de comprometimento.)
>
> 0 _____ 100

O objetivo do *Chi* Mental é possibilitar que você realize todos os seus desejos em dois âmbitos da vida — **profissional *e* pessoal**. É lhe oferecer um programa aplicável a qualquer área em que você deseje lidar com um problema, melhorar o desempenho e reaver seu autocontrole.

> A melhor definição de comprometimento é persistência com propósito.

Até que ponto você está comprometido? Se não estiver 100% comprometido, pergunte a você mesmo:

> **Por que não estou 100% comprometido? O que está me impedindo?**

Sua resposta é fundamental para o seu êxito.

Quando conseguir expressar para você mesmo um benefício forte o suficiente para motivá-lo a encontrar oito minutos em seu dia para colher as recompensas da mudança, isso significa que teve êxito.

Selando um compromisso

1. Antes de pensar em selar um compromisso, **reflita profundamente** sobre o motivo que o está levando a assumi-lo. Que benefícios isso trará para você? Registre os benefícios em notas adesivas coloridas e cole-as em algum lugar que certamente terá oportunidade de vê-las várias vezes ao longo do dia.
2. Reflita sobre os obstáculos que podem surgir (ou que surgiram) e pense em uma saída para lidar com cada um agora! **Prepare-se**. Não deixe esses obstáculos impedir sua adesão.
3. Pense no quanto isso é **importante** para você em uma escala de 0-100. O que você deixaria de lado para fazer isso de fato ocorrer? Se você não atribuir uma classificação de 100%, isso provavelmente não ocorrerá! É melhor poupar seu tempo e energia agora.
4. Quando você de fato conseguir encontrar algo a que possa atribuir 100%, estabeleça um **plano de ação**. Escolha uma data e horário para iniciar. Escolha uma data de término para trabalhar nessa direção. Estabeleça quais serão seus passos. Reserve um momento para celebrar: um momento de verdadeiro reconhecimento no instante em que estiver começando a pôr seu plano em prática. Procure sentir o significado disso, aquele ligeiro tremor diante da expectativa. Sim, uma ligeira ansiedade. E daí vá em frente.
5. Como se trata de um novo hábito, é bem provável que nos primeiros dias você cometa alguns lapsos. Se isso ocorrer, **não desista**. Esse é um erro que muitas pessoas cometem. Simplesmente observe e pergunte: "Por que cometi esse lapso?". Que medidas de proteção você poderia tomar para evitar outros lapsos? Persista por mais um dia.
6. Utilize o *Chi* (seu **mentor**, página 37) para melhorar sua percepção e observar o mais rápido possível ou com antecedência sinais sutis de "momentos de deslize" e para

> Para pensar que você conseguirá, você precisa se sentir como se estivesse "voando", soltando-se do galho e deixando-se levar.

pôr em prática aquilo que você deseja, e não a reação que você não deseja.

7. **Congratule-se** quando conseguir realizar o que planejou. Em breve esse novo estilo por si só começará a se tornar um hábito e ficará menos complicado.

8. Daí, de repente, você comete um novo deslize! Ria de si mesmo e parabenize-se por ter chegado até esse ponto. Observe onde e por que você cometeu esse deslize dessa vez e corrija-se. Continue avançando, alimentando a certeza de que você **consegue** mudar. Em algum momento você reprogramará seu cérebro (página 123), erradicando todos os pequenos jogos psicológicos, todas as distrações e todos os subterfúgios de sua antiga maneira de pensar. Assim você sairá vitorioso e ganhará sua "taça" de força de vontade ("Utilizando o ADOCTA e acompanhando seu progresso", página 115).

9. Ao estimular sua força de vontade, você perceberá que esse é um dos maiores segredos do sucesso, e é isso o que torna o *Chi* Mental tão fácil!

"Eu preciso me soltar para fazer acontecer!"

Quando estiver pronto, esta será sua carta de compromisso:

Prezado leitor,

Queremos que você tenha êxito no programa *Chi* Mental e sabemos que você precisa estar 100% comprometido a **EXECUTÁ-LO APENAS OITO MINUTOS POR DIA**, nos próximos 28 dias.

Isso só funcionará se você tiver:

- identificado seu verdadeiro benefício;
- classificado esse benefício como extremamente importante para a sua vida;
- reservado um tempo para dedicar-se oito minutos por dia;
- sentido seu coração bater um pouco mais rápido em virtude da expectativa; e
- assinado esta página com uma testemunha que o ajudará a manter sua palavra.

Temos você em alta conta e desejamos o que é melhor para você. Foi por esse motivo que escrevemos este livro. Entretanto, devemos adverti-lo de que, se não estiver 100% comprometido, provavelmente você desperdiçará seu tempo. Esse é o melhor conselho que podemos lhe oferecer antes de você iniciar.

Eu, (seu nome) _____
estou 100% comprometido a me dedicar oito minutos por dia ao *Chi* Mental básico, nos próximos 28 dias.

_____   _____   _____
Sua assinatura   Testemunha   Data

                                          Richard Israel   Vanda North

2 Conhecendo o *Chi*, seu mentor

> **Visão geral**
>
> Qual é a função do *Chi*?
> Força de vontade e volição

Você conhece aquela "vozinha" que fica falando dentro de sua cabeça? Aquela que lhe diz as coisas boas e ruins que deve fazer? Neste momento, talvez "ela" seja mais uma voz mexeriqueira e encrenqueira, que o enfraquece e o impede de fazer coisas boas. Entretanto, você aprenderá a utilizar sua voz interior a seu favor e a controlá-la, usando esse monólogo interior para ajudá-lo a conseguir o que deseja.

Nós chamamos essa **voz interior** de *Chi*. Você aprenderá a transformá-la em um **mentor mental** capaz de estimulá-lo a ter sucesso e a realizar transformações positivas.

Em primeiro lugar, você precisa melhorar sua sintonia com o que o *Chi* tem a lhe dizer. Seu *Chi* tem um tom mais positivo ou negativo? Você consegue convencê-lo? De agora em diante, estimule-o e tente persuadi-lo a atender ao seu comando de uma maneira positiva. Ele é o seu mais forte aliado e será seu maior defensor!!!

Qual é a função do *Chi*?

O *Chi* tem muitas funções. Ele usa vários chapéus, isto é, desempenha vários papéis. Aqui apresentamos alguns, para que você possa começar a avaliar o quanto ele é vital para o seu bem-estar e sucesso:

- Ele é o pensamento revigorante, o ***meme**** do *Chi* Mental (página 100), que lhe permite perceber novas possibilidades. Ele substitui o pensamento antigo e negativo que o desgasta.
- Você pode acessá-lo 24 horas por dia e 7 dias por semana. Ele é o seu melhor torcedor, defensor e amigo.
- Ele é a "vozinha" que você ouve constantemente em sua mente, mas agora a seu favor.
- Ele é sua intuição, que conhece suas necessidades e vontades e compreende profundamente sua motivação.
- É um aluno motivado e receptivo, pronto para ser reeducado e lhe oferecer conselhos positivos e construtivos.
- Ele o ajuda a agir a seu favor, em defesa de seus interesses, quando convidado e estimulado para isso.
- Ele lhe permite acionar o botão de sua "vontade própria" e de sua "não vontade própria" (isto é, escolher o que fazer ou o que não fazer).
- Ele existe para aumentar sua percepção sobre seu corpo, emoções, atitudes e pensamentos, a que chamamos de BEAT do *Chi* Mental (apresentado na página 45).

> Seu *Chi* ocupa uma posição extremamente importante e você precisa manter boas relações com ele para obter os resultados que deseja.

A princípio, você precisará pedir conscientemente a ajuda de seu *Chi*, porque talvez você o tenha deixado agir à vontade por um tempo, sem diretriz nem direção. Com uma atenção mais dirigida, o *Chi* aprenderá rapidamente o que você deseja e a obter sua atenção. Se seu *Chi* tiver o hábito de pensar negativa-

---

* Ideia ou elemento do comportamento social transmitido de geração para geração, principalmente por imitação. O termo, cunhado por Richard Dawkins no seu livro *O Gene Egoísta*, tem sua raiz na palavra grega *mímesis* (mimese ou imitação). O resultado de uma imitação é um *mimema*. Dawkins reduziu o termo para *meme* a fim de correlacioná-lo com gene (unidade de informação biológica). Portanto, o termo *meme* é bastante amplo e inclui ideias, hábitos, crenças etc. Para obter mais informações, consulte o "Glossário". (N. da T.)

mente, o exercício do *Chi* Mental e o *meme* transformacional o reeducarão docilmente para que ele se torne positivo, seu bem mais valioso, e não seu pior sabotador (página 37).

De que forma o *Chi* pode ajudá-lo?

Nós processamos as informações por meio dos sentidos: audição, visão, olfato, paladar e tato. Todas essas informações e a experiência de todos os acontecimentos em nossa vida são armazenadas em nossa memória de longo prazo, mesmo que não tenhamos uma lembrança consciente disso ("Superando o Esquecimento", página 303). A memória pode ser comparada com uma imensa biblioteca que armazena milhões e milhões de livros e arquivos.

Todos os dias, experimentamos um fluxo constante de pensamentos conscientes. Quando um novo pensamento introduz-se ou passa pelo cérebro, nossa memória examina o "arquivo" apropriado para verificar se existe algo semelhante a uma experiência anterior e de que forma esse pensamento está relacionado — positiva ou negativamente — com sua realidade ou situação presente.

Quem alimenta esses pensamentos e absorve tudo o que está ocorrendo é a sua voz interior, o seu *Chi*, que comanda seu sistema de arquivos: ele examina os arquivos antigos, rearquiva e forma novos arquivos. O *Chi* é um tanto quanto dogmático e cheio de opiniões! Ele lhe dirá o que ele pensa e estimulará ou desestimulará ações e reações.

De que forma você entra em contato com o seu *Chi*

Todos os passos do *Chi* Mental básico vão ajudá-lo a perceber melhor sua voz interior. Para conseguir sintonizá-la, você precisará de um pouco de prática, porque ela tende a falar tão desenfreada e ruidosamente — e você está tão acostumado com esse ruído de fundo — que dificilmente — e nem por um minuto — prestará atenção ao que está sendo dito. (É como trabalhar ao lado de um colega de trabalho tagarela cuja voz somos obrigados a aprender a "ignorar" ou a "desligar" ao longo do dia.)

Concentre-se e tente determinar o quanto essa voz interior intermitente o prejudica e o quanto ela contribui para o seu bem-estar. A **tagarelice negativa é prejudicial**. Quando ela se repete diariamente, torna-se um hábito muito destrutivo e debilitante.

Por acaso seu *Chi* lhe diz que você é "estúpido" ou "imbecil"? Ou que você passará por ridículo se der sua opinião em uma reunião? Ou que não é capaz de concluir um projeto? Quando o *Chi* nos enfraquece constantemente, duvidamos de nós mesmos e apresentamos um desempenho inferior ao nosso potencial. Felizmente, com o programa *Chi* Mental, é possível corrigir isso. Quando utilizado de maneira consciente, o *Chi* estimula nossa força de vontade e nos ajuda a decidir pensar de forma realista e construtiva para desencadear reações e resultados positivos.

Sobrevivendo ou prosperando com o *Chi*

Utilizamos nossa força de vontade constantemente ao longo do dia. Todo pensamento é um ato de vontade, pois escolhemos uma atitude, um pensamento ou um sentimento em detrimento de outro. Na maior parte do tempo, isso ocorre na **paraconsciência** (e não na consciência imediata), porque escolhemos água em vez de suco, um itinerário de ônibus e não outro, essa atividade e não aquela. Podemos fazer uma pausa para refletirmos sobre as vantagens e desvantagens de várias escolhas antes de optarmos por uma, mas esse processo é razoavelmente automático e funciona bem. Algumas vezes, entretanto, podemos ficar extremamente "desligados", quando, por exemplo, temos um hábito grosseiro que nos leva para uma direção errada (como estar sempre atrasado). Nessas circunstâncias, precisamos de força de vontade para nos colocarmos novamente na trilha positiva do *Chi* Mental ("Força de Vontade e Volição", nessa mesma página).

Em uma escala de 0-10, que nota você daria à intensidade de sua força de vontade. (É difícil consegui-la, mas qualquer resposta inferior a 10 significa que existe um grande espaço a ser aprimorado. Independentemente da pontuação que você atribuir, seu *Chi* contribuirá para esse aprimoramento. Ele o ajudará a reconhecer quando está distraído e afastando-se de seu objetivo ou alvo. O *Chi* o faz se lembrar de que tem autoridade para dizer **sim** ou **não**: é a sua "vontade própria" (ou livre-arbítrio) e sua "não vontade própria". É indispensável desenvolver essa habilidade. Quando não controlamos a nossa falta de força de vontade, ficamos circulando em torno do nível de "sobrevivência", em vez de adquirimos capacidade para prosperar e conseguir concretizar nossas vontades e desejos — nosso pleno potencial.

Comecemos já!

Este é o ponto fundamental do sucesso ou do fracasso no programa *Chi* Mental.

Você tem a opção de manter e reforçar hábitos antigos que não estão lhe servindo ou de criar novos hábitos que lhe permitirão desenvolver todo o seu potencial.

Força de vontade e volição

Volição (*volition* em inglês) é uma palavra atraente e raramente empregada. O *Concise Oxford Dictionary* a define como: "ato de vontade ou escolha; ato de desenvolver um propósito; exercício da vontade". O termo "força de vontade" com frequência é empregado em referência a esse mesmo significado. A volição e a força de vontade são características fundamentais do programa *Chi* Mental que se fortalecem à medida que são utilizadas.

Hoje existem evidências demonstráveis de que as decisões conscientes representam de 20% a 50% da atividade cerebral. A atividade cerebral pode ser vista nos fMRIs (sigla de ressonância magnética em inglês) no momento em que determinadas atividades são executadas. Muitas de nossas decisões diárias são feitas na mente pré-consciente (paraconsciente), mas elas são levadas de imediato para a consciência. Portanto, a força de vontade (também chamada de volição consciente, intencionalidade ou autocontrole) é uma força à qual podemos recorrer quando necessário — com o objetivo de fazer uma **escolha** consciente para agirmos em determinada direção.

Tendemos a prestar atenção à nossa força de vontade apenas quando estamos encontrando problemas para enfrentar uma tarefa difícil. Na maior parte do tempo, nós a utilizamos sem perceber. Por exemplo, quando decidimos passar um *e-mail* ao invés de dar um telefonema e vice-versa.

A força de vontade é a força mais influente do comportamento humano. Quando aprendemos a ativar a força de vontade ou a volição, colhemos os benefícios decorrentes das atitudes propositadas e conseguimos concretizar mais projetos. Contudo, não é fácil ativar a volição. A volição encontra-se em um nível de realização superior ao da motivação. A motivação é o desejo de fazer alguma coisa; a volição é o compromisso absoluto de conseguir alguma coisa.

Para acionar a volição, é necessário atravessar uma barreira mental. Pesquisas demonstram que várias pessoas têm motivação para alcançar algo, mas apenas 10% estão propensas a superar barreiras pessoais para se empenhar em realizar a tarefa em questão. A volição exige que a pessoa resolva uma luta interna (com frequência intensa) entre os hábitos antigos e os novos desejos de conseguir o que ela deseja. Se conseguir ativar sua volição, precisará de persistência e comprometimento para lidar com os contratempos e perseverar na longa jornada entre o sonho e sua concretização, e isso demanda grande energia.

Conhecendo o *Chi*, seu mentor **43**

Quero? ou
Não quero?

A força de vontade é como um músculo. Assim que começamos a flexioná-lo ficamos surpresos com o quanto ele pode responder. É um tanto quanto emocionante saber que podemos ter controle sobre nós mesmos; podemos fazer o que desejamos, quando desejamos. O *Chi* está sob seu comando e por isso tudo se torna simplesmente mais fácil!

As ramificações desse mapa de **força de vontade** mostram os seguintes elementos:

- **Volição** — Assumir um compromisso inicial, criar coragem e direcionar nossa força de vontade para a ação.
- **Consciência** — Nossa percepção sensorial, sem julgamentos, e viver o momento presente, o "aqui e agora".
- **Atenção** — Quando a consciência traz algo para a nossa atenção consciente, podemos nos concentrar seletivamente.
- **A escolha** passa a ser nossa — É nossa vontade própria (livre-arbítrio) ou não vontade própria — passamos a decidir o que desejamos ou não desejamos fazer! Isso está associado ao BEAT do *Chi* mental (página 45).
- **Intenção** — É a escolha atenta de nossas possíveis opções, o que está relacionado com nosso compromisso inicial. Isso nos conduz para a direção estabelecida em nosso compromisso.
- **Vontade própria** — Depois que selamos um compromisso, o *Chi* e o *meme* do *Chi* Mental nos ajudam em todas as outras fases, da consciência à intenção (ação).

44 Chi Mental

3 BEAT do *Chi* Mental

> **Visão geral**
>
> Acesse o "**presente**" por meio do BEAT do Chi Mental

O BEAT do *Chi* mental é o **"abre-te, sésamo"** que utilizamos para controlar nossa vida. É um comando de peso e sabemos que ele é verdadeiro. Inspirado na popular e eficiente "terapia pela palavra", chamada de terapia cognitivo-comportamental (TCC) ou, mais recentemente, de terapia de vivência racional, o BEAT do *Chi* Mental permite que você se conscientize dos seus sentimentos emotivos e fisiológicos atuais e lhe oferece uma opção para mudar de acordo com sua vontade ("Sobre a Terapia Cognitivo-Comportamental (TCC)", página 286).

Acesse o "presente" por meio do BEAT do *Chi* Mental

BEAT é o acrônimo de *body* (corpo), *emotions* (emoções), *actions* (atitudes) e *thoughts* (pensamentos). A técnica BEAT nos fornece o precioso dom do momento atual — viver no "**presente**".

Perdemos facilmente o contato com a consciência do momento presente porque estamos concentrados em algo que já passou ou estamos pensando no futuro. Contudo, o **"presente"** é o único momento sobre o qual temos controle. Não podemos fazer **nada** em relação ao **passado**. O passado já passou.

A única coisa que podemos fazer é mudar nossa perspectiva sobre o que passou. **Não podemos** mudar o **futuro** nos preocupando com ele; entretanto, podemos planejar e forjar uma direção, tomando providências no presente para que o futuro que almejamos se torne realidade.

Exame do BEAT por meio dos dedos

Toque o polegar em cada um dos outros dedos para "sintonizar-se" neste exato momento com o que está ocorrendo com seu corpo, emoções, atitudes e pensamentos. Explicamos detalhadamente o recurso do BEAT nas páginas 66 a 69 como parte do quinto e sexto passos do *Chi* Mental básico. Em resumo, tudo o que você precisa fazer (e por que não agora?) para perceber qual é o seu BEAT é:

Examinar — tocar o polegar	Para iniciar o "exame do BEAT"
Corpo (***B**ody*) — toque o primeiro dedo (indicador)	Pergunte: "Como o meu corpo está reagindo agora?" (Relaxadamente ou tensamente?)
Emoções (***E**motions*) — toque o segundo dedo (o do meio)	Pergunte: "Que emoções estou sentindo agora?" (Calma ou ansiedade?)
Atitudes (***A**ctions*) — toque o terceiro dedo (anular)	Pergunte: "Que atitudes estou tendo agora?" (Direcionadas ou "dispersas"?)
Pensamentos (***T**houghts*) — toque o quarto dedo (mindinho)	Pergunte: "Quais pensamentos estou tendo agora?" (Aprovadores ou reprovadores?)

A questão fundamental é que, quando temos consciência do nosso BEAT, podemos optar por mudar qualquer aspecto, se assim desejarmos. O que seria melhor para o seu bem-estar?

Você pode realizar o exame do BEAT nos dedos das mãos sempre que desejar para mudar sua percepção de uma condição para outra e de uma atividade para outra.

A partir desse ponto de percepção é possível mudar qualquer questão a nosso respeito — e controlar o nosso mundo, independentemente do que estiver ocorrendo. Em qualquer momento podemos nos deter para mudar a direção de nosso BEAT. **Percebe como isso é importante?**

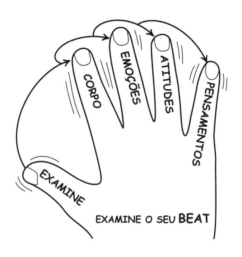

Utilize os dedos para examinar rapidamente seu BEAT e "sintonizar-se" com seu estado mental e suas condições físicas.

Quando algo acontece, isso influencia alguns ou todos os aspectos do BEAT do *Chi* Mental (corpo, emoções, atitudes e pensamentos). Esses quatro aspectos, por sua vez, podem se influenciar mutuamente. Se não tivermos consciência do nosso BEAT, podemos criar um círculo vicioso em que as situações negativas ficam cada vez piores.

Com a percepção do BEAT, podemos nos examinar e optar por mudar uma determinada reação a uma situação específica. Podemos retomar o controle e criar o resultado que desejamos. O círculo vicioso torna-se então uma espiral virtuosa.

A seguir apresentamos o BEAT do *Chi* Mental por meio de quadrinhos.

Autocontrole e força de vontade são os benefícios que você obtém com o programa *Chi* Mental.

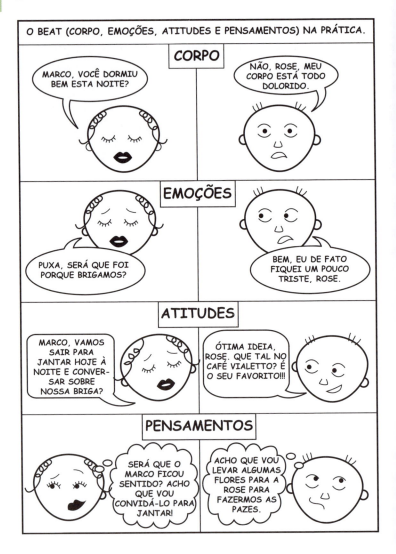

4 *Chi* Mental básico

> **Visão geral**
>
> *Chi* Mental inicial
> *Chi* Mental passado
> *Chi* Mental (presente)
> *Chi* Mental futuro
> *Chi* Mental e perguntas frequentes

Os oito passos do *Chi* Mental básico tomarão apenas oito minutos do seu dia. O processo é realizado mentalmente. Você não precisa de caneta, papel nem computador, o que significa que você pode executá-lo facilmente — em sua mesa de trabalho, enquanto viaja, em casa ou na cama. Experimente aplicá-lo em momentos diferentes do dia para ver que circunstância é mais adequada para você e sua rotina.

Em primeiro lugar, você precisará de um cronômetro, de um relógio com ponteiro de segundos ou de um telefone celular com alarme para cronometrar um minuto e avisá-lo.

Se possível, execute os oito minutos de atividade no mesmo horário e no mesmo local todos os dias. Escolha um horário em que provavelmente não será interrompido.

Observação importante: Se você for interrompido e precisar parar antes de completar a sequência de oito passos do *Chi Mental* básico, para retomar o processo primeiro faça a respiração do *Chi* Mental e continue do ponto em que parou.

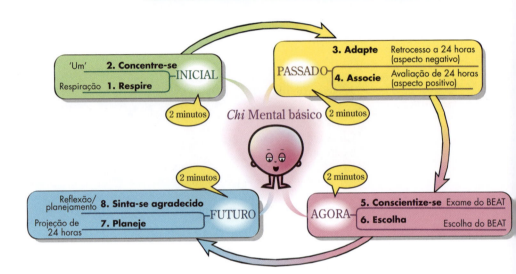

Acabamos de mostrar um resumo do mapa de oito passos. Talvez você queira imprimi-lo ("Páginas de Modelo", página 364, ou em www.mindchi.com).

Como o tema principal é o *Chi* Mental básico, ele se encontra no centro do mapa.

Imagine esse mapa como um relógio. Comece em "10 horas", que é o ponto **inicial**: passos 1 e 2; siga o mostrador no sentido horário até "1 hora", que corresponde ao **passado**: passos 3 e 4; desça até 4 horas, correspondente ao **agora**: passos 5 e 6. Finalmente, vá até 7 horas, que são dois passos do **futuro**: passos 7 e 8.

Chi Mental inicial

O *Chi* Mental inicial é composto por dois passos cujo objetivo é ajudá-lo a retomar o controle de sua **respiração** e de sua **mente**. Eles melhoram seu bem-estar porque diminuem as sensações de estresse e o habilitam a reassumir as rédeas e o controle fugidio de seu **limiar de atenção**.*

Quando a mente distrai-se facilmente ou fica absorta em acontecimentos passados ou futuros — acontecimentos que não podemos mudar e que talvez nunca ocorram —, ficamos imobilizados. Em vez de seguirmos adiante, ficamos aprisionados a pensamentos inativos ou negativos. Portanto, antes de começar, traga para a sua mente uma "visão" sobre "si mesmo" que **resuma tudo o que você deseja ser**. Basta manter essa sensação e tentar perceber seu impacto durante alguns segundos.

O controle da respiração é o fundamento de praticamente todas as estratégias para aliviar o estresse, desde a ioga à psicologia de esportes moderna. O poder da respiração para melhorar a saúde da mente e do corpo já é conhecido há muito tempo.

Passo 1: **Respire** — Para sentir calma interior, concentrar-se e, desse modo, ter maior percepção do momento presente.

Passo 2: **Concentre-se** — Para se concentrar em sua capacidade de fortalecer seu comando de concentração e atenção. O exercício "**Um**" é extremamente importante e aparentemente simples, mas muito eficaz. Você pode praticá-lo à vontade para retomar sua concentração. Essa atividade do *Chi* Mental pode ser considerada um exercício de fortalecimento da capacidade

---

* Limiar de atenção é o tempo durante o qual uma pessoa consegue manter-se concentrada, sem se distrair. É também chamado de intervalo de atenção. (N. da T.)

de concentração porque aprimora o condicionamento mental. A atenção dirigida ou focalizada é um fator primordial da inteligência.

Observação importante: Enquanto estiver aprendendo os passos do *Chi* Mental básico, talvez você queira conhecer um passo por dia ao longo dos oito dias ou talvez se sinta preparado para executar vários ou todos de uma só vez. Siga o ritmo com o qual você se sentir confortável.

Passo 1: Respire

Quando estamos ansiosos ou agitados, às vezes nos sentimos sem fôlego. Nessas circunstâncias, suspiramos, tentando aumentar o fluxo de oxigênio no cérebro — isso nos ajuda a lidar com a ansiedade. Por exemplo, muitas pessoas sentem "pânico" só de pensar em falar em público. A técnica de respiração do *Chi* Mental pode ser uma medida eficaz para **controlar a ansiedade**.

Os exercícios de respiração há muito tempo são os elementos primordiais de vários métodos de saúde e cura e parecem ter inúmeros efeitos positivos. A respiração profunda pelo diafragma pode nos dar mais energia; diminuir a fadiga mental e física; aumentar o suprimento de oxigênio e de nutrientes para as células de todo o corpo, especialmente as do cérebro; aliviar a tensão sobre o coração suprindo uma maior quantidade de oxigênio; relaxar os espasmos musculares; e aliviar a tensão. Além disso, os exercícios de respiração podem compensar parcialmente a falta de exercícios e a inatividade devida a doenças ou ferimentos, possibilitando um restabelecimento mais rápido do estresse e de esforços físicos.

O ato de respirar é diferente da arte de respirar! O ato de respirar é controlado pelo sistema nervoso autônomo (SNA) e, felizmente, ocorre de forma natural, sem nossa intervenção.

Isso funciona bem na maior parte do tempo; entretanto, existe um pequeno inconveniente nesse sentido. Quando estamos nervosos ou nos sentindo ameaçados, a reação automática assume o controle com uma resposta de "luta ou fuga". Isso significa que estamos prontos para atacar ou fugir. Os níveis de adrenalina aumentam e a respiração fica fraca (superficial), rápida e curta. Não há nenhum problema nisso em curtos espaços de tempo. Contudo, quando vivemos em constante estado de estresse, desenvolvemos um padrão de respiração superficial que na verdade reforça o estresse. Em contraposição, quando estamos naturalmente relaxados, a respiração é mais profunda, completa, longa e lenta. Esse tipo de respiração promove a saúde. Você praticará essa respiração no **Passo 1: respire**.

Atividade 1: A respiração do *Chi* Mental

FINALIDADE

O Passo 1 do *Chi* Mental básico demonstra de que forma você consegue alterar de maneira consciente sua respiração, quando estiver estressado e respirando rápida e superficialmente, para torná-la lenta, profunda e completa. Quando controlamos a respiração, acalmamos os nervos e anulamos o impacto negativo dos estressores constantes. É provável que você considere a técnica de respiração do *Chi* Mental especialmente útil em momentos em que estiver ansioso ou irritado. Essa respiração é uma forma rápida e eficaz de proteger e restaurar a saúde e diminuir os efeitos do estresse negativo.

PROCEDIMENTO

Configure seu cronômetro ou utilize o ponteiro de segundos do relógio para marcar um minuto para se concentrar em sua respiração. Coloque uma das mãos aberta sobre o ventre e a outra no alto do tórax.

Respire lenta e profundamente, tomando o cuidado de colocar a mão sobre o ventre e afastá-la a cada respiração, mantendo fixa a mão sobre o tórax. Respire lenta e profundamente, como se estivesse bem relaxado ou dormindo.

Para controlar a respiração, você pode contar ao longo de cada seção do ciclo de respiração do *Chi* Mental. Conte lentamente durante três segundos enquanto inspira, segure a respiração por três segundos e solte-a em três segundos: nove segundos por ciclo. (Se você se sentir confortável, não respire em seguida — aguarde mais três segundos para inspirar: 12 segundos por ciclo.) Inicie o ciclo novamente. Continue até completar um minuto.

Em vez de utilizar um cronômetro, você pode simplesmente contar 7 ciclos de respiração de 9 segundos ou 5 ciclos de 12 segundos, o que é igual a 60 segundos.

BENEFÍCIO
O Passo 1 diminui os níveis de estresse negativo e melhora o equilíbrio e a harmonia em sua vida. A profundidade, a qualidade e o ritmo da respiração são fatores essenciais para a saúde, o bem-estar e o bom desempenho. O efeito produzido por essa atividade é enorme. Ela promove mudanças de perspectiva positivas em um curto espaço de tempo.

Passo 2: Concentre-se

Qual é sua capacidade de concentração? Atenção é a capacidade de ater-se a uma atividade e de concentrar-se. Para ter um desempenho eficaz na vida, é essencial ter pleno controle sobre a concentração. A maioria das pessoas com frequência perde a concentração ao longo do dia. Como o ritmo de vida está cada vez mais acelerado, nossos momentos de descanso são raros. O assédio da televisão e das demais mídias é intenso, telefonemas e *e-mails* interrompem constantemente nossos pensamentos e o ritmo das múltiplas tarefas simultâneas possibilitadas pelos avanços tecnológicos prostra inúmeras pessoas diante da pilha interminável de coisas por fazer. Contudo, o principal problema na verdade é que poucas pessoas aprenderam a prestar atenção, se é que aprenderam. "Olhe para mim enquanto falo com você!" era o apelo dos professores. Portanto, aprendemos a "olhar", mas nossa mente continuava em outro lugar qualquer.

O exercício de concentração do *Chi* Mental lhe mostrará se seus pensamentos estão fragmentados e até que ponto você tem controle sobre sua mente no presente. A prática da atividade "Um" desenvolve sua capacidade de "atenção dirigida" e lhe permite ter controle sobre o tempo que deseja mantê-la focalizada. A princípio, é provável que você perceba que não tem absolutamente nenhum controle. Entretanto, a boa notícia é que esse exercício treina rapidamente o cérebro a se concentrar de maneira mais eficaz. Você sentirá um rápido progresso e ficará mais motivado para prosseguir.

Quando estamos concentrados, o cérebro produz ondas de eletricidade chamadas de "ritmo beta" em uma frequência de 12 Hz ou mais. Com o exercício "Um" você conseguirá sintonizar seu nível de concentração e melhorar sua capacidade para dirigir sua atenção.

Atividade 2: O "Um" do *Chi* Mental

FINALIDADE
Você se distrai com facilidade, especialmente quando está um pouco entediado? Essa tendência é um verdadeiro prejuízo para o ambiente de trabalho, tanto quando uma determinada atividade exige grande concentração quanto quando seu colega de trabalho ou cliente espera que você lhe dê a devida atenção, o que acaba se tornando um problema de comunicação.

PROCEDIMENTO

Marque um minuto no cronômetro ou no relógio e concentre-se no indicador luminoso do cronômetro ou no ponteiro de segundos do relógio enquanto repete mentalmente "Um, um, um...".

Assim que um pensamento o distrair, pare de contar "um" e mude para "Dois, dois, dois..." e assim por diante. Passe para o número seguinte toda vez que surgir um pensamento intruso, mesmo que ele estiver em um ponto periférico de sua mente. Desse modo, você saberá quantos pensamentos intrusos você teve ao longo de um minuto.

Isso a princípio parece extremamente simples. No entanto, na prática isso tende a funcionar da seguinte forma: "Um, um, um, ah isso é fácil. Ôpa, esse foi um pensamento intruso! Dois, dois, dois, dois, será que me preparei bem para a reunião de hoje? Ah! Isso é mais difícil do que eu pensava. Três, três, três, três, três...", e assim por diante.

Ao final de um minuto, anote o número em que parou. A meta é conseguir manter-se em "um" sem nenhum pensamento intruso ao longo de 60 segundos!!!

BENEFÍCIO

O Passo 2 aumenta o limiar de atenção e melhora a clareza mental. Esses recursos podem ser utilizados sempre que você sentir necessidade de clarear a mente, retomar a concentração ou aliviar o estresse.

Atenção!

Existem vários tipos de atenção:

- **Atenção seletiva** — Significa escolher um único aspecto de uma situação e ignorar todos os outros, como em uma conferência em que você luta para ouvir uma palestra em meio a um burburinho ao seu redor.

- **Atenção dividida** — Quando você tenta concentrar-se em duas prioridades conflitantes, como concentrar-se em uma conversa séria ao telefone e ao mesmo redigir um e-mail. (Várias respostas simultâneas raras vezes são eficazes. Ambas normalmente são prejudicadas.)

- **Atenção dirigida** — Capacidade de saber se concentrar por um longo período de tempo naquilo que escolheu (mesmo que você considere a atividade escolhida entediante). É mais fácil utilizar a atenção dirigida em questões que lhe interessam. Contudo, nesse caso exigimos que o "músculo" de nossa atenção dirigida funcione sempre que necessário, mesmo para atividades que talvez não estejam no primeiro lugar da lista de nossos principais interesses!

Chi Mental passado

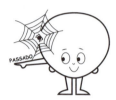

Os Passos 3 e 4 aguçam a memória e ajustam nossa percepção sobre a verdadeira essência dos pensamentos negativos ou positivos. Assim, podemos escolhê-los e direcioná-los conscientemente para que sejam mais positivos e mais determinados.

Com esses dois minutos diários, enquanto sua memória sobre o que lhe aconteceu nas 24 horas passadas ainda está fresca, você desenvolve sua capacidade de controlar o impacto disso sobre seu futuro. Você aprenderá a compreender o negativo e a trazer à tona as "lições" tiradas de sua experiência. Mais importante do que isso, você se concentrará em todas as coisas que você fez e foram favoráveis e bem-sucedidas e começará a formar memórias positivas. Quando desenvolvemos um banco de memória de pensamentos positivos, criamos um antídoto para os momentos de insegurança. Isso significa que, quando nos sentimos menos positivos, o *Chi* nos lembra de todos os depósitos positivos e reforça nossa autoconfiança.

O funcionamento da memória é complexo e fascinante e continua surpreendendo e desafiando os cientistas. A memória começa quando a mente consciente, por meio de um ou mais dos sentidos (audição, visão, olfato, tato e paladar), recebe alguma informação ou assimila uma experiência. Ela é conhecida como memória sensorial. (Menos conhecida é a **memória proprioceptiva** — capacidade de saber onde nosso corpo está —, que permite que movimentos precisos se repitam, como quando tocamos um instrumento musical, digitamos, damos uma tacada no golfe, dirigimos um carro etc.). Quando prestamos atenção a uma experiência, nossos sentidos transformam cada elemento em uma memória de curto prazo. A memória de curto prazo dura apenas alguns minutos. O segredo é ser capaz de transferir as memórias de curto prazo para o banco de memórias de longo prazo de uma maneira que as informações possam ser prontamente recordadas quando necessário.

A memória de longo prazo é o componente mais amplo do sistema de memória humano. Sua capacidade de armazenamento é praticamente ilimitada. Portanto, não precisamos nos preocupar com a possibilidade de perdermos a capacidade de memória à medida que envelhecemos. Existem dois fatores importantes com relação à eficácia da memória de longo prazo: a **codificação** e a **recuperação**.

> A codificação é nossa capacidade de organizar e armazenar informações em nosso sistema de arquivo mental. Tanto a codificação quanto a recuperação podem ser auxiliadas a) pela **atenção dirigida** e pelos sentidos, para criar associações entre fatos ou informações que já temos em nossos arquivos de memória, e b) pela técnica de memorização de informações denominada "repetição espaçada" (página 305).

Passo 3: Adapte

No Passo 3, **adapte**, você exercitará e fortalecerá sua memória, ajustando a influência de suas memórias negativas no processo.

Imagine sua memória como um computador — a inserção de informações pode ocorrer pelo teclado, pelo *mouse* ou por dispositivos USB. A memória RAM (aquela de acesso aleatório) faz o armazenamento de curto prazo (e normalmente tem apenas alguns *gigabytes* de tamanho) e os discos rígidos armazenam a memória de longo prazo por meio de uma série de "programas/processos de interpretação". A capacidade de memória de seu "disco rígido mental" é praticamente ilimitada.

Entretanto, às vezes nossos hábitos de memória distorcem as informações, recordando-se de alguns tipos de informação mais prontamente do que outros. (Por exemplo, quando recebem três elogios e uma crítica, muitas pessoas ficam magoadas com a crítica e minimizam a importância dos elogios.) O Passo 3 (adapte) melhorará sua capacidade para se recordar de informações com maior precisão apenas se concentrando nas experiências daquele dia e reavaliando os aspectos percebidos como negativos ou inconvenientes.

Aqui, "adaptação" significa relembrar as 24 horas passadas e concentrar-se nas questões negativas para se **adaptar**, perguntando-se: "O que eu poderia ter feito em vez disso?", "O que farei em seguida", "Como posso adaptar meus pensamentos/atitudes/emoções para que sejam melhores na próxima vez?".

A memória concilia essas adaptações ou ajustes e começa a trazer mais facilmente à tona as lições aprendidas. O cérebro aprende que precisa prestar mais atenção para obter resultados positivos ao longo do dia. Isso também significa que você terminará o dia mais consciente e tentará conseguir **diminuir o negativo** e **aumentar o positivo**, porque você sabe que o exercício de avaliação diário seguinte está a caminho.

Atividade 3: Retrocesso a 24 horas (aspecto negativo)

FINALIDADE

Examinar os aspectos negativos ou inconvenientes das 24 horas passadas talvez seja desconfortável porque o negativo com frequência tem mais peso na mente e tende a obscurecer ou "apagar" o positivo. Quando examinamos mais de perto os aspectos negativos, podemos encontrar uma situação mais equilibrada em contraposição ao que imaginávamos. Podemos perceber alguma lição intrínseca e avaliar o que faríamos de diferente em outra oportunidade. Faça esse retrocesso e adapte sua maneira de ver o passado.

PROCEDIMENTO

Marque um minuto no cronômetro para se concentrar em suas lembranças do dia. Retroceda a 24 horas como se estivesse repassando um filme do seu dia. Nessa recapitulação, é recomendável fechar os olhos porque com isso você afasta qualquer distração visual externa. Tente examinar principalmente os seguintes momentos:

1. Você ficou emocionalmente aprisionado a pensamentos ou reações — talvez você tenha tido pensamentos recorrentes sobre uma questão emocional. Por exemplo: "Meu gerente só pode ter alguma implicância contra mim."

2. Você se viu repetindo um padrão de comportamento reincidente e infrutífero — por exemplo, comer comida reconfortante* quando você se sente estressado.

Registre cada **memória infrutífera** contando-as em dedos diferentes da mão não predominante (isto é, a mão esquerda se você for destro e vice-versa). Ao completar um minuto, remova as memórias de sua mão, como se estivesse tirando a poeira de um objeto, soltando simbolicamente os pensamentos negativos e inconvenientes. Removendo-os metaforicamente você se desfaz deles. Diga a si mesmo: **"O que é passado é passado."**

BENEFÍCIO
Com o Passo 3 você fica mais consciente de seus pensamentos negativos e, portanto, mais apto a diminuir a força desses pensamentos; desse modo, você conseguirá adaptar sua maneira de pensar e ter mais energia positiva/Chi Mental ao longo do dia.

Passo 4: Associe

A associação é uma função que o cérebro realiza automaticamente. Neste programa, o principal objetivo das associações é fortalecer essa função básica do cérebro e da memória. Você perceberá que, quando começar a se lembrar de uma determinada coisa, ela se associará a outra e o ajudará a trazer à tona outras memórias.

A tendência a associar ocorre de duas formas principais ("Florescimento", página 86).

1. **Florescimento de associações** - Partindo de um tópico central, florescemos e afloramos associações (como pétalas de uma flor). Por exemplo, se você dissesse "borboleta",

---
* Comida que aumenta a sensação de conforto emocional, seja para aliviar efeitos psicológicos negativos ou aumentar os positivos. Os autores consideram esse padrão de comportamento infrutífero provavelmente porque acreditam que há outras formas mais eficazes de aliviar o estresse. (N. da T.)

uma pessoa poderia responder: "mudança, beleza, broches; mãe, alegria e serenidade". Todas essas palavras estão diretamente relacionadas com o estímulo básico que a palavra "borboleta" provoca **exclusivamente** nessa pessoa. Suas palavras seriam associações particulares que mostrariam todas as suas memórias, correlações, experiências e pensamentos relacionados diretamente com o tópico central.

2. **Fluxo de associações** - Neste caso, uma palavra desencadeia a seguinte e esta uma palavra subsequente, de uma forma mais linear. A partir da palavra "borboleta", uma pessoa poderia responder: "asas, avião, viagem, férias, aventuras, monte Kilimanjaro...". Uma palavra provoca uma associação com outra, do desencadeador central para fora, como em um fluxo. Diferentemente do florescimento, a palavra final talvez não tenha nenhuma associação direta com a primeira.

Entretanto, se você quiser registrar, reter e recordar-se com a máxima eficácia possível, poderá colher dividendos se cuidar bem de suas associações.

> **DICA DE MEMORIZAÇÃO**
> Se você **não** tiver caneta e papel em mãos e quiser gravar alguma ideia, imagine a porta principal de sua casa e utilize a imaginação para vincular (associar) uma determinada ideia — de uma forma engraçada, exagerada, multissensorial e dramatizada — com a porta. Se você quiser gravar mais de uma ideia, abra a porta principal e imagine-se associando a ideia seguinte à primeira coisa que você vir, como um quadro dependurado na parede ou um móvel. Obviamente, depois, quando que tiver papel e caneta, poderá anotá-las.

Atividade 4: Avaliação de 24 horas (aspecto positivo)

FINALIDADE

O Passo 4 é semelhante ao Passo 3, mas desta vez você examinará as 24 horas passadas para se lembrar das coisas **positivas** e **frutíferas** que ocorreram. À medida que você avaliar e lembrar-se do seu dia, trazendo à tona os acontecimentos, você perceberá de que forma esses acontecimentos estão vinculados, correlacionados e o lembram de outro evento. Quanto mais associações você criar, mais reforçará o comportamento que deseja repetir.

PROCEDIMENTO

Ajuste um minuto no cronômetro para se concentrar em sua avaliação. Avalie suas 24 horas como se estivesse repassando um filme de seu dia. Nessa recapitulação, é recomendável fechar os olhos porque com isso você afasta qualquer distração visual externa. Tente examinar principalmente os seguintes momentos:

- Você teve **êxito** em alguma coisa, agiu ou sentiu-se da forma como queria. "Consegui concluir pontualmente o meu relatório", "Consegui ficar calmo do começo ao fim da reunião."
- Você teve uma **experiência inspiradora** — momentos de felicidade, contentamento ou alegria. Por exemplo: "Fiquei muito contente por ter conseguido me manifestar na reunião."

Registre cada memória positiva e favorável, contando-as em dedos diferentes de sua mão predominante (sua mão direita, se for destro, e vice-versa). Passado um minuto, feche levemente o punho da mão predominante para reforçar simbolicamente seus êxitos e memórias positivas.

BENEFÍCIO

O Passo 4 é uma oportunidade para você se congratular por ter utilizado bem seu Chi Mental nas últimas 24 horas e ter experimentado acontecimentos bons e pensamentos positivos. Isso elevará imediatamente sua autoestima e aumentará sua energia.

Ao concluir os Passos 3 e 4, procure verificar se você teve mais memórias positivas ou negativas. Basta observar. O objetivo é ajudá-lo a ter um dia melhor no dia seguinte. Com o Passo 7 você irá tornar isso uma realidade.

> Arquivamento de seus êxitos: é particularmente importante reconhecer e arquivar seus êxitos criativos. Essas decisões aparentemente pequenas ou insignificantes — tomadas de maneira consciente — na verdade são escolhas sérias que desencadeiam as mudanças mais importantes que você deseja. Quais planos ou projetos você criou? Quais novos métodos ou processos — por exemplo, uma nova maneira de guardar suas roupas ou organizar seu trabalho —, você criou hoje?
>
> *Fonte: Susan Ford Collins, The Joy of Success.*

Associações

Você pode fortalecer suas associações:

- Tomando o cuidado para que suas associações sejam divertidas ou transformando esse processo em um jogo.
- Visualizando — utilize sua imaginação criativa.
- Utilizando atitudes para correlacionar suas associações.
- Carregando as associações de emoções positivas e transformando-as em associações multissensoriais.
- Mantendo o processo sempre simples — associe apenas duas coisas, sequencialmente.
- Exagerando e utilizado imagens bizarras e ridículas.
- Praticando — isso reforça a associação.

> O octacampeão mundial de memorização Dominic O'Brien utiliza trajetos para criar associações com a memória. Ele tem vários "vídeos mentais" dos lugares que conhece e associa o que ele deseja se lembrar com um lugar nesse trajeto.

Chi Mental agora

Com os Passos 5 e 6, você desenvolverá sua capacidade para viver mais consciente e positivamente e optar por não ser obstruído pelo passado nem ser exageradamente modelado pelo futuro. O termo "consciência" ou "percepção" normalmente se refere ao momento presente (o poder do **"agora"**). Ele é também semelhante ao conceito psicológico já difundido de "autoconsciência" ou "autopercepção". Contudo, a filosofia budista há milhares de anos utiliza a consciência como um componente fundamental para desenvolver o que ela chama de "consciência plena" ou "atenção plena". Essa atenção está relacionada à nossa capacidade de observar nossa experiência interior de uma maneira "totalmente consciente", sem "apegos". Em resumo, significa não nos apegarmos muito rigidamente a sentimentos passados, permitir que mágoas, decepções, necessidades e **sentimentos passados se desfaçam** para vivenciarmos plenamente o momento presente.

Normalmente, quando observamos alguma coisa, o córtex esquerdo do cérebro nos oferece uma descrição verbal. Isso significa que o seu *Chi* está agindo. A consciência plena exige apenas que você olhe e contemple, recebendo informações por meio de todos os seus sentidos, sem julgamentos. Com o passar dos anos, esse tipo de consciência recebeu várias denominações. Adam Smith, grande filósofo do século XVIII, a chamou de "espectador imparcial bem informado". É a capacidade de testemunhar suas atitudes, pensamentos e emoções como um observador desinteressado.

O *Chi* é um mentor que se predispõe a ajudá-lo a ter mais consciência sobre o **agora**. Assim, você poderá examinar a realidade atual do BEAT do *Chi* Mental

Passo 5: Conscientize-se

Conscientização é o ato ou efeito de trazer algo ao consciente, de sentir ou perceber o que está ocorrendo **agora**. É o ponto para onde a mente converge (ponto focal) em qualquer momento dado. Se lhe pedissem para tomar consciência do seu pé direito, você poderia fazê-lo num piscar de olhos: a sensação de seu pé direito introduz-se imediatamente no seu pensamento consciente. Entretanto, seu pé direito sempre esteve ali, mas você não precisa ter consciência dele (a menos que alguém lhe estivesse fazendo cócegas!).

> Preste atenção ao BEAT do *Chi* Mental. Ele é o cerne do programa.

A conscientização ou percepção também é desencadeada por acontecimentos externos ao corpo. Por exemplo, quando alguém entra em um recinto enquanto você está lendo, seus sentidos captam esse movimento e você percebe a presença dessa pessoa.

No passo de conscientização do programa *Chi* Mental, a consciência é possibilitada por fatores bastante específicos. Ao fazer um conjunto de perguntas com relação ao seu **c**orpo, **e**moções, **a**titudes e **p**ensamentos (*body, emotions, actions* e *thoughts*, em inglês) você dirige sua atenção para esses fatores nesse momento exato. Juntos, eles configuram o BEAT do *Chi* Mental.

> Depois que você concluir os 28 dias de exercício, perceberá que sua sensibilidade está mais aflorada nas quatro áreas do BEAT e observará alguns sinais de que está "em forma" ou de que não está se sentindo muito bem. Concentrando-se no BEAT do *Chi* Mental, você conseguirá ter maior percepção e em seguida adaptar e mudar seu "estado de estar" para se direcionar e ter um controle mais construtivo sobre você mesmo.

"Você está consciente?"

Atividade 5: Exame do BEAT

FINALIDADE
Qualquer mudança consciente exige primeiramente a conscientização e, em seguida, a introdução de novos pensamentos direcionados. A Atividade 5 treinará sua mente consciente a se conscientizar de sua mente e corpo, por meio de quatro perguntas fundamentais.

PROCEDIMENTO
Marque um minuto no cronômetro para se concentrar nessa atividade. Procure ater-se ao presente. No decorrer de um minuto, fique sentado em silêncio, fazendo e respondendo as perguntas as seguir para se sintonizar:

1. O que o meu **corpo** está sentindo **agora**?
   Estou com um pouco de dor de cabeça e meu pescoço está tenso.
2. Quais **emoções** estou sentindo **agora**?
   Estou preocupado e me sentindo pressionado e estressado.
3. Quais **atitudes** estou tendo **agora**? (Ou o que acabei de fazer?)
   Estava coletando alguns dados para redigir um relatório.
4. Quais **pensamentos** estou tendo **agora**?
   Estou me debatendo com todas as minhas prioridades. Qual devo fazer primeiro?

Esse é o exame do BEAT do *Chi* Mental. Utilize-o para aumentar sua autoconsciência e (no passo seguinte) conseguir realizar mudanças rápidas e positivas em seu corpo, emoções, atitudes e pensamentos. Quando dirigimos nossa atenção para o aqui e agora, começamos a vivenciar mais plenamente e conscientemente **"o momento"**.

BENEFÍCIO

O Passo 5 traz sua consciência para o momento presente para ajudá-lo a examinar suas funções física e mentais. Assim que você tomar consciência desses fatores, poderá ter controle de suas reações a qualquer situação que vier a enfrentar.

Passo 6: Escolha

Todos os passos do programa *Chi* Mental foram concebidos para que você ganhe (ou reganhe) controle sobre si mesmo e sobre sua vida.

Nesse passo, você escolhe de que forma quer utilizar sua energia mental. Sua escolha fará **toda** diferença. Trata-se de perceber que nesse momento **você** tem controle. Não há mais nada nem ninguém — apenas **você**! Portanto, utilize esse minuto para de fato adquirir controle e **escolher** o que você deseja vivenciar **agora**.

Quando você se conscientizar de seu corpo, emoções, atitudes e pensamentos, faça a seguinte pergunta para si mesmo: "Eles estão funcionando da melhor forma possível em prol da minha produtividade e felicidade?".

Se não, execute o passo seguinte do programa *Chi* Mental para avaliar o que e como você deseja mudar.

Você experimentará um nível de bem-estar fisiológico e de autossatisfação totalmente novo quando conseguir assumir as rédeas de seu autocontrole. **O efeito é estimulante e libertador**

Atividade 6: Escolha do BEAT

FINALIDADE

A sensação de falta ou perda de controle é uma das mais estressantes que podemos enfrentar. Por exemplo, quando tudo "lá fora" parece confabular contra nós. A **"escolha"** é o ponto em que decidimos reaver nosso controle, e isso a torna indispensável.

Você já tem consciência do seu BEAT atual (embora talvez não saiba disso) e pode, nesse momento, se de fato optar por isso, criar um BEAT **diferente**. Você pode mudar seus pensamentos, diminuir o ritmo ou retardar suas atitudes, liberar conscientemente a tensão sobre seu corpo e alterar suas emoções. Você pode decidir que de fato deseja reaver o autocontrole. Com autocontrole, você pode lidar com uma situação externa muito mais facilmente.

PROCEDIMENTO

Se o seu BEAT não for aquele que deseja, marque um minuto no cronômetro para se concentrar na escolha do BEAT mais produtivo para você. Ao fazê-lo, você perceberá que **de fato** tem controle sobre o seu BEAT.

Examine os quatro âmbitos do BEAT e decida de que forma você deseja que eles fiquem. Por exemplo:

1. Corpo: minha mente está clara e meu pescoço relaxado.
2. Emoções: sinto-me calmo e concentrado.
3. Atitude: continuar redigindo meu relatório.
4. Pensamentos: concluí que essa é a minha prioridade

BENEFÍCIO

O Passo 6 é o que desenvolve a habilidade mais decisiva. Ele está diretamente relacionado com as descobertas "positivas" e "negativas" dos Passos 4 e 5. Se você aprender a controlar e dirigir o seu BEAT, poderá fazer e ser o que você de fato deseja. Essa é outra área em que o *Chi* pode ajudá-lo. Deixe o seu monólogo interior elevar sua consciência sobre o "agora", corrigir os pontos negativos, fortalecer os positivos e criar um futuro dirigido por você mesmo.

Fortaleça os positivos

Para conseguir conduzir mudanças em sua vida, é favorável examinar o lado positivo da vida.

1. É aqui que o *Chi* talvez seja mais útil. Dê um comando para que ele o conscientize de seus pensamentos e palavras negativos. Quando você toma consciência de suas palavras e pensamentos, você percorre 90% do caminho em direção a uma mudança positiva. Por que você está falando e pensando negativamente? É necessário?

2. Avalie suas opções. Seria melhor não dizer nada a dizer algo negativo? Você conseguiria dar uma sugestão construtiva em vez de fazer uma reclamação? Você conseguiria identificar algum aspecto da situação ao qual pudesse dar um elogio?

3. Seja complacente consigo mesmo. Pensar e falar negativamente ou manter uma postura negativa provavelmente está relacionado ao seu autoconceito. Examine de que forma você poderia começar a melhorar sua autopercepção. Talvez assim você descubra que não é necessário ser tão negativo. Quando começar a ser mais positivo, é provável que se sinta melhor em relação a si mesmo ("Elevar a Autoestima", página 274).

4. Não alimente o negativo. Converse com pessoas positivas sobre coisas positivas. Tente se **autoconstruir** e não se **autodestruir**. Busque desenvolver um ambiente positivo ao seu redor. Expulse os comentários negativos de suas conversas. (Ouça o noticiário apenas uma vez por dia.)

5. Faça "atividades" mentais que possam aperfeiçoar seu pensamento positivo. Se começar a ter pensamentos negativos, procure sugerir quatro coisas positivas para contrabalançar cada um.

6. Existem vários níveis de positivo. Imagine-o como um continuum, do ligeiramente positivo ao plenamente positivo! Experimente esses níveis de positivo e veja qual deles é mais adequado para você. Procure se sentir confortável na extremidade altamente positiva desse espectro de positivos.

7. Junto tudo isso ao desenvolvimento da sua **atitude de gratidão** e apreço pelo trabalho, e logo irá perceber que você desenvolveu um vício positivo.

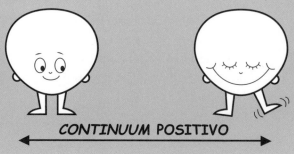

CONTINUUM POSITIVO

Chi Mental futuro

O objetivo dos dois últimos passos do *Chi* Mental básico é ajudá-lo a desenvolver uma postura **"positiva realista"**. Mesmo quando somos obrigados a enfrentar inúmeros problemas, isso não significa que tudo está acabado. Os problemas são contornáveis e mesmo nas situações não tão favoráveis sempre existem bons momentos. Se você analisar o que *é* bom, terá energia para enfrentar o resto. Isso resume bem aquela ideia de ver a vida como um "copo metade cheio".

Essa etapa é importante — particularmente para as pessoas que costumam pensar que o pior ocorrerá. Você não precisa pensar dessa forma. Portanto, utilize o Passo 7 para planejar suas 24 horas seguintes e fortalecer os positivos realistas e verdadeiros que você deseja que ocorram.

Passo 7: Planeje

Quando damos ao *Chi* a sensação de direcionamento e um plano para ele tocar adiante, nosso ímpeto aumenta automaticamente. Como toda e qualquer pessoa bem-sucedida provavelmente sabe que planejar é o segredo do sucesso. É uma medida eficaz que pode ajudá-lo a realizar qualquer coisa, desde uma atividade simples a um propósito de vida. Com o Passo 7 você conseguirá traçar seus planos de uma maneira mais produtiva. No Passo 8, você será estimulado a se sintonizar com seus êxitos e a se sentir agradecido por tudo o que já conseguiu e pelo processo de aprimoramento pelo qual está passando. O sucesso em ambas dessas etapas depende de sua postura e de seu estado de espírito.

Pesquisas demonstram que assumir uma postura de vida positiva melhora a saúde e longevidade! Pesquisadores da Universidade do Texas constataram em suas pesquisas que as pessoas que viam a vida com otimismo eram menos propensas que os pessimistas a demonstrar sinais de fraqueza. Esses pesquisadores trabalham com a hipótese de que as emoções positivas podem afetar diretamente a saúde porque alteram o equilíbrio químico do corpo.

No caso dos otimistas, o cérebro produz endorfina, que é considerada um analgésico ou lenitivo natural: **gamaglobulina** para fortalecer o sistema imunológico e **interferon** para combater infecções, vírus e até mesmo o câncer. O cérebro consegue associar essas e outras substâncias e compor um vasto número de receitas sob medida para todas as aflições.

A postura (ou atitude) é uma forma estabelecida e enraizada de reagir a pessoas, acontecimentos e situações. Ela é aprendida com base em crenças, valores e suposições. Nossa postura determina nossos comportamentos e é expressa pela linguagem corporal — o **corpo fala**. Quando você está determinado a ter pensamentos otimistas, todas as pessoas à sua volta captam a mensagem. Você ouvirá comentários do tipo: "Parece que hoje você está extremamente contente e nada consegue atingi-lo."

O sucesso não depende do nível educacional, do grau de inteligência nem do cargo que ocupamos. Qualquer pessoa pode escolher a postura ou a atitude que deve ter em um dado momento. É uma questão de ajustar/adaptar nossa maneira de pensar. Os processos subsequentes do *Chi* Mental vão ajudá-lo a assumir o controle e a responsabilidade por seus pensamentos e posturas — portanto, disso resultará um processo permanente de ajuste/adaptação e êxito.

Atividade 7: Projeção de 24 horas

FINALIDADE

A mente responde aos nossos pensamentos sobre o futuro da mesma maneira que responde aos pensamentos passados ou presentes. Se você reservar um tempo para planejar e projetar de que forma deseja estar no futuro, seu cérebro começará a reagir, a pensar e a agir como se você já tivesse conseguido isso. Você se lembra daquele ditado "Cuidado com o que você deseja, porque isso pode ocorrer?" É uma verdade. Toda vez que temos um pensamento, aumentamos a probabilidade de ele de fato se concretizar. Formamos uma **"memória do futuro"** (página 113), possibilitada pela plasticidade do cérebro. É por isso que o Passo 7 é tão importante.

PROCEDIMENTO

Marque um minuto no cronômetro para fazer uma **projeção** das 24 horas seguintes de sua vida. Imagine como você deseja que essas 24 horas sejam, como se fosse um filme. (É aconselhável fechar os olhos nessa projeção porque assim você pode afastar qualquer distração visual externa.)

Respire profundamente algumas vezes, de acordo com a respiração do *Chi* Mental. Visualize (traga para a sua mente) todas as pessoas que você provavelmente verá e as atividades ou eventos que podem ocorrer, relacionados a você. Observe especificamente sua sensação física enquanto você visualiza cada acontecimento ou atividade. Transforme esses eventos ou atividades em uma experiência multissensorial. Que **emoções** você pressente? Que **atitudes** positivas você prevê? Qual é a qualidade dos seus **pensamentos**? Você está se projetando seu BEAT no futuro. Portanto, sua memória registra que essa é a maneira que você deseja reagir.

Obviamente, essa projeção (visualização) sobre o que você **escolheu** e sua reação correspondente deve ser positiva. Essa é a oportunidade para estabelecer suas posturas e resultados futuros.

BENEFÍCIO

Com o Passo 7 você terá mais energia e sua capacidade de forjar atividades positivas e respostas para o dia seguinte ficará fortalecida. Assim, seu *Chi* toma consciência do que você deseja e o ajuda a transformar seu desejo em realidade!

Passo 8: Sinta-se agradecido

> *"A gratidão desbloqueia a plenitude da vida. Ela transforma o que temos em algo suficiente e maior. Ela transforma a negação em aceitação, o caos em ordem, a confusão em clareza. Ela pode transformar uma refeição em um banquete, uma casa em um lar, um estranho em um amigo. A gratidão dá sentido ao nosso passado, traz paz para o presente e cria uma visão de futuro."* Melody Beattie (escritora)

A gratidão, o agradecimento ou o reconhecimento pode ser em relação ao que você recebeu e também ao que poderá receber. Os psicólogos começaram a investigar a **gratidão** e conseguiram identificar oito aspectos nesse sentido: agradecimento em relação a pessoas; a bens materiais; ao momento presente; rituais; sentimentos de reverência; comparações sociais; preocupações existenciais; e comportamento que expresse gratidão.

A gratidão oferece uma compensação verdadeira. Pesquisas abrangentes demonstram que dormimos melhor, experimentamos menos estresses negativos, sentimos que temos maior "controle" sobre nossa vida e o ambiente ao nosso redor e somos mais felizes! A gratidão tem se demonstrado "especificamente importante" para lidarmos com transições e parece ser a atitude que mais tende a melhorar nosso bem-estar geral.

A gratidão é como um músculo. Portanto, comece a fazer com que ela funcione melhor a seu favor reservando alguns minutos, uma vez por semana, para fazer uma lista das coisas pelas quais você se sente agradecido. Não custa nada e você pode comprovar por si só se isso funciona mesmo ou não. Você não tem nada a perder e muito a ganhar.

O poder da gratidão

Vanda North, coautora deste livro, costuma catar algumas pedras especiais na praia em que mora e pintar em cada uma delas um rosto que expressa alegria. Ela vendeu essas "pedras de gratidão" para levantar fundos para uma instituição hospitalar filantrópica de sua cidade. Ela sugere que você coloque uma pedra desse tipo ao lado da cama para que no final da noite e no início da manhã você olhe para essa pedra e sorria ao se lembrar das coisas alegres em sua vida. É uma boa maneira de começar e finalizar o dia. ("Recursos Adicionais", página 359.)

Atividade 8: reflexão e planejamento

FINALIDADE

Para valorizarmos o que conseguimos e recebemos, precisamos de algum tempo para refletir e expressar essa gratidão. No último passo do *Chi* Mental básico, você se cobrirá com um manto de gratidão. Quando utilizamos esse último minuto para refletirmos sobre todas as coisas pelas quais nos sentimos agradecidos, examinamos cuidadosamente os pontos positivos e os nossos êxitos nas últimas 24 horas e também projetamos nossa gratidão para o dia seguinte.

Esse exercício traz para a sua percepção consciente as coisas boas que estão ocorrendo diariamente em sua vida e fecha os oito minutos com uma expressão de alegria para que você comece o dia com uma atitude positiva.

O objetivo do passo da gratidão é criar uma mentalidade que lhe permita observar que estão ocorrendo coisas boas e positivas em várias áreas de sua vida. Quando nos sentimos gratos pelo que a vida nos oferece, reforçamos novos comportamentos e igualmente nossos padrões de pensamento. Quando desviamos o foco dos aspectos negativos de uma situação, conseguimos ver os positivos com maior nitidez. Com isso, criamos um estado mental em que nossa "antena" capta mais as oportunidades e os benefícios da vida.

PROCEDIMENTO

Marque um minuto no cronômetro para você se concentrar na **gratidão**. É aconselhável fechar os olhos porque com isso você afasta qualquer distração visual externa. À medida que você reflete sobre o presente e suas 24 horas futuras, o que se manifesta de súbito em sua mente? "Estou extremamente agradecido pelo fato de..." ou "Tenho muita sorte por...". Quando dedicamos um minuto para concluir o oitavo passo do *Chi* Mental, avaliando todas as coisas pelas quais devemos nos sentir agradecidos, criamos uma atitude extraordinária que nos deixa receptivos a outros aspectos pelos quais possamos nos sentir gratos!

BENEFÍCIO

O Passo 8 estimula a mente a valorizar todas as surpresas que cruzam ou cruzaram seu caminho nas 24 horas seguintes. Isso aumenta a probabilidade de você transformá-las em realidade; além disso, sua percepção de bem-estar é imediata!

Chi Mental e perguntas frequentes

Pergunta: Meus dias costumam ser extremamente agitados. Em que momento posso fazer o *Chi Mental* básico?

Resposta: Mesmo nos dias mais agitados, em algum momento você precisa ir para a cama! Se você não tiver conseguido reservar oito minutos diários para o Chi Mental, execute os Passos 1 e 2 ao se deitar. Se puder, faça também os Passos 3 e 4 (a análise dos pontos inconvenientes e positivos das últimas 24 horas) porque esses pontos ainda estão frescos em sua mente. Depois, ao acordar na manhã seguinte, faça a respiração do Chi Mental e continue de onde parou.

P: **E se eu falhar um dia (ou dois)?**

R: Basta seguir adiante! Se isso ocorrer, sorria e proponha-se a continuar o exercício nesse dia, e estenda os dias do Chi Mental básico em sua agenda ("Monitorador do Chi Mental", página 365). Para que esse novo hábito fique "enraizado", é preferível praticá-los durante 28 dias consecutivos. Contudo, se precisar falhar dois dias, basta acrescentá-los ao final de sua programação original.

P: **Devo executar o Passo 3 — a avaliação dos pontos "inconvenientes e negativos"?**

R: Sim, porque você terá muito a aprender com a avaliação dos pontos "negativos" ou "inconvenientes". Você ficará atento a qualquer tipo de negatividade e conseguirá gerenciar melhor o monólogo do *Chi*. Suas reações físicas, emoções, atitudes e pensamentos em relação ao negativo (inconveniente) podem estar esgotando sua energia. Quando tomamos consciência desses fatores, imaginamos estratégias de enfrentamento e começamos a colocá-las em prática no momento de planejarmos nossas 24 horas seguintes, antes de desperdiçarmos muita energia!

P: **Posso utilizar o BEAT do *Chi* Mental o dia todo?**

R: Sim! Faça isso. É uma forma extremamente eficaz de examinar o que está ocorrendo dentro de você. Dessa maneira, você pode reaver o autocontrole e reagir da forma menos prejudicial ao seu corpo e utilizar da maneira mais produtiva possível sua energia.

P: **Por que devo executar os oito passos do *Chi* Mental durante 28 dias?**

R: Porque são necessários 28 dias para criar uma nova rede neural ou um novo hábito. Depois disso, talvez você perceba que já está executando naturalmente alguns dos passos ao longo do dia no momento em que eles são necessários: em especial a respiração do chi mental (página 52) e o BEAT (página 45).

P: **O que devo esperar depois que eu praticar o *Chi* Mental básico durante 28 dias?**

R: O *Chi* Mental básico é o alicerce do programa *Chi* Mental. Em 28 dias você vai reaver o controle sobre si mesmo. Você conseguirá:

1. Anular os efeitos do estresse negativo ao utilizar a respiração.

2. Dirigir sua atenção como e quando desejar por meio do "Um".

3. Examinar e escolher seu BEAT (corpo, emoções, atitudes e pensamentos) para ter controle sobre si mesmo e sobre suas reações.

4. Equilibrar suas memórias negativas em relação a 24 horas passadas e canalizar a alegria proporcionada pela sensação de êxito.

5. Projetar o que você deseja vivenciar no futuro e lembrar-se de todas as coisas pelas quais se sente agradecido. Com isso, você poderá viver a vida que escolher.

Você pode obter tudo isso comprometendo apenas oito minutos de seu dia — é um belo retorno sobre seu investimento!

O que pode ajudá-lo a concluir o exercício do *Chi* Mental básico de 28 dias

- Um excelente recurso é ter uma companhia para realizar o programa *Chi* Mental. Ter alguém a quem você possa responder pode ajudá-lo a concluir as atividades diárias. Além disso, você e essa outra pessoa podem compartilhar dicas de aperfeiçoamentos e, mais importante, oferecer apoio moral um ao outro.

- Esse apoio também pode ser um amigo ou amiga que deseja simplesmente ouvi-lo e estimulá-lo ao longo do processo.

- Estabeleça para si mesmo metas e objetivos pessoais. Marque os 28 dias do *Chi* Mental básico em seu calendário, do primeiro ao vigésimo oitavo dia. À medida que os dias passarem e você concluir suas atividades naquele dia, marque-os no calendário. Assim, você consegue visualizar o seu progresso. ("Monitorador do *Chi* Mental", página 365.)

- Afina-se com o seu monólogo interior e estimule seu *Chi*. Assim, ele pode ajudá-lo a encontrar um tempo para incorporar os oito minutos do programa em seu dia.

- Escreva todos os motivos e benefícios de concluir o *Chi* Mental básico. (Lembre-se da pergunta: "O que isso pode fazer por mim?", uma forma de se sintonizar com o seu *Chi* Mental!) Faça várias cópias e coloque-as em vários locais de sua casa: na cama, no banheiro, na cozinha, na parte de trás da porta do seu escritório e também dentro do seu escritório: no computador, no calendário ou na parede. Seu *Chi* e você precisam sempre se lembrar disso enquanto você estiver formando esse novo hábito.

- Guarde na carteira ou na bolsa um pequeno cartão com todos os motivos respondidos à pergunta anterior. Em momentos variados ao longo do dia, tire um tempo para recapitulá-los. Isso reforça suas intenções de ganhar domínio no *Chi* Mental básico, chama a atenção de sua voz interior e também fortalece seu compromisso. Com perseverança, você colherá enormes dividendos dos quais a partir de agora poderá usufruir.

O *Chi* e a aplicação dos reforçadores descritos anteriormente.

PARTE 2
Chi Mental na prática

Capítulo 5 — Mapas mentais
Capítulo 6 — Criando um plano de *Chi* Mental exclusivo
Capítulo 7 — *Chi* Mental na prática
Capítulo 8 — Mudanças por meio do *Chi* Mental

5 Mapas mentais

> **Visão geral**
>
> Sobre os mapas
> Como elaborar um mapa
> Aplicações dos mapas
> Terminologia relacionadas ao mapeamento

A utilização de mapas é um dos quatro recursos de capacitação do programa *Chi* Mental. Nós os utilizamos para facilitar ao máximo todo esse processo. O mapeamento de ideias, independentemente de como você preferir realizá-lo — à mão ou no computador — é a melhor técnica que existe para organizar os pensamentos e maximizar o fluxo de energia psíquica.

Sobre os mapas

O mapa, neste contexto, é uma representação do funcionamento do cérebro. Ele se baseia no cérebro básico e na função de associação da memória e utiliza as habilidades tanto do córtex esquerdo quanto do direito. É como uma linha direta de conexão com a mente e, como tal, auxilia todos os processos de raciocínio.

Os mapas são utilizados pela humanidade há milhares e milhares de anos. Antes do nascimento da linguagem, os homens da caverna na África utilizavam mapas pictóricos. A partir da década de 1950, os mapas ganharam sofisticação e passaram a ser empregados no mundo dos negócios e na educação. A tecnologia ampliou o emprego desse recurso ao criar *softwares* específicos para criação de mapas, dos quais existem inúmeros fornecedores.

Muitas pessoas já utilizam a técnica de mapeamento. Para aquelas que ainda não estão familiarizadas com esse recurso ou gostaria de obter outras ideias, apresentamos a seguir uma breve introdução a esse processo extraordinariamente simples e eficaz.

Você observará que utilizamos uma forma de mapa para demonstrar graficamente o *Chi* Mental básico e as **50 estratégias de sucesso** do *Chi* Mental aplicado. Na verdade, também utilizamos mapas para organizar e redigir este livro. Eles oferecem a essência das informações apresentadas.

Como elaborar um mapa

O mapeamento é fácil:

1. Utilizando uma folha de papel em branco no sentido horizontal (paisagem), desenhe no centro da página uma imagem da ideia, do problema, do conceito ou do sentimento que você deseja examinar. Se preferir, utilize uma palavra e uma imagem em conjunto (uma **"palimagem"**!). A imagem é importante porque ajuda a ativar respostas cerebrais.
2. Em seguida, trace várias divisões ou ramificações a partir da imagem central, com uma extensão suficiente para conter uma palavra de quatro letras (aproximadamente). Essas ramificações vazias **estimularão seu cérebro** a colocar algo sobre elas (o cérebro adora preencher **espaços vazios**!).
3. À medida que você pensar em tópicos-chave desencadeados pela palavra/imagem central ou "palimagem", escreva-os como palavras-chave ou em frases curtas. Utilize letras maiúsculas e procure escrevê-las **sobre** a linha (ramificação). Como os conceitos são **importantes**, o sublinhado e as letras maiúsculas chamam nossa atenção para isso.

4. À medida que tiver outras ideias relacionadas com o tópico inicial, adicione outras ramificações ao mapa, traçando uma estrutura semelhante a uma árvore sem folhas. Seu cérebro começará a **"florescer"** e a aflorar ideias e atitudes correlacionadas, fazendo seu processo de raciocínio **"fluir"** ou **"externalizar"**. Esse mapa representará graficamente esse processo. Desse modo, você terá um registro permanente de seus pensamentos e de seu estado mental.
5. Se você sentir que ficou empacado, acrescente alguns rabiscos e imagens sobre e ao redor das palavras e também algumas linhas a mais. Para tornar o mapa mais criativo, utilize **cores**. Seu cérebro em breve trará à tona mais palavras! *Voilà*! Pronto, você conseguiu **mapear suas ideias**!

Aplicações dos mapas

Os mapas podem ser utilizados para inúmeras finalidades. Eles agilizam seu processo de raciocínio e tornam qualquer atividade mais eficaz e agradável. Por isso, utilize o mapeamento para que o programa *Chi* Mental seja eficaz.

Na Parte 3, criamos mapas para ilustrar as 50 estratégias de sucesso do *Chi* Mental. Esses mapas foram concebidos para mostrar a tensão dinâmica entre sua realidade atual e o movimento em direção ao seu objetivo.

Ao longo deste livro, recomendamos que você utilize mapas de afloramento, minimapas, multimapas, megamapas ou mapas completos para motivá-lo ao máximo a agir. No programa *Chi* Mental, esse recurso mostra de que forma nosso cérebro funciona. Portanto, é um recurso natural que pode ajudá-lo a administrar e dirigir seu raciocínio.

Em breve você perceberá os benefícios que o mapeamento pode lhe oferecer. A título de exemplo, os mapas podem:

- Melhorar significativamente sua memória!
- Eliminar palavras não essenciais (normalmente em torno de 80% a 95% da maioria dos textos comerciais). Desse modo, você pode separar o joio do trigo.
- Ajudá-lo a comparar detalhes.
- Mostrar os principais pontos de seu argumento.
- Ajudá-lo a organizar e transmitir seus pensamentos com confiança e facilidade.
- Esclarecer situações complexas.
- Possibilitar que você refine seus pensamentos.
- Auxiliar na tomada de decisões difíceis.
- Capacitá-lo a organizar rapidamente seus pensamentos.
- Melhorar sua habilidade para fazer apresentações orais mais naturais e eficazes.
- Aumentar sua criatividade.
- Ajudá-lo a gerenciar a sobrecarga de informações.
- Auxiliá-lo a gerenciar melhor o seu tempo.
- Desenvolver habilidades de entendimento, relacionamento e negociação.
- Estimulá-lo a **prosseguir**!

Terminologia relacionada ao mapeamento

Todos os tipos de mapa têm a mesma estrutura básica, isto é, uma hierarquia **irradiante** (que parte do centro para fora). Sem palavras ou imagens, os mapas são semelhantes a galhos sem folhas em uma árvore. Entretanto, os diversos termos empregados no mapeamento têm significados específicos, que são resumidos a seguir para a sua referência:

- **Florescimento**—Quando colocamos uma palavra/imagem ("palimagem") no centro de um novo mapa e registramos as palavras-chave associadas nas ramificações traçadas, "florescemos" e afloramos associações com base em nossas experiências exclusivas. O "florescimento" e afloramento de pensamentos é comparável ao desabrochar de uma flor: do mesmo modo que as pétalas se abrem e florescem do centro para fora, nossos pensamentos florescem e afloram a partir do tópico central esboçado na página. Essa técnica é particularmente adequada para clarear os pensamentos; auxiliar a comunicação; esclarecer mal-entendidos; chegar a entendimentos; e definir sentimentos abstratos — especialmente em relacionamentos íntimos. O "florescimento" de pensamentos evidencia para você (e para quem quer que seja) os aspectos lhe são mais importantes. Esse processo tende a despersonalizar um determinado assunto. Por exemplo, ele é útil quando nossas emoções estão muito exaltadas. Nesse sentido, esse recurso pode aumentar significativamente a probabilidade de entendimento mútuo.

- **Fluxo** — O "fluxo" é um processo utilizado para gerar ideias e pensar criativamente. Com esse recurso, conseguimos nos soltar e olhar para o mundo de um ponto de vista diferente. Quando examinamos uma das palavras presentes no mapa, nossos pensamentos "fluem" para outra palavra associada, que podemos representar em outra linha de conexão. A segunda palavra inspira então um terceiro pensamento, que conduz a outro e a mais outro. Deixe os pensamentos viajarem, estendendo-se para fora de quatro a cinco níveis a partir do tópico central. É bem provável que você perceba que seus pensamentos estão bem distantes da palavra inicial. Esse é o objetivo. Trata-se de uma via para a criatividade.
- **Mapa estendido** — Quando associamos o florescimento com o fluxo de ideias, geramos um mapa estendido, geralmente de quatro ou cinco **"níveis"** de ramificação. Isso nos ajuda a aflorar algumas novas ideias criativas.
- **Minimapa** — É um pequeno mapa que em geral é criado rapidamente — por exemplo, quando estamos muito ocupados: um mapa para organizar às pressas os pensamentos. É bom elaborar minimapas de cada uma das pessoas com as quais trabalhamos mais intimamente, para acompanhar as ideias e as informações que desejamos compartilhar. Quando ocorre algo que desejamos comunicar, basta acrescentar

rapidamente uma palavra-chave no minimapa correspondente como um lembrete. Os minimapas são também um excelente recurso para fazer anotações antes ou durante telefonemas ou reuniões breves, para não nos esquecermos de cobrir todos os aspectos que desejamos.
- **Multimapa** — O multimapa reúne vários minimapas sobre um mesmo assunto. Ele é útil para rever uma determinada questão com o passar do tempo, especialmente se quisermos examinar de que forma nossos pensamentos e reações estão mudando, ou para clarear os pensamentos em relação a um assunto complexo ou a uma decisão difícil. Os multimapas são ideais para examinar uma situação de várias perspectivas ou para examinar o que poderia ocorrer em diversos cenários.
- **Megamapa** — É um mapa amplo o suficiente para ser afixado à parede cujo objetivo é apreender uma "megaquantidade" de informações. Os megamapas são muito eficazes para estudar para uma prova ou resumir ou recapitular informações complexas sobre um produto que precisam ser transmitidas claramente. É um recurso inestimável para investigar as relações fundamentais existentes entre inúmeras informações aparentemente díspares. (Várias pessoas foram presas graças ao recurso de mapeamento — isto é, os detetives reuniram as pistas, esclareceram os crimes e encontraram os culpados utilizando esse tipo de mapa!).
- **Mapas completos** — É um mapa integral sobre um único assunto normalmente chamado de mapa completo. Esse tipo de mapa pode ser criado à mão ou no computador, por de um *software* de mapeamento. Existem vários programas de mapeamento computadorizados. Como quase todos podem ser testados durante 21 dias, podemos verificar qual é adequado para o que pretendemos.

As principais vantagens do mapa completo computadorizado são:

- Facilidade de compartilhar informações com colegas de trabalho.
- Extensão da quantidade de informações, sem as limitações apresentadas pelo tamanho do papel!
- Relatórios/planilhas/arquivos com *hyperlinks* — todas as informações podem ser gerenciadas em um **único** lugar.
- Facilidade para corrigir e fazer verificações ortográficas.
- Reorganização e reapresentação das mesmas informações para um público diferente.
- Possibilidade de vinculação com agendas eletrônicas.
- Possibilidade de fazer o acompanhamento de uma equipe global em um determinado projeto.
- Aparência mais "profissional" e recurso para incorporar facilmente clipes de arte.
- Possibilidade de serem elaborados ou modificados em tempo real na *Web*.

É aconselhável utilizar alguma forma de mapeamento nos vários planos de *Chi* Mental. As estratégias de sucesso (página 160) com frequência indicam esse recurso extremamente eficaz para a resolução de um determinado problema ou consecução de um objetivo.

Criando um plano de *Chi* Mental exclusivo

> **Visão geral**
>
> Criando um plano de *Chi* Mental
> *Meme* do *Chi* Mental

Você conseguiria imaginar imediatamente uma área em que gostaria de "corrigir-se" ou aprimorar-se? Se você tiver alguma questão com a qual deseja lidar, examine o mapa de estratégias de sucesso na Parte 3 (página 153). Lá você encontrará os tópicos que são cobertos neste livro. Será que falamos sobre o tema de seu interesse? Se você escolher um dos **50 tópicos**, este capítulo pode ajudá-lo a compreender de que forma eles são construídos e como você pode aprimorar algum deles, se necessário. Se o tópico que você deseja não estiver lá, neste capítulo você aprenderá a criar um plano de *Chi* Mental exclusivo e a elaborar suas próprias estratégias de sucesso. Cada **plano de *Chi* Mental** é uma estratégia experimentada e testada: é o componente **"o que"** de seu novo objetivo. Isso abrange:

- **Sua realidade atual e o *Chi* Mental pretendido** — Sua situação no presente e o resultado desejado.
- **O *meme* transformacional do *Chi* Mental** — Um monólogo interior positivo em forma de frase para você utilizar como apoio para atingir seu objetivo (ela é chamada de *meme* porque reproduz cópias de si mesma).

- **O BEAT de seu *Chi* Mental atual** — Uma análise sobre suas condições atuais em quatro níveis: corpo, emoções, atitudes e pensamentos.
- **O BEAT de seu *Chi* Mental preferido** — Uma análise sobre como você deseja se sentir em quatro níveis: corpo, emoções, atitudes e pensamentos.

Criando um plano de *Chi* Mental

A seguir apresentamos um plano de *Chi* Mental em branco — o segredo para seu futuro êxito. Explicaremos cada elemento para que você possa ver como e por que os planos são elaborados dessa forma. Consulte também a Parte 3 (página 153), na qual apresentamos todos os planos que elaboramos para você.

Criando um plano de *Chi* Mental exclusivo 93

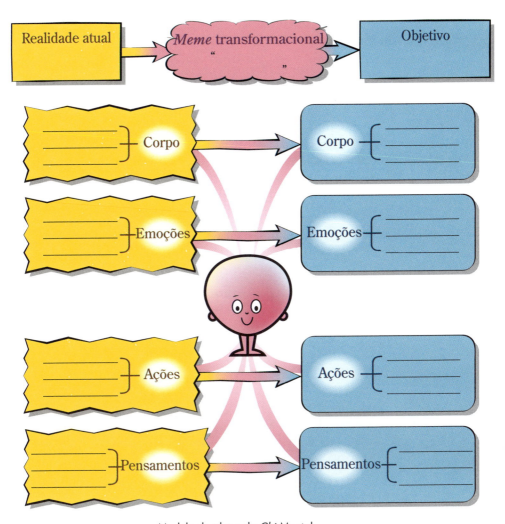

Modelo de plano de *Chi* Mental.

Plano de *Chi* Mental

O plano de *Chi* Mental é uma representação da tensão estrutural existente entre o que você está vivenciando (sua realidade atual) e o que deseja (seu objetivo futuro). Para mudar de uma condição para outra, você precisa **transformar-se** "agora": o ponto central de sua vida. Você deve escreve um novo *meme* de *Chi* Mental nesse quadro para atrair e dirigir sua atenção para o seu objetivo.

No lado esquerdo do plano, acrescente seu BEAT atual (corpo, emoções, atitudes e pensamentos): todas as coisas que você pode dizer, vivenciar, sentir, fazer e pensar — agora.

No lado direito, acrescente o BEAT pretendido: todas as coisas que você gostaria de dizer, vivenciar, sentir, fazer e pensar — no futuro.

Em todos os momentos, você mudará o agora e criará o futuro. Esse ponto de transformação emprega o poder do *Chi*, sua voz interior, e a atenção flexível (ser capaz de examinar sua realidade atual e em seguida seu objetivo). A afinação entre o que você pensa e diz e seu objetivo futuro o impelirá para a frente (na direção das setas). Com o programa *Chi* Mental, você terá facilidade para se transformar e criar o futuro que de fato deseja.

Sua realidade atual e o *Chi* Mental pretendido

Você provavelmente já tem uma ideia clara do que deseja afastar-se (da área em que está enfrentando algum problema) ou da questão em direção à qual deseja dirigir-se (seu objetivo). No quadro superior esquerdo, escreva sua realidade atual (indesejada) e, no quadro superior direito, a realidade desejada, que será o *Chi* Mental pretendido. É uma frase curta e positiva que sintetiza o resultado desejado. Por exemplo: **"Ser o melhor vendedor da equipe neste trimestre"**.

Você precisa escolher e escrever seu objetivo, que deve ser adequado ao seu plano pessoal e específico. Você pode utilizar uma das estratégias de sucesso oferecidas e simplesmente atualizar ou adaptar qualquer aspecto não adequado à sua situação.

Quando você observar sua realidade atual e seu objetivo futuro, já começará a sentir o impulso do lado negativo e a atração do lado positivo, porque as setas o impulsionam da esquerda para a direita. (Se você se sentir "empacado", utilize a respiração do *Chi* Mental para relaxar e concentrar-se em seu novo objetivo — página 52.)

A frase correspondente ao ***meme* transformacional** fica entre ambos os extremos para que você se lembre de que está se autotransformando. Dentro desse quadro você escreverá uma frase de inspiração para reforçar sua intenção de atingir o objetivo pretendido.

> **Atenção flexível** é um processo dinâmico utilizado para impeli-lo em direção ao seu objetivo final. Sua realidade atual sempre mudará, ao passo que seu objetivo (o *Chi* Mental pretendido) permanecerá como um alvo constante. Quando você perceber que houve uma mudança, volte ao seu plano e atualize o BEAT de sua realidade atual. A tensão estrutural o impelirá para uma posição cada vez mais próxima de seu objetivo e você terá consciência do seu progresso. Seja flexível e procure sentir que está sendo impulsionado a partir do lado negativo e atraído pelo lado positivo. Deixe-se levar por esse fluxo de *Chi* Mental em direção ao êxito.

O BEAT de sua realidade atual (coluna esquerda)

Insira pelo menos três palavras descritivas em cada ramificação na coluna da esquerda para descrever suas percepções atuais em relação aos seu corpo, emoções, atitudes e pensamentos. Essas três palavras o estimulam a se concentrar e examinar cada aspecto.

Dedique um tempo para de fato sentir a realidade de sua situação atual. Tente perceber o quanto deseja "estar fora daquela situação". Nesse momento você experimentará um impulso a partir do negativo, que exacerbará sua vontade de afastar-se dessa situação.

O BEAT pretendido (coluna da direita)

Insira pelo menos três palavras descritivas em cada ramificação na coluna direita para descrever como você gostaria de se sentir idealmente em relação aos corpo, emoções, atitudes e pensamentos. Essa é a situação futura desejada. O motivo de recomendarmos pelo menos três palavras é garantir que você examine com cuidado cada uma dessas quatros áreas. Três é sempre um bom número.

Examine com cuidado. O que você de fato deseja? Que pensamentos e atitudes você gostaria de ter ao atingir seu objetivo? Que emoções você sentiria? Quais seriam suas sensações físicas?

Observe que sempre utilizamos a palavra **"quando"** em relação à concretização de seu objetivo. Não há espaço para dúvida. Não há nenhum **"se"**. Ao registrar essas palavras **"como se"** estivesse vivenciando a situação de ter atingido seu objetivo **no presente**, você está descrevendo que aspecto isso tem em sua nova realidade.

Dedique algum tempo para analisar se essas palavras transmitem o que você realmente deseja. Utilize sempre palavras positivas. Vista essas palavras, como se elas fossem confeccionadas com o melhor tecido, sinta-as acariciando seu corpo e fazendo-o sorrir. Sinta o prazer dessa experiência utilizando todos os seus sentidos; transforme-a em uma realidade tanto quanto puder. Sinta a atração do objetivo positivo. Lembre-se de que, ao agir dessa forma, essa situação *é* considerada real por seu cérebro e que você já a terá "transformado em realidade" pelo menos em um nível!

Observe que existem setas entre cada quadro de corpo, emoções, atitudes e pensamentos. Elas estabelecem e reforçam a dinâmica e a tensão estrutural entre as duas situações, isto é, entre o presente e o futuro (página 290).

No centro do plano de *Chi* Mental encontra-se a imagem de seu *Chi* para lembrá-lo de que tudo isso é direcionado por sua força de vontade e sua volição, com o apoio de seu BEAT, em prol do seu bem-estar, e **não** de sua destruição.

Escolha das palavras

Para ajudá-lo a descrever a realidade atual em relação ao seu corpo e às suas emoções na realidade atual (lado esquerdo) e suas vontades" em relação ao objetivo (lado direito), consulte a lista a seguir. Imagine a melhor sensação que poderia ter e insira a palavra correspondente nas ramificações apropriadas, no lado direito do mapa. As palavras negativas devem aparecer apenas no lado esquerdo do mapa. Elas devem fazer parte de sua realidade atual e não têm lugar no futuro que você deseja.

Corpo — Negativo

	Constipação	Infecções decorrentes	Sonolência
Alcoolismo	Diarreia	Inquietação	Sudorese
Alergias	Diverticulite	Languidez	Tabagismo
Anorexia	Dor de cabeça	Letargia	Tique nervoso
Ânsia	Dor de estômago	Maxilar cerrado	Torcicolo
Apatia	Eczema	Membros pesados	Tosse nervosa
Aperto no peito	Exaustão	Mudança no tato/olfato	Tremor
Asma	Fadiga	Náusea	Vertigens
Automutilação	Falta de ar	Nervosismo	Vontade de comer guloseimas
Azia/indigestão	Flatulência	Palpitações	Zumbido no ouvido
Bocejo	Fome constante	Preguiça	
Calvície	Frio na barriga	Respiração acelerada	
Cansaço	Herpes	Roer unhas	

Emoções — Negativas

	Desprotegido	Insatisfeito	Rígido
Aborrecido	Enfadado	Inseguro	Sofrido
Aflito	Enfurecido	Instável	Tenso
Agitado	Entediado	Irritado	Tímido
Angustiado	Exaltado	Mal-humorado	Traumatizado
Ansioso	Fraco	Mordaz	Turbulento
Apático	Frustrado	Nervoso	Zangado
Apreensivo	Importunado	Oprimido	
Assediado	Inadequado	Para baixo	
Confuso	Inconstante	Perturbado	
Contrariado	Indiferente	Preguiçoso	
Deprimido	Indolente	Preocupado	
Desequilibrado	Inquieto	Prostrado	

Criando um plano de *Chi* Mental exclusivo **99**

Corpo — Positivo

	Complacente	Eufórico	Pronto para agir
Aberto	Concentrado	Extasiado	Radiante
Adaptável	Confiante	Firme	Relaxado
Alegre	Confortável	Flexível	Repleto de segurança
Animado	Controlado	Forte	Resiliente
Apaixonado	Digno	Gratificado	Resistente
Assertivo	Dinâmico	Jovial	Revigorado
Ativo	Entusiasmado	Motivado	Satisfeito
Autoconfiante	Entusiástico	Positivo	Seguro
Bem-humorado	Equilibrado	Preparado	Tranquilo
Calmo	Estimulado	Preventivo	

Emoções — Positivas

	Auspicioso	Encantado	Jovial
	Bem-aventurado	Encorajado	Meigo
Afável	Charmoso	Enlevado	Otimista
Afetuoso	Compreensivo	Entusiasmado	Protegido
Agradecido	Confiante	Entusiástico	Satisfeito
Alegre	Contente	Esperançoso	Sorridente
Alto-astral	Controlado	Estimulado	Triunfante
Amigável	Dedicado	Expectante	Veemente
Amoroso	Descontraído	Exultante	
Animado	Despreocupado	Feliz	
Atencioso	Divertido	Grato	

Meme do *Chi* Mental

Sua nova forma de pensar, agora empregando positivamente o *Chi* Mental, é fundamental para o sucesso deste programa. Um novo termo que tem se tornado cada vez mais difundido. Trata-se do *meme*. *Meme* é uma "fração" de informação que pode ser reproduzida (replicada) em nossa mente e compartilhada com outras pessoas. É fundamental oferecer ao *Chi* uma frase otimista que encoraje uma mudança de vida, reprogramando nossa voz interior e apoiando nosso novo hábito, o *Chi* Mental. Essa frase substituirá gradativamente qualquer voz interior antiga e negativa que esteja refreando nosso progresso.

É preciso tomar certo cuidado ao elaborar essa frase, porque ela representa um comando direto para o cérebro. A construção da frase é importante. Você deve expressá-la por meio de uma **"linguagem"** que o cérebro entenda (Os profissionais da área de processamento de linguagem natural — PLN — e de hipnoterapia reconhecem a importância dessas orientações, agora respaldadas por pesquisas científicas).

1. A primeira parte do seu pensamento deve ser iniciada com o pronome **"Eu"** (você deve acrescentar seu nome em seguida e algum outro destaque que desejar).
2. A palavra seguinte deve ser **"quero"**, porque você precisa deixar claro para a sua mente (*Chi*) que essa é uma escolha sua.
3. Após a palavra **"quero"** deve vir um **"verbo"**.
4. A parte final do *meme* do *Chi* Mental deve contemplar o resultado desejado.

Um exemplo de *meme* do *Chi* Mental: **"Eu quero aprimorar minhas habilidades de negociação"**.

Nunca escreva o que você **não** quer porque o cérebro não consegue processar o **"não"**. (Sempre escreva o que você **quer** que ocorra!)

Mostraremos de que forma isso funciona. Prometa, neste exato momento, que você não pensará sobre o que você não deve pensar. **De acordo**? Então, **não** pense em um elefante azul vestido com uma saia de bailarina cor-de-rosa... Então, o que aconteceu? Neste exato momento um gracioso elefante azul baila em sua mente. Mesmo que você coloque um xis sobre ele, ele continuará lá; mesmo se pintá-lo de verde, ele **continuará** lá!!! Portanto, agora você pode comprovar — o cérebro não consegue processar um não!

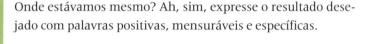

Um *meme* é uma "fração" de informação cuja influência é enorme — porque ele se reproduz em sua mente e na mente de outras pessoas.

Onde estávamos mesmo? Ah, sim, expresse o resultado desejado com palavras positivas, mensuráveis e específicas.

Tome cuidado com frases como **"Eu quero ficar magro"** — aonde isso vai parar? Isso pode prejudicar sua vida. Você deve elevar o nível de seu objetivo. O que pode ser melhor do que ser magro? Ter uma saúde radiante ou ter um peso ideal! Sim. Ótimo! ("Atingir o Peso Ideal", página 135.)

Em resumo, o *meme* do *Chi* Mental expressa: "Eu quero (verbo)... (resultado positivo)".

Planos de *Chi* Mental elaborados pelos autores

Utilizamos os dois exemplos de plano de *Chi* Mental a seguir para nos ajudar a redigir este livro — e para nos mantermos em forma enquanto escrevíamos. Decidimos seguir esses dois planos durante vários meses para não perdermos de vista nossos objetivos de longo prazo.

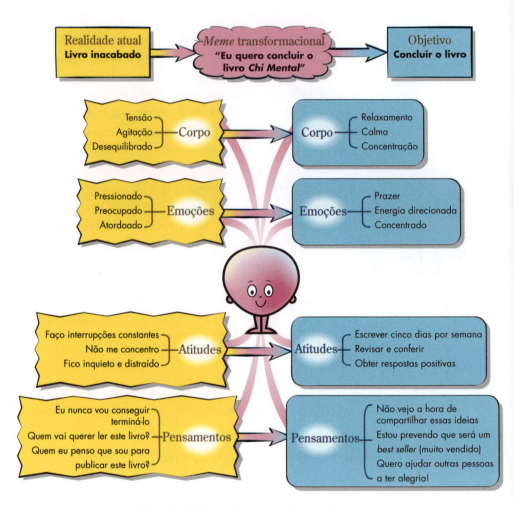

Plano de *Chi* Mental para concluir este livro

Criando um plano de *Chi* Mental exclusivo **103**

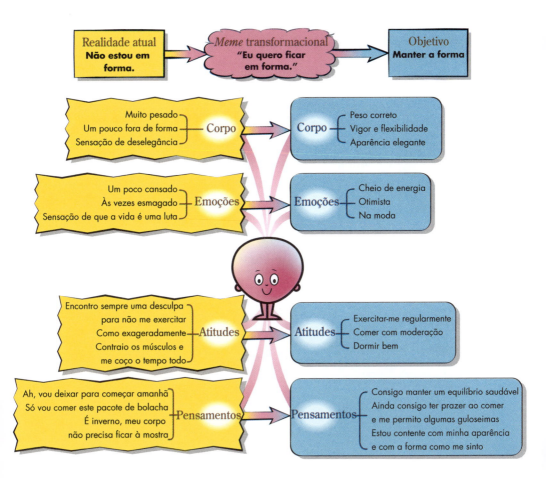

Plano de *Chi* Mental para ter e manter a forma.

Mantendo o plano de *Chi* Mental em um lugar visível

Mantenha seu plano de *Chi* Mental em um lugar visível e em sua mente!

Coloque o seu plano completo em algum lugar em que possa vê-lo todos os dias: no espelho do banheiro, na porta da geladeira, em sua mesa de trabalho, no computador, no calendário ou em sua agenda. Ou seja, em algum lugar em que você seja obrigado a vê-lo **todos** os dias. Quando você avistá-lo, pare! Examine-o atentamente durante um minuto, sinta a tensão entre a situação em que está e a que deseja estar. Observe em que lugar você se encontra em relação às suas atitudes e quais passos você deve executar em seguida. Utilize a atenção flexível para experimentar o impulso do negativo no lado da realidade atual e a atração positiva em relação ao seu objetivo.

7 *Chi* Mental na prática

> **Visão Geral**
>
> Planejamento do *Chi* Mental na prática
>
> Utilizando o ADOCTA e acompanhando seu progresso
>
> Dois exemplos testados:
> - Tomar decisões
> - Atingir o peso ideal

Planejamento do *Chi* Mental na prática

Para transformar o plano do *Chi* Mental em uma nova realidade, você precisa colocá-lo **em prática**. Isso significa que você deve aplicá-lo ao *Chi* Mental básico — o exercício de oito minutos por dia — e agir:

1. Aplique o *Chi* Mental básico ao seu plano durante 28 dias, seguindo as orientações apresentadas na página 91.
2. Identifique quais ações e medidas práticas você precisa tomar para mudar sua realidade atual e alcançar o objetivo desejado.
3. Execute um desses passos todos os dias.

Inicial

Passo 1: Respire — Atividade: a respiração do Chi Mental Permanece inalterada — concentre-se em sua respiração durante um minuto (página 52).

	Passo 2:	Concentre-se — Atividade: o "Um" do Chi Mental A atividade "Um" é substituída pelo *meme* positivo do *Chi* Mental. Repita sua frase positiva durante um minuto (página 54).
Passado		
	Passo 3:	**Adapte-se** — Atividade: retrocesso a 24 horas (aspecto negativo) Repasse o seu dia em relação ao seu objetivo e adapte qualquer pensamento negativo tomando a decisão sobre o que você pode fazer de diferente no futuro (página 59).
	Passo 4:	**Associe** — Atividade: avaliação de 24 horas (aspecto positivo) Reveja o seu dia em relação aos seus êxitos para conseguir prosseguir em direção ao seu objetivo e utilize seus sentidos para criar associações (página 61).
Agora		
	Passo 5:	**Conscientize-se** — Atividade: exame do BEAT Permanece praticamente inalterado. Examine seu BEAT em relação às atitudes que o conduzem ao seu objetivo. Conscientize-se de qualquer aspecto que você precisa e deseja mudar (página 66).
	Passo 6:	**Escolha** — Atividade: escolha do BEAT Permanece praticamente inalterado. Escolha mudar qualquer reação negativa em relação a seu corpo, emoções, atitudes e pensamentos em reações positivas que o conduzam ao seu objetivo (página 68).
Futuro		
	Passo 7:	**Planeje** — Atividade: projeção de 24 horas Projete as 24 horas seguintes em relação ao seu objetivo e *meme*. Vivencie-as **"como se"** isso

estivesse ocorrendo no presente. Essa atividade pré-programará o seu *Chi* a pensar positivamente, a agir e a assumir uma forma que o aproxime cada vez mais de seu objetivo (página 72).

Passo 8: **Sinta-se agradecido** — Atividade: reflexão e projeção

Reflita sobre todos os pensamentos e passos positivos em relação ao seu objetivo. Sinta-se agradecido pelo fato de seu *meme* o estar conduzindo na direção correta e pelo fato de seu *Chi* estar intensificando sua força de vontade para se concentrar e alcançar seu objetivo (página 74).

Repita o exercício do *Chi* Mental aplicado oito minutos por dia nos próximos 28 dias para que seu novo objetivo torne-se sua nova maneira de ser. Quando você se acostumar com o exercício do *Chi* Mental, poderá realizá-lo mentalmente em quatro seções de 2 minutos, para torná-lo mais fácil.

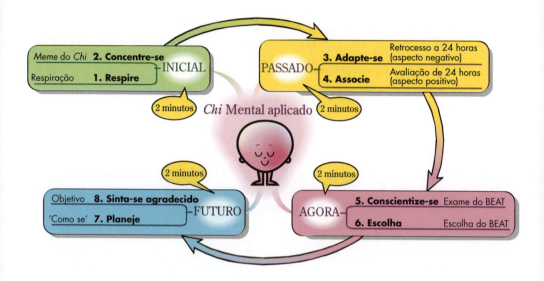

Mapa do *Chi* Mental aplicado, mostrando como o *Chi* Mental básico é adaptado para se transformar em um plano de ação.

Depois de elaborar ou escolher seu plano de *Chi* Mental, você precisa utilizar o exercício do *Chi* Mental básico e aplicá-lo à estratégia escolhida para atingir seu objetivo. Execute um passo a cada dia até alcançar seu objetivo.

A seguir apresentamos um **"exemplo testado"** que mostra como o *Chi* Mental pode ser aplicado para **"vencer a protelação"**.

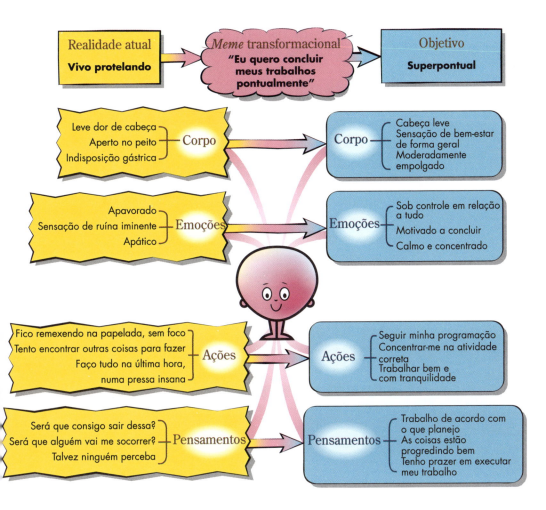

Chi Mental — Inicial

Visualize o seu plano de *Chi* Mental como se estivesse concluído antes de começar a executar os passos do *Chi* Mental Aplicado do dia presente. A cada dia, você se aproximará mais de seu objetivo e sua realidade atual mudará. Mantenha seu plano atualizado para continuar experimentando a força positiva que o impulsiona em direção ao seu objetivo.

Vencer a protelação — "imagine-se" atravessando o dia "como se" já fosse uma pessoa que conclui seus trabalhos pontualmente (páginas 109 e 168).

Passo 1: A respiração do *Chi* Mental — Se estiver achando o exercício da respiração agradável e benéfico (e conseguir encontrar tempo), estenda-o por alguns minutos. Se você se sentir confortável, aumente o tempo de cada parte do ciclo: inspire, contando de quatro a cinco segundos, retenha a respiração pelo mesmo tempo, expire durante o mesmo temo e fique sem respirar pelo mesmo tempo.

Vencer a protelação — o Passo 1 é o mesmo do *Chi* Mental básico (página 49). Não há nenhuma aplicação específica em relação ao objetivo.

Passo 2: Concentração do *Chi* Mental — Como você já conseguiu desenvolver um controle bem maior, dirija sua atenção para o resultado desejado, utilizando o *meme* do *Chi* Mental adequado ao seu objetivo. Repita o *meme* durante um minuto. (Você pode também desenvolver o hábito de repetir seu *meme* sempre que tiver um momento de folga ou estiver sem nada para fazer. Quando estiver tomando um cafezinho, aguardando uma pessoa ao telefone ou esperando o computador iniciar.) Sempre repita o *meme* pelo menos quatro vezes toda vez que seus pensamentos sabotarem suas iniciativas.

Lembre-se de que é favorável repetir esses dois passos sempre que você quiser ficar mais afiado: antes de ir para uma reunião, de fazer uma apresentação oral ou de começar o dia.

Vencer a protelação — seu *meme* é "Eu quero concluir meus trabalhos pontualmente". Repita, entoe e pense nessa frase sempre que puder e certamente durante o minuto de atenção dirigida do Passo 2 do exercício do *Chi* Mental aplicado.

Chi Mental — Passado

Passos 3 e 4: Adaptação e associação — Quando pensar a respeito de seu objetivo, examine seu BEAT (corpo, emoções, atitudes e pensamentos) com relação a qualquer questão desfavorável ou debilitante ocorrida nas 24 horas passadas. Limpe sua mão não predominante para remover simbolicamente a negatividade e estimular o cérebro a desfazer-se dela.

Pergunte a sim mesmo: "Como eu me senti física e emocionalmente?", "O que eu fiz ou disse?", "Como eu agi?". Faça essa recapitulação para que possa tirar conclusões de suas respostas e decidir que estratégia deve ser colocada em prática para que você ouça seu *Chi* interior o mais rápido possível, eleve sua consciência e faça sua vontade própria prevalecer. Você provavelmente ficará satisfeito ao perceber que ouviu o seu *Chi* e colocou em prática seu novo comportamento (isso pode ser constatado em seu **"sucesso"** e também em sua mão predominante).

A ideia é conquistar o sucesso em uma via neutra do cérebro até que esse novo comportamento torne-se natural. Utilize os dois minutos do *Chi* Mental passado para rever, reviver, reapreciar e relembrar-se de todos os êxitos obtidos durante as 24 horas passadas em relação ao seu objetivo. Feche a mão predominante para estimular o cérebro a lembrar desses pontos positivos.

Vencer a protelação — o que a recapitulação dessas 24 horas lhe mostrou especificamente em relação ao *meme* "pontualmente"? Quais foram os fatores desfavoráveis? Você ignorou suas prioridades? Ou pensou "Ah, eu posso adiar isso por mais algum tempo?" Foram pensamentos infrutíferos que agora você consegue notar? Então, nesse caso, o que você pode aprender e como se ajustaria para enfrentar o dia seguinte? Algum êxito o conduziu ao seu objetivo? Até mesmo os menos significativos contam! Para "prender" simbolicamente em sua mão predominante os passos na direção correta, basta fechar o punho.

Chi Mental — Agora

Passos 5 e 6: Concentração e escolha — Esses dois passos podem ser realizados em conjunto. Você tem duas opções: perceber melhor o ponto em que se encontra no momento e, se necessário, escolher o BEAT correspondente às suas necessidades ou então examinar separadamente cada um dos componentes do BEAT (corpo, emoções, atitudes e pensamentos) e mudá-los de acordo com o BEAT de sua preferência. Faça o que melhor lhe convier. (Consulte a página 66 para recapitular esses passos.) Ao concluí-los, você entrará nos dois passos finais.

Vencer a protelação — os Passos 5 e 6 do *Chi* Mental agora permanecem quase idênticos aos do exercício do *Chi* Mental básico. Você pode realizar regularmente o exame do BEAT ao longo do dia, conscientizando-se do seu estado mental e físico quando estiver (ou não) executando alguma atividade sem protelação.

Chi Mental — Futuro

Passos 7 e 8: "Como se" e gratidão — Nessa etapa, você perceberá outro ligeiro ajuste em relação ao *Chi* Mental básico porque está se projetando especificamente nas 24 horas seguintes, "como se" já tivesse atingido seu objetivo: você mudou seu hábito e agora está vivendo dessa nova maneira. Como isso funciona no dia seguinte? Você aprenderá gradativamente a responder e a agir de acordo com esse novo ponto de vista. Prepare sua mente para criar novas conexões sinápticas positivas e faça com que seu cérebro atue condescendentemente para transformar sua visão de futuro em realidade.

O oitavo passo, a gratidão, é extremamente importante. Ter "atitudes de gratidão" é uma ótima maneira de viver. Cubra-se de reconhecimento por todas as coisas que você tem e terá e pelas quais deverá demonstrar gratidão. Não faça nenhuma distinção entre o que você tem agora e o que você está tentando obter. Simplesmente sinta, manifeste e curta essa gratidão. Você captou a ideia! É um sentimento gratificante cujo objetivo é fazê-lo concluir o *Chi* Mental aplicado com um imenso sorriso no rosto.

Vencer a protelação — experimente concluir seus trabalhos pontualmente empregando vários sentidos em relação ao BEAT. Seus pensamentos são proativos. Suas atitudes são propositadas. Seu corpo libertou-se das tensões negativas. Suas emoções são positivas. Você vê seus projetos concluídos e ouve seus colegas lhe agradecendo pelo bom trabalho que fez e por executá-lo dentro do prazo.

Criando memórias do futuro

Pense no que você fez ontem. Isso não é difícil. Você simplesmente recorre à sua memória e recria os acontecimentos das últimas 24 horas. A memória armazena o passado e também pode armazenar o que você está planejando. Essa memória é chamada de **"memória do futuro"**. Pense em alguma coisa que você deseja realizar amanhã. Utilize sua imaginação para idealizar um objetivo. Por exemplo, fazer uma apresentação de negócios que resultará em um novo contrato. Esse pensamento será armazenado em sua memória do futuro. Esse processo de pensamento do *Chi* Mental é extremamente eficaz porque predefinimos uma intenção futura. Ao retomar várias vezes esse novo padrão de pensamento, antes da apresentação, você se prepara para ter êxito.

Quando agimos **"como se"** algo tivesse ocorrido nos sintonizamos com nossa memória do futuro. Isso facilita a obtenção de nossos objetivos. Poucas pessoas utilizam esse recurso Mental excepcional, exceto no momento em que estão planejando ou ensaiando algo importante, como uma conferência, um discurso ou cerimônia de casamento. Nesses casos, as pessoas dedicam-se ao planejamento, que é então armazenado na memória do futuro. Existem outros casos de ensaio em que o grupo age como se o evento estivesse de fato ocorrendo.

É provável que de vez em quando você utilize o "como se" para se sabotar. Você teme e fica preocupado com questões que possam ocorrer no futuro (mas que frequentemente não ocorrem)? Nesse caso, você também cria uma memória do futuro em relação ao que não deseja que ocorra. Agora você já sabe que qualquer instrução é assumida como algo "real" pelo cérebro. Você também já sabe que essa atitude é extremamente prejudicial. De agora em diante, peça ao seu *Chi* para ajudá-lo a parar de se atormentar. Em vez disso, procure avaliar situações (cenários) e planejar reações possíveis para cada preocupação. Esse é um bom hábito de planejamento proativo.

Existe um fenômeno, reconhecido particularmente nos esportes, em que o ensaio Mental de fato melhora o desempenho físico. Temos um bom exemplo. O de um prisioneiro de guerra que sabia jogar golfe mas não podia praticar no período em que esteve preso. Sem opção, ele praticava golfe "em sua imaginação". Quando voltou a jogar após a guerra, seu *handicap*[*] estava bem mais baixo. Essa habilidade foi também demonstrada

---

[*] O *handicap* possibilita a jogadores de diferentes qualidades disputar uma partida entre si, além de conferir tacadas de bonificação ao jogador menos experiente para serem descontadas ao término do jogo. Quanto menor o handicap, melhor o jogador.

por um pianista clássico que se tornou profissional depois de passar alguns anos na prisão. Ele "treinava como se" tivesse um piano. Comprove por si mesmo o quanto sua memória do futuro e o "agir como se" podem ser eficazes no sentido de ajudar você e seu *Chi* a criar a vida dos seus sonhos.

Utilizando o ADOCTA e acompanhando seu progresso

Oferecemos dois recursos adicionais para ajudá-lo no programa *Chi* Mental: um deles é o ADOCTA. Tal como um médico, ele o ajudará a perceber o que está ocorrendo em seu interior. O ADOCTA é apenas um acrônimo que lhe permite chegar a uma constatação: "Se eu fizer **tal coisa, tal coisa** tenderá a ocorrer." Se tiver consciência da causa e do efeito de suas ações, conseguirá manter-se no caminho e solidificar os motivos que o levam a executar os passos diários do *Chi* Mental aplicado. O segundo recurso é o monitorador do *Chi* Mental, que o mantém motivado a concluir os 28 dias e criar um novo hábito positivo.

Recorrendo ao ADOCTA

Uma receita para o seu sucesso: ADOCTA na prática.

O ADOCTA talvez seja o recurso necessário para garantir a concretização de seu objetivo. Depois de elaborar cuidadosamente seus passos e ações, você precisa utilizar a atenção flexível para avaliar de maneira sistemática o quadro de sua realidade atual no momento e manter o impulso em direção ao seu objetivo. Esse trajeto não é linear. O ADOCTA lhe permite fazer ajustes rápidos para se manter em direção ao seu objetivo sem perder muito tempo e esforço.

Com esse processo você começará a atuar em sua espiral positiva e virtuosa. Você começará com:

A= Ações — Escreva cada uma de suas ações (providências). Pense em alguém que já tenha atingido um objetivo como o seu ou imagine-se como se já o tivesse atingido. Retenha essa imagem como inspiração.

D= Dedique-se — Ponha em prática uma de suas ações (pequena ou grande) em direção ao seu objetivo.

O= Observe o resultado dessa ação (providência). Observe o que ocorre, mantendo-se imparcial. Você pode pedir a opinião de outras pessoas ou contar apenas consigo mesmo e seu *Chi*.

C= Considere outras possíveis ações. Elas podem aproximá-lo de seu objetivo? Você conseguiu o resultado que esperava?

T= Tente se ajustar a fim de se preparar para a ação seguinte. O que você precisa corrigir?

A= Atitudes — Lembre-se do rumo que está tomando e ponha em prática a ação seguinte.

Dê prosseguimento a esse processo interativo até o momento em que concluir — na etapa **considere** — que alcançou seu objetivo. Essa etapa é importante. Mude o "C" para **celebrar**. Você conseguiu concluir. Muito bem! Quando você de fato compreender a essência do ADOCTA, terá uma receita de sucesso que não exige esforço. É assim que o cérebro aprende, adapta-se e muda. A única possibilidade de insucesso é se você desistir antes de atingir o objetivo que deseja. Inúmeras pessoas bem-sucedidas dizem que foi "esse impulso extra" que lhes permitiu estar onde outras pessoas não conseguiram chegar.

Idealizando suas ações

O mapa é extremamente útil para criar um plano de ação porque representa graficamente o que de fato você precisa fazer. Planeje ações pequenas e factíveis e todos os dias ponha uma em prática, mesmo que isso signifique apenas conversar com alguém a respeito de suas intenções. Essa postura o ajuda a manter seu objetivo em primeiro plano em sua mente. Além disso, a tensão estrutural o impulsionará em direção a ele. Seu cérebro procurará constantemente informações, assistência, pessoas, oportunidades e algo extraordinário para aproximá-lo de seu objetivo. (No final deste capítulo são apresentados dois exemplos testados.)

Seu plano de ação precisa ser detalhado e deve seguir os princípios ESMART (isto é, ele deve ser **es**pecífico, **m**ensurável, **a**lcançável, **r**ealista e ter um **t**empo determinado). Esse acrônimo é utilizado em gerenciamento de projetos, para avaliar os objetivos ou metas de um determinado projeto, e em gerenciamento de desempenho, em que metas e alvos devem ser cumpridos. O plano é um componente fundamental para atingir um objetivo e, portanto, deve ser utilizado. Você precisa fazer progressos conscientes em direção a ele todos os dias. O objetivo de cada passo sequencial é aproximá-lo cada vez mais de seu objetivo.

De que forma você chega a esses passos? Você os elabora! Sim, é aqui que o poder criativo do cérebro entra em operação. Agora você está usando plenamente sua energia mental. Esses passos devem estar direcionados ao objetivo, para que seu *Chi* tenha uma direção positiva e um resultado nítido a conseguir.

Por exemplo, na estratégia de *Chi* Mental **"Vencer a protelação"**, você precisaria realizar uma série de ações e passos, que poderiam ser:

Ação — Começar a desenvolver uma filosofia de **"pontualidade"**:

Passo 1 — Examine todos os trabalhos/compromissos que precisam ser concluídos nos três meses seguintes.

Passo 2 — Escreva as datas de conclusão em sua agenda/calendário/computador.
Passo 3 — Indique uma data de "conclusão do seu trabalho/compromisso" com uma semana de antecedência (se apropriado) a cada data.
Passo 4 — Observe se há alguma sobreposição ou conflito de datas.
Passo 5 — Escreva cada passo para cada conclusão e avalie quanto tempo isso tomará.
Passo 6 — Trabalhe retroativamente em seu calendário para saber em que momento deve começar etc.

Ação — Controlar os fatores que roubam tempo:

Passo 1 — Determine que nível de "perfeição" o resultado deve ter.
Passo 2 — Adiante seu relógio em 5 a 10 minutos.
Passo 3 — Desligue o telefone e seu gerenciador de *e-mails* para aumentar os intervalos de tempo (o máximo que conseguir) etc.

Assim que você de fato **dedicar-se**, precisará **observar** o que ocorreu. O passo em questão produziu o efeito esperado?

Examine se existe alguma sobreposição e conflito. Se encontrar algum, **observe** esse passo e determine o que deve ser alterado.

Considere o que você deve fazer. Assim que decidir o que deve corrigir em sua ação, você **pode tentar ajustar** os passos de acordo com sua necessidade.

Para transformar seu objetivo em um hábito permanente, repita sempre o processo durante 28 dias até o momento em que moldar novas vias neurais. (Alguns objetivos exigem um tempo maior — por exemplo, redigir um livro. Basta não perder o plano de vista e continuar tomando medidas até atingir seu objetivo.)

Com o ADOCTA você começará a utilizar sua espiral positiva e virtuosa, e não os círculos viciosos do pensamento negativo.

Monitorador do *Chi* Mental

Quando você iniciar um novo plano de *Chi* Mental, registre a data em sua agenda. Marque a data de início, conte 28 dias e circule ou realce a data de conclusão. Você pode se dar alguns dias extras, caso isso seja necessário. Muitas pessoas preferem começar na segunda-feira, porque parece mais fácil tornar essa atividade parte da rotina em um dia útil.

Toda semana, no dia de "aniversário" de sua data de início, faça uma verificação. Pergunte-se honestamente: "Como estou indo?". Observe qualquer questão especial que tenha ocorrido. O que você conseguiu? Você precisa rever de alguma forma seu objetivo ou plano? Ele está funcionando como você esperava? Você precisa de alguma orientação ou assistência suplementar? Marque, realce ou tique os dias, conte retroativamente (ou progressivamente). Assim, você manterá a atividade em primeiro plano em sua mente.

Diariamente, ao longo de 28 dias consecutivos, você avaliará suas experiências passadas e, com base na consciência e no aprendizado que acumular, construirá o futuro que gostaria de vivenciar por sua própria vontade.

Nas páginas 365 a 367 você encontrará um calendário e uma matriz especial que apoiam o monitorador do *Chi* Mental (se preferir, visite www.mindchi.com para baixar uma cópia). Você pode utilizar esses recursos para monitorar seu progresso diário. Depois de realizar os oito passos diários do *Chi* Mental (tanto o básico quanto o aplicado), insira um número entre 1-10 (ou 0-100) no quadro apropriado para classificar seu progresso. Zero significa que você não fez nenhum progresso (ou até regrediu); 10 significa que você de fato "viveu" de acordo com seu novo estilo. Você está trabalhando para ter vários 10 consecutivos.

1. Insira a data de início na primeira coluna.
2. Escreva as datas em cada quadro no canto superior esquerdo.
3. Assinale o 28º dia com um círculo ou realce.
4. À medida que concluir os dias, coloque uma pontuação (de 1-10) no quadro para indicar como você se sente em relação ao seu desempenho (Utilize um rosto alegre ou triste ou o polegar para cima/para baixo como classificação, se preferir).

Chi Mental

Monitorador do *Chi* Mental — Data de início: 27 de abril

Segunda	Terça	Quarta	Quinta	Sexta	Sábado	Domingo
27 (1º dia) 7 Início!	**28** (2º dia) 6	**29** (3º dia) 7	**30** (4º dia) 8 Melhor	**1º de maio** (5º dia) 3 Péssimo dia!	**2** (6º dia) 8 Levou tempo!	**3** Tirei um dia de folga!
4 (7º dia) 8 Determinado	**5** (8º dia) 9 Muito satisfeito	**6** (9º dia) 8 Dei conta!	**7** (10º dia) 6 Ôpa, regredi!	**8** (11º dia) 8 Concentrei-me novamente.	**9** (11º dia) 8 Melhor	**10** (12º dia) Não concluí
11 (12º dia) 8 Eu me esforcei muito para começar a terceira semana.	**12** (13º dia) 8 Estou conseguindo me estabilizar.	**13** (14º dia) 8 Estou a meio caminho.	**14** (15º dia) 8 Estou dormindo melhor!	**15** (16º dia) 6 Perdi a concentração.	**16** (17º dia) 9 Com energia ao final do dia!	**17** (18º dia) 9 Estou gostando disso!
18 (19º dia) 7 Dia difícil.	**19** (20º dia) 9 Consegui me restabelecer.	**20** (21º dia) 10 Uhoo!	**21** (22º dia) 9 Estou satisfeito!	**22** (23º dia) 10 Minha confiança está aumentando.	**23** (24º dia) 10 Muito satisfeito!	**24** (25º dia) 10 Conclusão do *Chi* Mental básico **Maravilhoso!**
25 (26º dia) 10 Criei uma dependência positiva.	**26** (27º dia) 10 Faz parte da minha vida agora.	**27** (28º dia) 10 (Por medida de segurança!) Necessidade de dias extras!	**28**	**29**	**30**	**31**

Lembre-se que em um processo de mudança, coisas inesperadas, de todos os tipos, ocorrerão para tirá-lo do caminho e sabotar o que você se esforçou tanto para conseguir. Manter-se fiel ao seu compromisso é primordial por esse motivo. O segredo é a persistência. Pergunte a você mesmo: "Qual é o problema? Como posso resolver isso?". Encontre uma solução para contornar esse obstáculo! Corrija o problema (não o ignore — ele voltará para assombrá-lo) e vá em frente!

Se você precisar de ajuda para ter mais força de vontade, consulte a página 41. Se você se deparar com uma "lacuna de inaptidão" (página 124), não pare. Continue.

Como em todos os processos de mudança, talvez seja aconselhável manter um diário, eletrônico ou em algum caderno especial, para se lembrar do ponto em que estava e ver o quanto progrediu. Observamos um fator interessante. Quando esse novo estilo torna-se a norma, costumamos nos esquecer do ponto do qual partimos. Por um lado, isso é bom, mas impede que você se dê um merecido tapinha nas costas pelo progresso que conseguiu. O diário é um lembrete positivo e permanente.

Desenvolvendo novos hábitos

Há muito tempo se afirma que 28 dias é o tempo necessário para criar um novo hábito. Atualmente, os cientistas já conseguem mostrar as conexões sinápticas no cérebro e como os revestimentos de mielina (fibras mielínicas) desenvolvem-se para agilizar o pensamento em determinada direção. Essa é a boa notícia. Adquirir um "novo hábito" fica mais fácil e não exige tanta energia. A notícia ruim é que são necessários mais seis meses para transformar a plasticidade do cérebro em "rigidez" e tornar o hábito "permanente". É por isso que sugerimos que o programa *Chi* Mental torne-se um estilo de vida. Repita-o todos os dias, mas mude seus objetivos ao longo do tempo. Para que uma nova habilidade torne-se permanente, utilize a repetição espaçada ("Melhorando a Memória ao Longo do Tempo", página 305). Desse modo, você manterá por toda vida esse novo hábito saudável.

Ao concluir os 28 dias do *Chi* Mental e utilizar o *Chi* Mental aplicado para alcançar seu objetivo, lembre-se de comemorar! Conte a alguns colegas de trabalho. Isso ajuda a reforçar a continuidade desse novo comportamento. Gratifique-se. Sinta o prazer de ter controle e de ter fortalecido sua capacidade de se comprometer. Provavelmente você ficará motivado a iniciar uma nova estratégia de sucesso!

A lacuna de inaptidão

O desenvolvimento de qualquer nova habilidade exige prática, ajustes, adaptação e perseverança. Nenhuma linha de progresso parte do início e chega ao fim retilineamente.

Quando você estiver desenvolvendo sua volição e concluindo seu compromisso, haverá momentos em que talvez tudo isso lhe pareça impraticável, como se você estivesse em um **"declive"**, aparentemente incapaz de progredir um milímetro sequer. Esse declive ou depressão é conhecido como **"lacuna de inaptidão"**. É o "ôpa!" — um buraco no qual você pode cair e do qual precisará sair. Essa sensação de inaptidão ocorre porque o processo lhe parece estranho e o cérebro gosta de segurança e familiaridade.

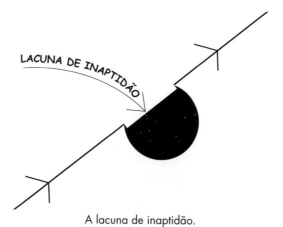

A lacuna de inaptidão.

Imagine-se como um jogador de golfe ou tenista autodidata que decide receber algumas aulas de um profissional para melhorar seu desempenho. Esse profissional lhe ensina a segurar o taco ou a raquete e a corrigir sua pegada. A princípio isso lhe parece estranho e sua vontade é voltar ao seu estilo antigo. Entretanto, se você deseja aprimorar-se, precisa aprender a ajustar sua pegada e continuar praticando.

Para progredir, você precisa dirigir sua atenção (examinar seu BEAT), adaptar-se à situação, decidir (escolher) **sair** dessa lacuna **em direção** ao seu objetivo e enxergar-se como se tivesse obtido o que deseja.

Tornando um hábito permanente

Uhoo! Você conseguiu concluir seu primeiro plano de *Chi Mental*. Agora você pode estar certo de que seu novo caminho Mental tornou-se uma via expressa e que, se preservá-lo, ele se tornará- permanente. **Maravilha**! Como você já compreende o processo, se sentirá tranquilo para aplicá-lo a qualquer coisa que desejar conseguir.

Agora, você já sabe que o *Chi* Mental é de fato fácil.

Dois exemplos testados

Aqui, apresentamos dois exemplos testados, para que você possa ver o *Chi* Mental na prática.

Escolhemos uma estratégia de negócios — **"Tomar decisões"** — e uma estratégia pessoal — **"Atingir o peso ideal"**. Contudo, se você estiver se sentindo confortável com relação a essas duas questões, com certeza poderá saltar para a Parte 3 e iniciar com sua própria estratégia de sucesso!

A essa altura você já terá concluído os 28 dias do *Chi* Mental básico e experimentado todos os efeitos positivos. Agora você está pronto para abordar uma área que deseja melhorar. Você penou para escolher um plano e então concluiu que "tomar decisões" é o que você precisa no momento. Ahá! Um passo na direção certa — você acabou de tomar uma decisão!

Leia cuidadosamente o plano do *Chi* Mental para examinar se cada elemento do BEAT correspondente ao que você está sentindo agora e ao que gostaria de vivenciar. Se quiser fazer alguns ajustes e correções, visite nosso *site* para baixar um plano em branco ou utilize o modelo que oferecemos na página 369 e adapte-o. É importante que as palavras sejam adequadas ao seu caso e de fato o impulsionem (coluna esquerda) e o atraiam (coluna direita).

Tomar decisões

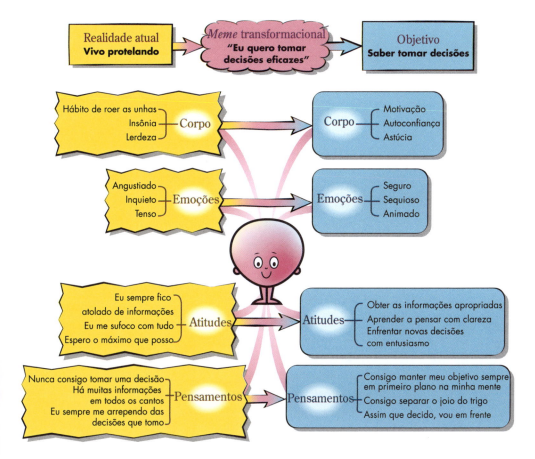

Chi Mental na prática

Utilize o mapa (página 83) para ajudá-lo a avaliar suas opções e tomar uma decisão. Dependendo da seriedade da decisão em questão (e da quantidade de tempo para tomá-la), você pode realizar todos ou alguns dos seguintes passos:

1. Para começar, utilize um breve minimapa de seus pensamentos e sentimentos. Quais são suas opções? Quais são as consequências (se você souber) dessas opções? Quais são suas reações e sentimentos instintivos? Ponha esse mapa de lado por um momento. Quando você voltar a examiná-lo, observe se algo coisa mais vem à sua mente.
2. Prepare-se. Você precisa falar com alguma pessoa antes tomar essa decisão? Você precisa coletar informações? Escolha um nível de preparação apropriado ao seu caso. Observe a palavra "apropriado". Sempre haverá novas informações e você deve decidir quando evitá-las. A decisão ficará difícil se você sentir que precisa saber **tudo** antes de escolher o que deve fazer.
3. Há outras pessoas envolvidas em sua decisão? Se sim, qual a opinião delas? (Mesmo se você não puder encontrá-las, o fato de você considerá-las é importante e pode trazer à tona alguma questão sobre a qual não pensou.)
4. Quando houver uma decisão muito séria a ser tomada e que também envolva grande carga emocional, tente encontrar tempo para criar um minimapa diário/semanal/mensal e identificar seus sentimentos "instintivos". Examine todos eles para vislumbrar reações cabíveis.
5. Em caso de decisões complexas, talvez seja aconselhável utilizar uma "escala de pesos" — por exemplo, você pode atribuir um valor (de –100 a +100) a cada aspecto e então somá-los para ver o que isso diz a respeito da ordem de prioridade correspondente.
6. Se duas decisões lhe parecerem igualmente boas, arremesse uma moeda! Sim! Assim que a moeda cair, observe atentamente sua reação instintiva. Se seu coração ace-

lerar, você já sabe qual decisão venceu! Se você suspirar instintivamente, repense. Há muita sabedoria no córtex direito, que pode "enxergar" o quadro geral e desencadear um "sentimento". É sensato ouvir essa voz interior. Seu *Chi* sabe falar!
7. Decida e confie! Sim, o mundo muda e talvez, em retrospecto, você conclua que tomaria uma decisão diferente, mas tenha certeza de que você fez absolutamente o melhor que podia naquele momento e com o conhecimento que tinha em mãos. Portanto, vá em frente e seja feliz!
8. Tenha em mente que **não** tomar uma decisão é em si uma decisão — e tem suas consequências. **Não** há escapatória. Estamos **sempre** tomando decisões, mesmo quando pensamos que não estamos!

Chi Mental aplicado

Passos 1, 5, 6 e 8: você deve continuar a realizá-los. Eles permanecem os mesmos do *Chi* Mental básico.

Passo 2: **Concentre-se** — Repita: "Eu quero tomar decisões eficazes."

Passo 3: **Adapte-se** — Recapitule e adapte toda vez que se esquivar de uma decisão.

Passo 4: **Associe** — Avalie e associe toda vez que tomar uma boa decisão.

Passo 7: **Planeje** — Projete as 24 horas seguintes como se você fosse ótimo para tomar decisões.

Utilize o ADOCTA para executar seus passos diários e refinar suas ações até o momento em que reconhecer que está conseguindo tomar decisões eficazes.

Vinte e oito dias de *Chi* Mental na prática

Prepare o seu plano e faça várias cópias para colocá-las em lugares visíveis e vê-las inúmeras vezes todos os dias.

1º Dia

- Utilize o monitorador do *Chi* Mental (eletronicamente ou à mão) e marque seus 28 dias (mais alguns dias, por segurança!).
- Leia do princípio ao fim cada ação em contraposição ao plano para "começar com nota 10"!
- Examine se o *meme* do *Chi* Mental (a frase que seu *Chi* de agora em diante repetirá para apoiá-lo e estimulá-lo) está adequado para você. Por exemplo, "Eu quero tomar decisões eficazes".
- Transforme seu *Chi* Mental básico em *Chi* Mental aplicado. Para a estratégia "Tomar decisões", ele seria modificado da seguinte forma:

Passo 1: **Respire** — O mesmo do *Chi* Mental básico (página 49).

Passo 2: **Concentre-se** — Dirija sua atenção para o *meme*: "Eu quero tomar decisões eficazes".

Passo 3: **Adapte-se** — À medida que recapitular as 24 horas passadas, tente lembrar-se dos momentos em que postergou ou se esquivou de tomar alguma decisão, independentemente da importância dessa decisão. Por exemplo, um colega lhe pergunta: "Então, devemos nos reunir no dia 13 ou no dia 21?". E você responde: "Ah, tanto faz, escolha você!" Recapitule e observe, conte e remova essa postura de sua mão não predominante ao final de um minuto. (Fazendo isso você está reforçando sua consciência para atuar melhor no futuro. Não deve ser uma autocensura.)

Passo 4: **Associe** — À medida que avaliar suas 24 horas passadas, tente lembrar-se dos momentos em que você agiu positivamente, para assim potencializar sua capacidade de tomar decisões. Você poderia dizer: "Ah, na verdade dia 13 seria melhor para mim". Muito bem! Ao final desse minuto, acrescente essa decisão à sua mão predominante, fechando o punho, e mantenha firme esse ponto positivo em sua memória. Quando você fechar o punho em uma ocasião futura, você associará essa ação com o reconhecimento de que sabe tomar uma boa decisão.

Passo 5: **Conscientize-se** — Examine seu BEAT, de forma geral e com atenção especial aos momentos em que você tenha se envolvido com qualquer situação decisória.

Passo 6: **Escolha** — Escolha seu BEAT para essa questão, isto é, tomar decisões eficazes.

Passo 7: **Planeje** — Quais oportunidades você terá nas 24 horas seguintes de participar de alguma tomada de decisão? Você terá de tomar uma decisão tão simples quanto beber uma xícara de café ou de chá? Você terá de pegar sua roupa na lavanderia no percurso para o trabalho ou quando estiver voltando? Atribua uma nota a você mesmo! Observe quantas decisões você tomou e exercite e desenvolva sua memória. Imagine-se tomando as decisões mais sérias e adequadas que poderão ocorrer nessas 24 horas utilizando desencadeadores de memória multissensoriais.

Passo 8: **Sinta-se agradecido** — Esse último passo, em que você se sente **preenchido** e satisfeito, deve ser regado de gratidão por tudo o que você fez e fará para fortalecer cada vez mais sua capacidade de tomar boas decisões.

É recomendável atribuir uma pontuação (de 0-10 ou de 0-100) com respeito à avaliação de suas ações de forma geral e marcá-la em seu monitorador.

2º Dia

Como você acabou de praticar de que forma modelará seu *Chi Mental* aplicado para a estratégia "Tomar decisões", agora basta decidir quando e onde você o aplicará a cada dia (Ele deve ser aplicado no mesmo horário e lugar, tal como no *Chi Mental* básico). Então, vá em frente!

Ao longo dos 28 dias seguintes, como você se preparará para essa grande decisão que deve tomar? Digamos que sua decisão seja escolher se deve ou não mudar de casa e para onde deve mudar. **Observação**: algumas decisões **importantes** podem exigir mais de 28 dias. Nessa circunstância, basta estender todo o processo até o momento em que alcançar o resultado desejado (como no caso em que um dos autores deste livro precisou mudar de casa!).

Talvez seja melhor mapear todos os seus passos e ações. Mapeie os aspectos essenciais. Por exemplo: preço, local, tamanho, atmosfera, componentes essenciais (e flexíveis) e algumas opções "excêntricas". Em seguida, contrate vários corretores nas áreas apropriadas.

Procure agir todos os dias em direção ao objetivo desejado. Lembre-se dos pontos negativos da realidade atual e mantenha o entusiasmo tentando sentir o enlevamento multissensorial proporcionado pela sensação de que o objetivo foi alcançado.

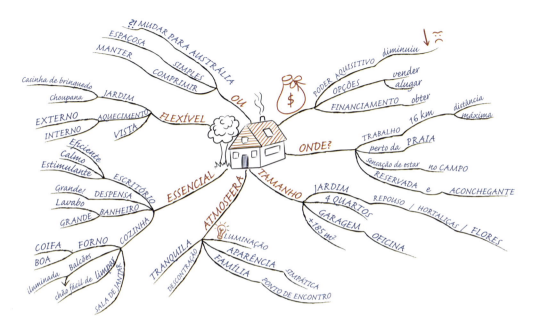

O mapa da casa desejada ajuda quando estamos "peneirando" todas as possíveis alternativas.

3º Dia
Execute os passos do *Chi* Mental aplicado, atribua uma pontuação ao seu desempenho e registre-a no monitorador.

Determine quantas casas você provavelmente procurará na Internet e quando e por quanto tempo fará. Entre em contato com os corretores e agende as visitas (marque-as para o fim de semana e os fins de tarde).

Do 4º Dia em diante
Continue repetindo os passos apropriados; é nesse momento que o ADOCTA é extremamente útil. Desde que seus objetivos permaneçam os mesmos, determine qual será sua **a**ção e **d**edique-se a ela, **o**bserve o que ocorre, **c**onsidere e avalie se ela o aproximou (ou não) de seu objetivo, **t**ente se ajustar de

acordo com a necessidade e escolha a **a**ção seguinte à qual deverá dedicar-se.

No caso da escolha da casa, havia também o problema de financiamento, o que corre paralelamente à decisão final. Como o processo de escolha ficou limitado, é necessário enfatizar mais essa questão.

Examine as opções que você pesquisou. Lembre-se do que você precisa fazer. Que outras pessoas poderiam estar envolvidas na decisão? Se você der uma rápida olhada no mapa, manterá todos os aspectos em sua mente.

Continue realizando o exercício do *Chi* Mental aplicado e anote os resultados todos os dias no monitorador.

24º-26º Dia (ou sempre que você experimentar o que se segue)

Digamos que você conclua que já percorreu 95% do trajeto em direção ao seu objetivo. **Oba!** Mas é preciso ter cuidado! Às vezes esse último impulso para concluir os 5% restantes pode ser o ponto de derrota: "Ah, já estou quase chegando. Isso é suficientemente bom!". Quais ações você precisa realizar para concluir? Sinta admiração pela realização. Você precisa se autogratificar. Execute os passos de fechamento a seguir.

Continue executando o *Chi* Mental básico.

27º Dia (ou sempre que estiver diante da trave do gol)

Quais passos de finalização você precisa executar? Planeje-os para esse dia.

Execute o *Chi* Mental aplicado enfatizando mais o Passo 8 — sentir-se agradecido por tudo o que conseguiu.

28º Dia

Você acha que talvez precise rever esse hábito para torná-lo permanente (consulte a página 305) ou você já atingiu o que deseja?

Comemore com algo que o faça perceber realmente seu sucesso e que você atingiu um novo nível de desempenho pessoal e profissional.

(Pós-escrito dos autores: a casa perfeita foi encontrada e está sendo desfrutada com grande prazer!)

Atingir o peso ideal

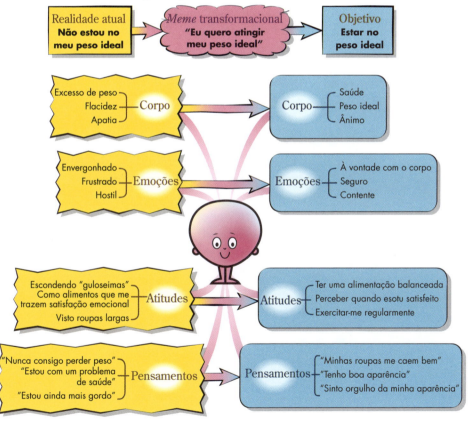

Observe que, por cautela, **não** utilizamos "Ficar mais magro" ou "Perder peso" como estratégia porque são objetivos vagos e não específicos que podem prejudicar a saúde.

O peso "ideal" pode ser afetado por inúmeras coisas. Ele não permanece constante ao longo da vida. Apenas uma **pequena** porcentagem de pessoas está acima do peso em decorrência de doenças ou de efeitos colaterais de algum medicamento. Pesquisas recentes (embora esse campo da ciência ainda seja muito novo) **não** conseguiram ainda comprovar a existência de um "gene da obesidade", apenas que o excesso de peso está fundamentado no estilo de vida.

Apenas três fatores devem ser considerados:

1. O que você ingere.
2. O que você faz com seu corpo.
3. O direcionamento de seu *Chi* Mental.

Vejamos cada um deles.

O que você ingere

- Quando mais açúcar, carboidratos, alimentos calóricos e gordurosos "sem nutrientes" ou alimentos em conserva você comer, maior poderá ser o seu peso. Se você comer frutas frescas, legumes e hortaliças e carne magra ou peixe, ficará menos propenso a ganhar peso.
- Com que frequência e quanto você come? Muitas pessoas costumam "beliscar" o dia todo, perdendo o prazer da sensação de "estar com fome". Experimente fazer três refeições ao dia e quando de fato estiver sentindo fome.
- O hábito da "gratificação tardia". Se você se mantiver ocupado ou realizar uma atividade física, na maioria das vezes perceberá que sua "fome" desapareceu!
- Para facilitar, utilize pratos menores (principalmente nos restaurantes em que podemos "comer à vontade"). Uma regra prática é comer 20% menos a cada 20 anos de vida — desde que esteja mantendo seu nível de atividade original.

- Mais importante: coma **devagar**. Seu organismo é um pouco lento para informá-lo de que está satisfeito! Quando comemos muito depressa, normalmente soltamos aquela famosa frase: "Caramba, estou **empanturrado**!". Descanse o garfo e a faca e converse (com a boca vazia, claro) com sua companhia à mesa (ou com seu animal de estimação ou ursinho de pelúcia).

O que você faz com eu corpo
- Do mesmo modo que os carros consomem mais combustível nas viagens mais longas, quanto mais ativo você for, mais calorias queimará. Se você deseja comer um donut, você deve caminhar por uma hora e intensificar o ritmo de sua caminhada para queimar essas calorias!
- A única maneira de perder peso é queimar **mais** calorias do que você consome!

O direcionamento de seu *Chi* Mental
- Nossa motivação para exagerar na comida é um tanto complexa. A "fome" com frequência é um sentimento ardiloso de falta de afeto, atenção, satisfação e confiança. A fome é satisfeita momentaneamente pela comida (drogas, nicotina ou álcool), mas a "depressão" subsequente exige que nos saciemos **mais** posteriormente. Isso desencadeia uma espiral extremamente negativa. Tomar consciência do que de fato está ocorrendo já é um grande passo na direção correta.
- Peça a ajuda do seu *Chi*. Assuma um compromisso em relação ao seu novo peso, comprando uma roupa nova como recompensa. Com sua volição (força de vontade), você chegará lá. Fale sobre sua meta com as pessoas mais próximas. Assim, elas podem apoiá-lo.
- O que costuma desencadear sua vontade de comer? Quando o telefone toca você sente vontade de comer chocolate? Ao final do dia, você precisa tomar várias taças de vinho? É uma hora da manhã e você sente vontade de comer? Utilize atividades que possam adiar e distraí-lo até o momento em que essa vontade passar.

- É extremamente importante ser moderado e continuar curtindo a vida! Portanto, no seu aniversário, coma uma fatia de bolo e intensifique sua caminhada no dia seguinte. Seja flexível e, ao mesmo tempo, firme em relação ao que está buscando.

Seu *Chi* Mental na prática

Do mesmo modo que antes, examine com cuidado seu plano para "atingir seu peso ideal" e avaliar se o BEAT da realidade atual e do objetivo corresponde ao seu momento presente e ao que deseja experimentar no futuro. Em caso negativo, ajuste-o. É fundamental que as palavras lhe sejam adequadas.

Depois de preparar o seu plano, fazer várias cópias e colocá-las onde você possa vê-las inúmeras vezes ao dia, você estará pronto para começar o *Chi* Mental aplicado e colocá-lo em prática.

Veja como isso ocorre.

1º Dia

- Marque os 28 dias (e mais alguns dias, por precaução) em seu monitorador (eletrônico ou manual).
- Leia os itens de ação de seu plano para ficar mais estimulado.
- Examine se o meme (a frase que o seu *Chi* de agora em dia repetirá para apoiá-lo e persuadi-lo) de fato lhe é adequado. "Eu quero atingir meu peso ideal", "Eu quero ficar o mais saudável possível."
- Prepare o seu *Chi* Mental aplicado para tomar decisões:

Passo 1: **Respire** — Idêntico ao *Chi* Mental básico (página 49).

Passo 2: **Concentre-se** — O *meme* do *Chi* Mental: "Eu quero atingir meu peso ideal".

Passo 3: **Adapte-se** — Ao recapitular suas 24 horas passadas, procure observar especialmente os momentos em que não seguiu suas próprias orientações. Um colega de trabalho comprou alguns *donuts* e você comeu três. Basta observar e considerar o que você fará na próxima vez. Comerá apenas um. Acrescente esse ato em sua mão não predominante e remova qualquer sentimento ruim no momento em que concluir esse minuto.

Passo 4: **Associe** — Ao avaliar suas 24 horas passadas, procure observar em especial os momentos em que agiu positivamente para atingir seu peso ideal. Nessa situação, você pegou três donuts, mas percebeu sua atitude e os ofereceu aos seus colegas de trabalho. Muito bem! Agora, você pode acrescentar essa atitude em sua mão predominante e associar esse comportamento com o seu êxito crescente em direção ao objetivo de atingir o peso ideal.

Passo 5: **Conscientize-se** — Examine o seu BEAT, de forma geral e com atenção especial aos momentos em que você tenha vivenciado experiências com relação a comidas (ou bebidas calóricas sem valor nutritivo, como o álcool).

Passo 6: **Escolha** — Escolha seu BEAT para essa finalidade. Mantenha o seu meme em primeiro plano em sua mente.

Passo 7: **Planeje** — Quais oportunidades as 24 horas seguintes podem lhe oferecer para que você trabalhe em direção ao seu peso ideal? Examine o que você pode restringir e também o que pode fazer para queimar o que você ingeriu! Utilizando todos os sentidos, imagine-se com uma ótima aparência e vestindo aquela roupa nova que você comprou.

Passo 8: **Sinta-se agradecido** — Esse último passo, em que você se sente preenchido e satisfeito, deve ser regado de gratidão por tudo o que você fez e fará para atingir seu peso ideal.

É recomendável atribuir uma pontuação (de 0-10) com respeito à avaliação de suas ações e marcá-la em seu monitorador.

2º Dia

1. Como você acabou de praticar de que forma modelará seu *Chi* Mental aplicado para a estratégia "Atingir o peso ideal", agora basta decidir quando e onde você o aplicará a cada dia e, em seguida, praticá-lo!
2. Qual é seu objetivo e peso ideal? É recomendável começar a mapear seus passos e ações de forma geral no segundo dia. Nos 27 dias seguintes, o que você fará para atingir seu peso ideal?
3. Divulgue aos seus colegas mais íntimos seu objetivo para que eles possam aconselhá-lo e ajudá-lo a chegar lá. Além disso, eles não vão mais querer desviá-lo do caminho comprando seus *donuts* preferidos!
4. Procure agir em direção ao objetivo desejado todos os dias. Lembre-se dos pontos negativos da realidade atual e mantenha o entusiasmo. Sinta o enlevamento multissensorial proporcionado pela sensação de que o objetivo foi alcançado.

3º Dia

1. Execute o *Chi* Mental aplicado e atribua-se uma pontuação, anotando-a em seu monitorador.
2. Guarde o prato no qual costuma jantar e escolha um menor. Leve aipo ou palitos de cenoura para o trabalho. Sempre estacione mais longe do lugar ao qual deseja chegar e caminhe.
3. Observe qualquer questão problemática que tenha ocorrido no dia anterior e avalie que "estratégias de enfrentamento" você pode empregar para corrigir isso.
4. Faça outras atividades, mesmo que amenas. Comece a praticar esse novo hábito saudável.

4º Dia

1. Execute o *Chi* Mental aplicado e atribua-se uma pontuação, anotando-a em seu monitorador. Como você está se saindo?

2. Que atividades físicas você poderia fazer? Inscreva-se em um curso de salsa ou associe-se a algum grupo de caminhada. Escolha algo que lhe dê prazer, para que não se torne algo desagradável.
3. Observe que, se você não comprar, não comerá! Tome cuidado para não deixar **nenhum** sorvete no *freezer*, **nenhum** pacote de batatas fritas à mão, **nenhum** bolo ou bolacha e nenhum chocolate para beliscar.

5º Dia

1. Continue repetindo os passos apropriados. É nesse momento que o ADOCTA é extremamente útil. Desde que seus objetivos permaneçam os mesmos, determine qual será sua ação e dedique-se a ela, observe o que ocorre, considere e avalie se ela o aproximou (ou não) de seu objetivo, tente se ajustar de acordo com a necessidade e escolha a ação seguinte à qual deverá dedicar-se.
2. Examine outras opções. Lembre-se do que pode fazer a mais para facilitar esse processo o máximo possível. Uma rápida olhada no mapa pode fixar melhor em sua mente todos os aspectos.
3. Continue realizando o exercício do *Chi* Mental aplicado e anote os resultados do dia em seu monitorador.

6º Dia

1. Nesse dia, tente identificar e ajustar o que "desencadeia sua vontade de comer". Qual atividade o faz querer comer imediatamente (quando na verdade você não precisa)? Procure encontrar uma proteção, algo que o distraia ou adie sua reação por 5 minutos, depois 10 minutos, e vá aumentando esse tempo até que esse desencadeador perca a força.
2. Pratique seu *Chi* Mental aplicado e repita seu meme o máximo que puder do começo ao fim do dia.

7º Dia

1. Uma semana já se foi! Você pode se pesar em alguma balança para dar uma conferida no seu peso. Anote-o no monitorador depois que concluir o exercício. Simplesmente observe. (Lembre-se: os músculos pesam mais do que a gordura.)
2. Você pode dar uma recompensa a si mesmo, desde que **não seja comida** (e se de fato merecer!).
3. Vá até a loja que tem a roupa que você deseja e permita-se namorá-la. Converse com o vendedor e fale sobre seu objetivo. Sinta o tecido, o aroma de novo e imagine-se vestido nessa roupa.

8º Dia

1. Harmonize-se com mais cuidado ainda as mensagens enviadas pelo seu corpo. Os sinais de "fome" são reais? Existe algum outro apetite por trás desse apetite físico? Sente-se em silêncio e reflita (ou mapeie) o que poderia ser.
2. Conclua o exercício do *Chi* Mental aplicado e anote seu progresso no monitorador, utilizando uma classificação de 0-10. Raras vezes o caminho do sucesso é uma linha reta. O importante é **simplesmente seguir adiante**. Seja qual for o obstáculo, encontre uma maneira de contorná-lo. Se você perder o interesse durante um ou dois dias, basta continuar no dia seguinte. Se enfrentar um momento de fraqueza e comer alguma "besteira", faça uma caminhada mais intensa no final da tarde. Se estiver sob pressão e ficar todas as noites em frente à televisão, intensifique a caminhada na tarde seguinte.

9º Dia

1. Agradeça ao seu *Chi* por toda a assistência recebida até o momento e avalie o que você pode fazer para ajudá-lo ainda mais. Tenha uma "conversa" com ele. Talvez uma carta — "Querido *Chi*, o que posso fazer para você me ajudar a atingir meu peso ideal?". Em seguida, comece a escrever a resposta do *Chi* — sabemos que você está se

ajustando e que provavelmente se surpreenderá com sua transformação!
2. Qual será o estágio de refinamento seguinte com relação ao que você ingerir e à forma como deverá queimar o que ingerir? Agora, sua força de vontade quanto ao seu "peso ideal" está funcionando. Portanto, você pode subir mais um degrau.
3. Conclua o exercício do *Chi* Mental aplicado e registre seu progresso no monitorador.

Do 10º ao 24º Dia (ou sempre que você experimentar o que se segue)

1. Digamos que quando você chegar ao passo considerar do ADOCTA perceba que já progrediu 95% em direção ao seu objetivo. Oba! Mas esteja atento! Às vezes esse último impulso para concluir os 5% restantes pode ser seu ponto de derrota: "Ah, já estou quase chegando. Isso é suficientemente bom!". Quais ações você precisa realizar para chegar ao fim? Sinta admiração pela realização e gratifique-se — nesse caso, realização significa estar pronto para comprar uma roupa nova que corresponda ao seu peso ideal.
2. Anote exatamente **todas** as calorias que você ingerir ao longo do dia.
3. Continue realizando o *Chi* Mental aplicado.

25º-26º Dia (ou sempre que estiver diante da trave do gol!)

1. Que passos finais você precisa realizar? Planeje-os em relação ao dia.
2. Execute o *Chi* Mental aplicado enfatizando mais o Passo 8 — sentir-se agradecido por tudo o que conseguiu.

27º e 28º Dias

1. Esse é um hábito que provavelmente você desejará recapitular para torná-lo permanente ("Melhorando a Memória ao Longo do Tempo", página 305).

> Saber que você pode confiar em sua força de vontade para que ela atenda melhor as suas necessidades é uma experiência e tanto.

2. Você está mudando o seu estilo de vida como um todo e muitas armadilhas o aguardam para puxá-lo para trás. Talvez você queira repetir a sequência de 28 dias ou talvez passar pular para as informações sobre "repetição espaçada" (página 305).
3. Se você tiver atingido seu peso ideal, comemore. Com a companhia de um amigo(a), saia para comprar uma roupa nova.
4. "Atingir o peso ideal" é uma das estratégias mais difíceis. Talvez durante vários anos você tenha enfrentado aquele famoso "vaivém" em seus regimes alimentares. Com o programa *Chi* Mental, a diferença é que os recursos empregados favorecem o desempenho positivo do cérebro. Você compreende que existe uma lógica e que deve queimar o que ingere. Além disso, você dispõe dos constructos mentais (com a ajuda do *Chi*) para mudar sua maneira de pensar e ser. Seja gentil consigo mesmo. Contudo, se o objetivo permanecer o mesmo, continue utilizando o ADOCTA para chegar lá.
5. Quando (observe que utilizamos "quando, e não "se") conseguir chegar ao fim dessa estratégia, perceberá que tem força de vontade para vencer e pode atingir o objetivo que deseja. Esse é um dos melhores sentimentos que podemos experimentar.

Chi Mental na prática **145**

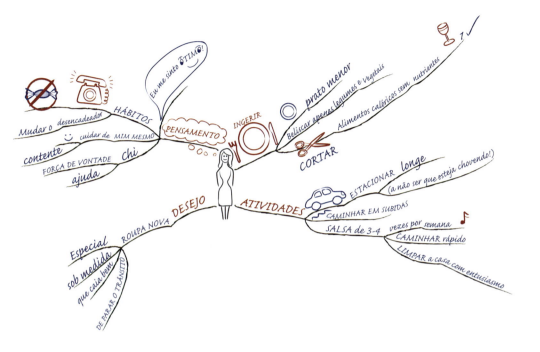

Um mapa das providências que você tomará para atingir seu peso ideal.

8 Mudanças por meio do *Chi* Mental

> **Visão Geral**
> Trabalhador emergente
> Nova estabilidade
> Estresse no trabalho

No momento em que escrevemos este livro o mundo estava passando por mudanças inéditas. Todos os aspectos do mundo corporativo, da forma como o conhecemos, os sistemas financeiros, os métodos empregatícios, os estilos de comunicação e as formas de tecnologia, estão se transformando a olhos vistos. As consequências ainda não são claras, mas o que de fato sabemos é que o novo mundo do trabalho será bastante diferente daquele que estamos deixando para trás.

As influências dessas mudanças em nossa vida dependem de circunstâncias pessoais. Entretanto, mesmo nesse novo mundo do trabalho precisaremos tirar férias, encontrar tempo para nos divertir, curtir os amigos e lidar com os afazeres do dia a dia. O programa *Chi* Mental pode ajudá-lo a enfrentar essa mudança de paradigma em nível global e a ter um desempenho superior ou jamais imaginado porque por meio dele você se adaptará a essa nova realidade.

Pergunte para si mesmo: tenho as habilidades e os conhecimentos que as profissões do futuro exigirão? Por exemplo, lidar melhor com a sobrecarga de informações aprendendo a ler (mais de) mil palavras por minuto ou aprimorando seu raciocínio criativo para trabalhar de maneira mais inteligente e adaptar-se às mudanças tecnológicas. O programa *Chi* Mental pode ajudá-lo a prosperar no compasso das mudanças que estão ocorrendo e ocorrerão no mundo do trabalho. Padrões de pensamento antigos deverão dar lugar a novas formas de pensar — em relação a praticamente tudo. Está surgindo um novo estilo de trabalhador, conhecido como **"trabalhador emergente"**, que atualiza e aprimora suas habilidades e conhecimentos para atender à demanda dos cargos e das ocupações do futuro.

Trabalhador emergente

Enquanto **"trabalhador emergente"**, você:

- trabalhará com novos valores e expectativas;
- vai querer ser recompensado por um trabalho bem feito;
- contará com a honestidade e retidão de seus empregadores;
- será flexível e se movimentará mais, mudando de uma empresa para outra ao participar de projetos com equipes que são formadas e depois desfeitas;
- continuará a aprimorar suas habilidades, seus conhecimentos e sua capacidade salarial;
- compreenderá que você é uma marca e deverá ter aptidão para se vender;
- deverá manter-se atualizado das tecnologias de ponta e irá usá-las em seu favor; e
- construirá uma rede pessoal, mantendo-se ativo e sempre em contato com ela.

Para conseguir tudo isso, você precisa reprogramar o seu cérebro. Precisa descartar maneiras de pensar já superadas. A atual mudança de paradigma exigirá novas formas de pensar, não apenas sobre o mundo no qual você está começando a pôr os pés, mas também sobre você mesmo. O Programa *Chi* Mental foi idealizado pra ajudá-lo a fazer essa transição fundamental.

Nova estabilidade

No pós-guerra, muitos empregados associavam o fato **"de trabalhar em uma grande empresa"** com **"estabilidade"**. Um emprego significava emprego para toda a vida e as grandes empresas cuidavam dos funcionários e de suas famílias durante toda a sua vida — em geral até a aposentadoria. Hoje, a estabilidade no emprego não depende da empresa, mas de nós mesmos. Essa garantia está relacionada com sua capacidade de pensar — criativamente, flexivelmente, eficazmente — para prover à própria subsistência e continuar aprendendo.

O objetivo do programa *Chi* Mental é muni-lo de processos mentais aprimorados e da capacidade de ter um controle pontual sobre essa mudança em relação à segurança pensando de uma forma que lhe seja favorável. O que você pensa a seu respeito, sobre sua equipe, seu chefe ou sua empresa determina sua capacidade de prosperar, em qualquer circunstância. Você precisa ter confiança para pensar por si mesmo e não deixar que outras pessoas pensem por você. Outro fator essencial é desenvolver a habilidade para mudar o foco de sua atenção rapidamente, isto é, ter uma visão mais abrangente sobre algo e passar a ter uma visão particularizada e voltar a ter uma visão global — **isto é, passar do geral para o particular e do particular para o geral**.

Como os mercados financeiros estão aos trancos e barrancos no mundo inteiro, a moeda internacional não é mais o dinheiro, mas o conhecimento. Enquanto trabalhadores do conhecimento, quanto mais inteligentes, maior o nosso valor. Aprender novas habilidades e obter novos conhecimentos é a nova garantia.

Oportunidades de aprendizagem, ganho e crescimento

A aprendizagem é um processo mental contínuo que ocorre ao longo de nossa carreira e continua na aposentadoria. Aprender nos mantém jovens, e é mais fácil do que nunca em virtude da imensa quantidade de informações sobre todos os assuntos imagináveis. A Internet revolucionou o campo de jogo no que se refere ao acesso a informações. O que outrora era privilégio de uma pequena elite hoje está ao alcance de qualquer pessoa, em qualquer lugar, com apenas um clique no botão do *mouse* ou um toque na tela.

A aprendizagem ao longo da vida aumenta sua possibilidade de ganho e também seu crescimento e desenvolvimento no local de trabalho. As empresas compram especialidades e habilidades. Quanto mais você procurar especializar-se e ficar bem informado em uma área importante, maior será seu valor.

Para aprender a gerenciar a sobrecarga de informações — a quantidade crescente de informações que o bombardeiam todos os dias —, você precisa desenvolver um processo básico de aprendizagem para discernir entre o que **é** e **não é** importante para você.

Estresse no trabalho

No momento o estresse nas empresas atingiu proporções epidêmicas e o preço que elas estão pagando é alto. O custo anual do estresse encontra-se na casa dos bilhões de dólares (ou reais), em forma de mudanças no quadro de funcionários e de absenteísmo, porque os funcionários que estão sobrecarregados sofrem de desilusão, esgotamento, indisposição e abuso de substâncias químicas. O custo para o indivíduo é muito elevado. O estresse pode arruinar a saúde (mental e física), relacionamentos e a qualidade de vida de forma geral.

Em *Shifting Gears* (*Mudando as Marchas*), os autores Collins e Israel explicam as três diferentes marchas de trabalho que estamos utilizando diariamente no momento:

- Na primeira marcha, aprendemos novas habilidades e adquirimos informações.
- Na segunda marcha, conhecida como marcha da produtividade, o brado é "Faça mais rápido e mais barato".
- Na terceira marcha, temos oportunidade de refletir e de ter criatividade.

Infelizmente, o mundo dos negócios em geral é obcecado pelo raciocínio da segunda engrenagem. Essa pressão constante gera um ambiente de trabalho estressante, que é afetado pelo absenteísmo crescente e por problemas de saúde. Para sermos eficazes, devemos ter habilidade para trabalhar em todas as três engrenagens: **aprender**, **trabalhar duro** e **ter tempo para refletir e criar**. Se você utilizar o programa *Chi* Mental como um recurso de trabalho, conseguirá desenvolver uma postura mais equilibrada e a probabilidade de criar um ambiente de trabalho sem estresse será maior.

A mudança é a **única** constante!

Uma grande revolução na área de saúde está a caminho tendo em vista a maior quantidade de clubes de saúde (academias desportivas), a maior quantidade de informações ao consumidor sobre o conteúdo e teor dos alimentos e o advento de programas governamentais sobre os perigos da obesidade, do tabagismo e do abuso de bebidas alcoólicas. O programa *Chi* Mental louva essas iniciativas possibilitando que você controle e direcione sua energia para melhorar sua saúde física e mental de uma forma equilibrada e saudável.

Observação importante: Esteja atento aos extremos. Fazer exercícios obsessivamente ou perder muito peso cria uma energia *Chi* negativa que alimenta o pensamento negativo e a autodestruição interior!

PARTE 3
50 Planos de *Chi* Mental – Estratégias de Sucesso

Capítulo 9 — Objetivos
Capítulo 10 — Habilidades
Capítulo 11 — Vendas
Capítulo 12 — Comunicação
Capítulo 13 — Inteligência no trabalho
Capítulo 14 — Treinamento
Capítulo 15 — Saúde
Capítulo 16 — Autoconceito

O programa *Chi* Mental foi desenvolvido com base em técnicas de desenvolvimento pessoal consolidadas, nas pesquisas mais recentes sobre o funcionamento do cérebro e nos nossos vários anos de experiência profissional e pessoal e de treinamento. A essência do *Chi* Mental é o conhecimento e a compreensão de que conseguimos alcançar os objetivos que desejamos estabelecer apenas quando ganhamos controle sobre nós mesmos e empregamos uma postura positiva e atitudes construtivas. Sim, precisamos também de informações, de assistência e de novos processos para viabilizar essa mudança. Assim, coisas extraordinárias podem ocorrer. Quando ganhamos controle sobre nós mesmos, também criamos um profundo desejo e convicção que nos permitem melhorar e conseguir o que desejamos.

A boa notícia de fato é que você pode conseguir tudo o que você imagina que é possível!

Os 50 planos de *Chi* Mental elaborados: suas estratégias de sucesso (e qualquer outra que você tenha criado sozinho) estão fundamentadas nos princípios do *Chi* Mental. Isso quer dizer que você conseguirá progredir em qualquer área da vida à qual estiver disposto a direcionar o seu *Chi* Mental para avançar obstinadamente em uma direção positiva.

Se você seguir o programa *Chi* Mental, conseguirá mudar padrões habituais que não estão funcionando a seu favor substituindo-os por hábitos positivos e autodirigidos que o conduzirão aos resultados que você deseja obter.

A seguir encontram-se 50 planos de *Chi* Mental dirigidos aos desafios enfrentados mais frequentemente por empresários, executivos e profissionais do mundo inteiro. Esses planos com certeza não são exaustivos. Eles cobrem uma ampla variedade de áreas apropriadas para praticamente todos os ambientes de negócio.

O mapa (exibido na página seguinte) mostra de que forma essas 50 estratégias foram organizadas.

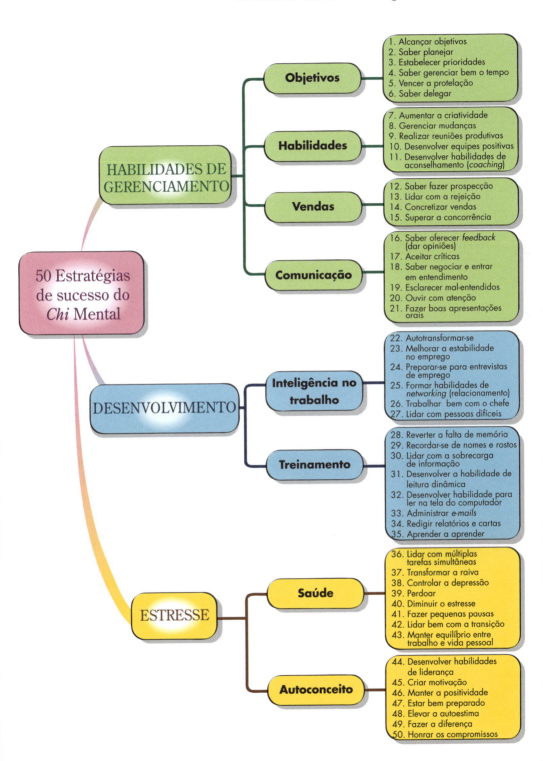

Primeiro, escolha e realce os tópicos que você considera importantes para o seu autoaprimoramento.

- Em seguida, acrescente qualquer outra meta pessoal não coberta pelos 50 planos de *Chi* Mental e priorize suas opções. (Por exemplo, talvez você escolha primeiro "Saber gerenciar bem o tempo", porque isso terá um impacto positivo em vários outros objetivos de *Chi* Mental, o que o torna um plano de grande influência.)
- Assim que priorizar sua lista, você estará pronto para decolar!

Chi Mental em Ação

Examine cuidadosamente o plano de *Chi* Mental que você escolheu para ter certeza de que o BEAT da realidade atual e do objetivo corresponde ao que você tem e ao que deseja vivenciar. Se não, visite nosso *site*, baixe o plano (ou utilize o modelo apresentado na página 369) e adapte-o. É importante que as palavras de fato o impulsionem de um lado e o atraiam de outro.

Assim que preparar seu plano, fizer várias cópias e espalhá-las por vários lugares em que possa vê-las inúmeras vezes ao dia, você estará pronto para começar o exercício do *Chi* Mental aplicado e colocar em prática o programa *Chi* Mental. (Há dois exemplos testados, a partir da página 126.)

Chi Mental aplicado

Você precisará adaptar todas as estratégias ao exercício *Chi* Mental aplicado. Tudo permanece igual ao *Chi* Mental básico, mas o foco agora deve se direcionar para a sua estratégia específica.

- Passo 1: **Respire** — Mantém-se igual do *Chi* Mental básico ("Passo 1: Respire", p. 52).
- Passo 2: **Concentre-se** — Repita o *meme* transformacional do *Chi* Mental durante um minuto, em vez de contar ("Passo 2: Concentre-se", página 54), sem distrações.

- Passo 3: **Adapte-se** — À medida que recapitular as 24 horas passadas, busque particularmente os momentos em que não seguiu suas próprias orientações. Acrescente-os em sua mão não predominante e remova qualquer sentimento ruim no momento em que concluir esse minuto. ("Passo 3: Adapte-se", página 59).
- Passo 4: **Associe** — À medida que avaliar suas 24 horas passadas, tente se lembrar dos momentos em que você agiu positivamente para atingir seu objetivo. Acrescente-os em sua mão predominante e, ao final do minuto, feche o punho para indicar simbolicamente à sua memória que ela deve associar esse comportamento com seu êxito crescente em direção ao seu objetivo ("Passo 4: Associe", página 61).
- Passo 5: **Conscientize-se** — Examine seu BEAT, de forma geral e com atenção especial aos momentos em que você tenha se envolvido com algo relacionado ao seu objetivo ("Passo 5: Conscientize-se", página 66).
- Passo 6: **Escolha** — Escolha seu BEAT para essa questão, isto é, cuidar de si mesmo ("Passo 6: Escolha", página 68). Além disso, examine e escolha seu BEAT sempre que tomar novas providências em relação ao seu objetivo.
- Passo 7: **Planeje** — Quais oportunidades você terá nas 24 horas seguintes relacionadas ao seu objetivo? Experimente sentir, com todos os sentidos, "como se" já tivesse atingido seu objetivo ("Passo 7: Planeje", página 72). É fundamental vivenciar seu objetivo, porque o cérebro interpreta essa experiência como "real" e age de acordo.
- Passo 8: **Sinta-se agradecido** — Seu passo final, agora preen*chi*do de satisfação, deve ser regado de gratidão por tudo o que ocorreu e que ocorrerá para ajudá-lo a atingir seu objetivo ("Passo 8: Sinta-se agradecido", página 74).

É recomendável atribuir uma pontuação, em uma escala de 0-10 (ou de 0-100) ou fazer uma observação com respeito à avaliação de suas ações e marcá-la em seu monitorador (exem-

> Na lateral inferior de cada página de estratégia de *Chi* Mental, o *Chi* aparecerá para lembrá-lo de executar o *Chi* Mental aplicado durante 28 dias para transformar seu objetivo em realidade.

plo, na página 122, e modelo de monitorador do *Chi* Mental, na página 365).

Além disso, utilize o ADOCTA para realizar seus passos diários em relação ao seu objetivo! Para aprimorar suas atitudes até o momento em que atingir seus objetivos, procure sentir a tensão estrutural entre elas e sua realidade atual. Utilize a "atenção flexível" para sempre atualizar sua realidade atual e o que deseja.

9 Objetivos

Visão geral

1. Alcançar objetivos
2. Saber planejar
3. Estabelecer prioridades
4. Saber gerenciar bem o tempo
5. Vencer a protelação
6. Saber delegar

1. Alcançar objetivos

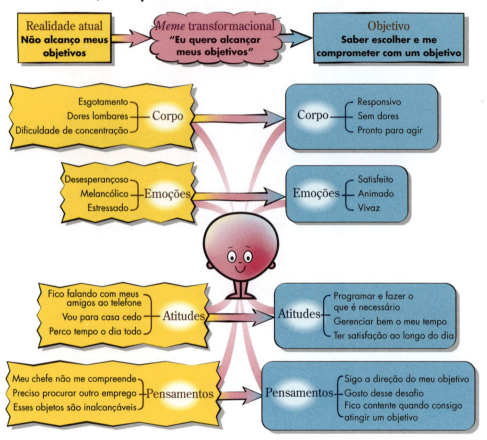

Chi Mental na prática

Primeiramente, você precisa estabelecer seu objetivo seguinte, porque nada ocorrerá se não houver nenhum objetivo. Alguns são estabelecidos por terceiros: pela empresa ou pelo departamento no qual você trabalha; outros podem ser determinados por você mesmo. De qualquer forma, os objetivos ajudam a direcionar as atividades ao longo de um processo de planejamento que contenha um plano de

Objetivos **161**

ação e as medidas a serem tomadas. Esse plano deve ser prático e realista. Para alcançar um objetivo, você deve estar totalmente comprometido a alcançá-lo. Sem não estiver totalmente comprometido, sua probabilidade de êxito será menor. A seguir apresentamos uma série de perguntas que podem ajudá-lo a firmar esse compromisso:

1. Você compreende claramente o benefício e/ou os motivos para alcançar esse objetivo?
2. Você sabe quais são as medidas que precisará tomar para isso?
3. Você tem entusiasmo, recursos, pessoas para ajudá-lo, apoio, tempo e dinheiro necessários para isso?
4. Existe algum outro objetivo e/ou prioridade que esteja em conflito com esse objetivo?
5. Você está suficientemente firme e determinado?
6. Você tem as habilidades e/ou os conhecimentos necessários?

Transforme seu objetivo em realidade com o *Chi* Mental aplicado!

As respostas a essas perguntas determinam com que probabilidade você alcançará seu objetivo. Agora, você pode decidir o que fará em seguida: poderia ser desistir, mudar o objetivo, pedir ajuda, mudar suas prioridades, aprender novas habilidades ou começar a elaborar seu plano de ação. Se você decidir "ser levado" pelas outras pessoas, isso significa que seu objetivo é não ter controle sobre seu próprio futuro. ("Saber planejar", página 162; "Estabelecer prioridades", página 164).

Você precisará criar uma tensão estrutural ("Sobre a tensão estrutural (TE)", página 290) para alcançar seu objetivo. Pergunte a você mesmo: "Em que pé me encontro no momento?". (Digamos, em um total de 4.000 unidades, preciso vender 1.800 em cinco dias. Que medidas devo tomar para alcançar meu objetivo?) Essa atenção flexível lhe permite desenvolver o impulso psicológico para alcançar seu objetivo.

2. Saber planejar

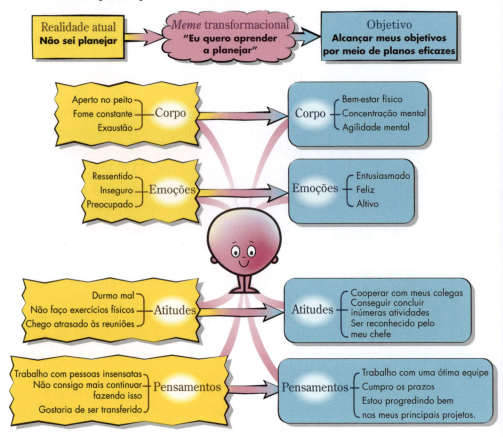

Chi Mental na prática

Depois que você se comprometer com seu objetivo, crie um plano de ação para alcançá-lo. Esse planejamento ocorre em dois níveis: no nível "mais amplo" da organização e em seus planos diários. Quanto mais detalhes esse plano tiver, maior será sua probabilidade de êxito.

1. Envolva as pessoas mais importantes no processo de planejamento. Se você se comunicar com todas as pessoas envolvidas, obterá a adesão dessas pessoas.

Objetivos **163**

2. Reserve um momento para criar ou rever seus planos em que possivelmente não seja interrompido. Pense nos fatores que talvez tenham sido omitidos e leve em conta possíveis contratempos.

Transforme seu objetivo em realidade com o *Chi* Mental aplicado!

3. Considere o "quadro global", escreva ou mapeie suas ideias em uma única folha de papel para reunir em um único lugar tudo o que você está avaliando.

4. Quando for desenvolver um plano mais detalhado, relacione cada uma das medidas em pequenas tiras de papel e organize-as em sequência. Em seguida, anote essas medidas sequencialmente ou utilize um *software* de mapeamento com recursos de planejamento de projetos e calendário para mapear seu plano.

5. Com um bom mapeamento de projeto, sua equipe se sentirá motivada a chegar lá; isso estimula a cooperação e oferece flexibilidade se houver necessidade de reagir rapidamente aos problemas.

Diariamente:

6. Planeje hoje as atividades do dia seguinte. A paraconsciência o ajudará a se organizar enquanto dorme. Mantenha ao lado da cama papel e caneta para registrar o que lhe vier à mente. O ditado **"planeje seu trabalho e trabalhe seu plano"** de fato produz resultados.

7. Mantenha a mente aberta quando identificar possíveis problemas, porque com frequência os problemas nos mostram um caminho melhor, quando nos permitimos ser criativos ("Aumentar a criatividade", página 174).

8. Recompense você mesmo (e sua equipe) quando conseguir atingir uma meta ou objetivo ao longo do processo e especialmente quando o projeto estiver concluído.

3. Estabelecer prioridades

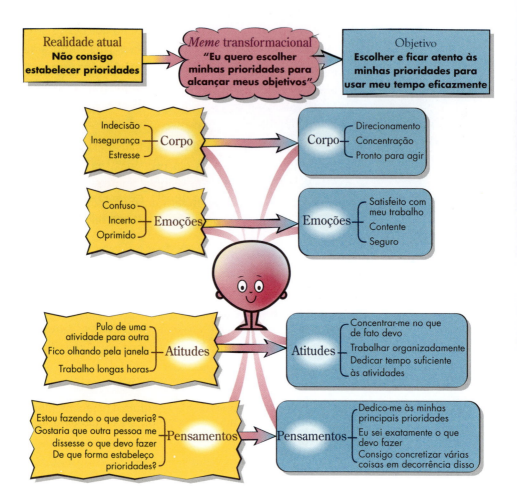

Chi Mental na prática

Você acha difícil estabelecer prioridades? Algumas sugestões:

1. Escreva cada uma das atividades pendentes em notas adesivas. Em seguida, classifique-as. Você perceberá que existe uma lógica natural nesse agrupamento ou que algumas coisas devem ser realizadas antes de outras (converse

com as outras pessoas responsáveis pela realização das demais atividades).
2. Examine então cada atividade e pense no que pode ser feito rapidamente e de uma só vez e no que deve ser realizado em várias etapas. Utilize cores para codificá-las como **"atividades rápidas"** e **"atividades longas"**. Coloque um **"R"** ou **"L"** em cada uma (ou utilize notas adesivas com cores diferentes).
3. Tente identificar quais medidas você deverá tomar para alcançar seus objetivos mais rapidamente ou o que o fará avançar. Marque-as como prioridade A, B ou C, tendo em mente o princípio de Pareto: **80% de sua eficácia provém da escolha correta de 20% de suas atividades**.
4. Analise do seu nível de energia. Em que horários do dia você está mais esperto e se sente melhor?
5. Programe os itens "A" para que ocorram nos horários em que se sente mais esperto e reúna em um mesmo grupo as "atividades rápidas" para lidar com elas nos momentos em que sentir uma queda de energia.
6. Siga sua programação! Não fique na defensiva. Tome cuidado com os fatores que roubam tempo, como *e-mails* e telefonemas. Você não precisa respondê-los imediatamente (a menos que essa seja sua função!). Procure realizar cada atividade corretamente e no tempo certo logo de início. Do contrário, quando você encontrará tempo para fazer tudo de novo?

Transforme seu objetivo em realidade com o *Chi* Mental aplicado!

Atenção – Pense bem toda vez que você não estabelecer prioridades. Enquanto você se mantém "ocupado com os afazeres do dia a dia", apenas andando de um lado para outro sem conseguir mostrar nenhum progresso em relação a isso, dez anos já terão passado voando. Se você conseguir estabelecer suas prioridades e começar a trabalhar nas coisas realmente importantes, mesmo que alguns poucos minutos por dia, ficará surpreso com a quantidade de objetivos que alcançará.

4. Saber gerenciar bem o tempo

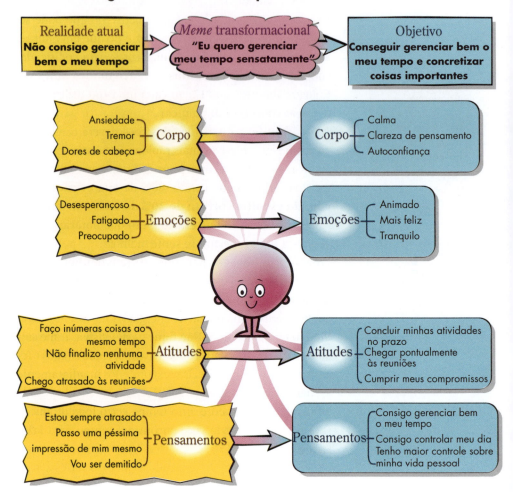

Chi Mental na prática

O tempo é mágico. Parece que podemos esticá-lo e encurtá-lo. Porém, todos nós só temos 24 horas por dia. Como você pode aproveitar ao máximo o seu tempo? Com que frequência você sente que "está no fluxo" — sentindo-se tão absorto em seu trabalho que o tempo parece não existir? Ou você se sente constantemente afobado e com o coração acelerado por estar atrasado? Para aquelas pessoas que precisam de novas soluções para gerenciar melhor seu tempo, eis um plano:

1. Mapeie todas as atividades que tem para fazer, preferivelmente no dia anterior. Trabalhe com o "florescimento" mental de todos os trabalhos e de outras atividades não relacionadas que estejam ocupando sua mente ("Florescimento", página 86). Reserve algum espaço para outras coisas que você possa vir a pensar ou ser solicitado a fazer.
2. Examine suas prioridades tendo em mente quaisquer possíveis restrições naquele dia. Você já tem alguma reunião agendada? Coloque em um mesmo grupo as atividades complementares (estabelecendo um limite de tempo) e divida os afazeres mais demorados e não tão interessantes, colocando-os entre as atividades de sua preferência (para servir como pequenas recompensas).
3. Procure identificar os momentos em que estará mais esperto e menos esperto. Você **poderia** usar os momentos em que está mais esperto para realizar os trabalhos mais difíceis. Não desperdice esse tempo com atividades desinteressantes. Nos momentos em que seu nível de energia "cair", concentre-se em coisas que o revitalizam, como conversar com pessoas ou fazer algo relativamente mecânico.
4. Priorize sem piedade. Primeiro, pense em três fatores: do que você pode se livrar, o que você pode delegar ("Saber delegar", página 170) e o que de fato você precisa fazer? Realce ou faça um "X" em tudo o que não for essencial. Em seguida, priorize suas atividades essenciais. Se surgir um imprevisto "urgente", avalie o que precisa ser deixado para trás. Você não consegue fazer tudo.
5. Procure reservar um tempo suficiente para os itens mais prioritários. Esse pequeno conselho pode fazer uma enorme diferença positiva. Reserve um período para concentrar-se em uma prioridade principal, marque esse tempo no relógio e **"entregue-se"** a essa atividade.

Transforme seu objetivo em realidade com o *Chi* Mental aplicado!

6. Pare um pouco e reflita: "Estou utilizando da melhor forma possível o momento presente?". A resposta a essa pergunta pode ajudá-lo a usar seu tempo mais produtivamente.

5.   Vencer a protelação

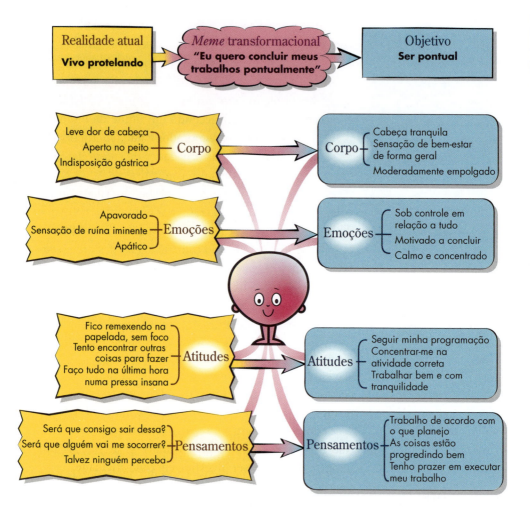

Chi Mental na prática

A **protelação** é um hábito psicológico estressante. Você sabe por experiência que deixar as coisas para a última hora significa nunca conseguir entregar seu melhor trabalho e não ter tempo hábil para lidar com problemas de última hora (página 109).

1. Se você tem consciência de que trabalha melhor sob pressão, crie um prazo imaginário com vários dias de antecedência em relação ao prazo real e programe-se para trabalhar **"freneticamente"** para isso!
2. Se for um trabalho extenso, divida-o em partes menores. Estabeleça datas realistas para cada parte e dê uma recompensa a si mesmo por cumprir pontualmente cada uma delas.
3. Utilize o termo **"metas de curto prazo"**, em vez de prazo final — assim, você ficará direcionado para o aqui e agora.
4. Simplesmente comece a agir! Mesmo se a atividade for remover alguns papéis de sua mesa ou abrir um novo arquivo no computador, **faça**. Procure criar algo para que esse trabalho se torne divertido. Sim, divertido! Isso pode ajudá-lo a manter um alto nível de motivação. É sempre mais fácil dirigir a atenção para algo que nos dê satisfação.
5. Escolha alguma coisa que você normalmente deixa para a última hora e comprometa-se a executá-la em um horário adequado.
6. O telefone não vai parar de tocar e você continuará a receber *e-mails*. Portanto, **desligue** o telefone (ou coloque-o no modo silencioso). Programe algum tempo para verificar seus *e-mails* e leve em conta possíveis interrupções.
7. Não tire os olhos do relógio. Lembre-se de que há um tempo específico a ser investido em cada atividade.
8. Siga o princípio do "bom é inimigo do ótimo" para saber em que momento deve parar, particularmente se você tem tendências perfeccionistas. Determine antecipadamente que nível de perfeição é apropriado para um determinado trabalho.

Transforme seu objetivo em realidade com o *Chi* Mental aplicado!

9. Se você sempre chega atrasado aos seus compromissos, adiante seu relógio em 5 a 10 minutos. Tenha certeza de que chegar atrasado (para um evento ou em relação a um trabalho) demonstra desrespeito pelas pessoas. Alguém será prejudicado por essa "falta de educação". Procure imaginar de que forma você se sente sendo pontual, e não afobado e estressado. Desfrute dessa sensação (consulte o exemplo testado para vencer a protelação, página 109).

6. Saber delegar

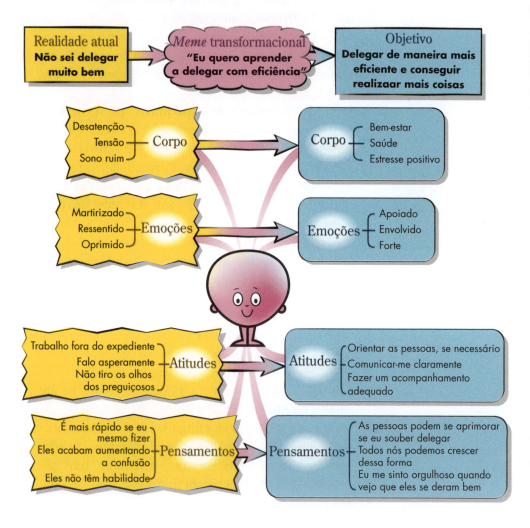

Chi Mental na prática

Delegar é uma arte. Ao delegar, talvez você fique preocupado com a possibilidade de perder o controle sobre seus trabalhos. Talvez para você seja um grande incômodo ser obrigado a ensinar alguém a realizar um determinado trabalho. Você pode ficar apreensivo com a possibilidade de outra pessoa realizar uma atividade melhor do que você ou então que ninguém mais possa realizá-lo tão bem ou tão rápido quanto você.

1. Você precisa ter certeza de que a pessoa a quem delegou um determinado trabalho tem as habilidades necessárias para tanto.
2. Seja claro a respeito da natureza real do trabalho que você está delegando: suas expectativas, as restrições do trabalho e o prazo de entrega.
3. Confirme se você de fato foi compreendido, fazendo uma pergunta aberta. ("Você poderia me dizer o que você de fato deve fazer?", e não "Você compreendeu o que você deve fazer?")
4. No princípio, acompanhe mais de perto, para ter certeza de que a pessoa a quem delegou uma determinada atividade começou na direção certa. Diminua a frequência à medida que perceber que ela está ganhando confiança (e que você também está mais confiante!).
5. Elogie a pessoa por estar concluindo as etapas do trabalho e recompense-a quando concluir todo o trabalho.
6. Se perceber alguma coisa errada, tome alguma providência rapidamente. Pergunte a opinião da pessoa sobre a situação e o que ela está pensando em fazer a respeito. (**Não** se atropele pegando o trabalho de volta. Limite-se a ajudá-la a corrigir o problema.)
7. Se essa pessoa disser que não tem aptidão para fazer uma determinada coisa — outra maneira de dizer "Não quero fazer tal coisa", não morda a isca. Pergunte quais ferramentas ou habilidades ela precisa para realizar o trabalho.

Transforme seu objetivo em realidade com o *Chi* Mental aplicado!

8. 8. Delegar não significa abdicar-se de uma responsabilidade. Portanto, mantenha contato e lembre-se de que tal atividade faz parte do seu trabalho e de que você continua sendo o principal responsável.
9. 9. Lembre-se de que, se delegar uma atividade a alguém que exija determinadas responsabilidades, essa pessoa também deve ter autoridade adequada para conseguir realizá-lo. Uma coisa anda de mãos dadas com a outra.

10 Habilidades

Visão geral

7. Aumentar a criatividade
8. Gerenciar mudanças
9. Realizar reuniões produtivas
10. Desenvolver equipes positivas
11. Desenvolver habilidades de aconselhamento *(coaching)*

7. Aumentar a criatividade

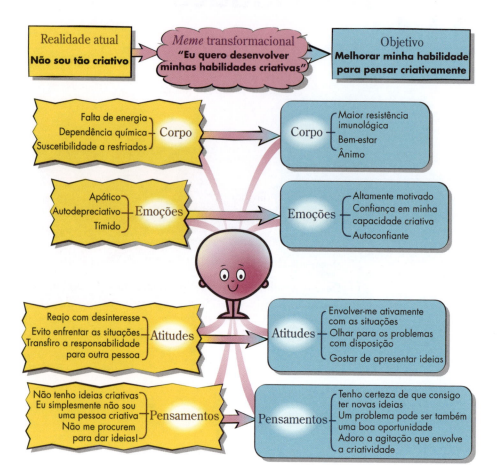

Chi Mental na Prática

Responda a quatro perguntas:

1. **Em uma escala de 0-100, o quanto você acredita ser criativo?** (0 = nem um pouco; 100 = extremamente criativo). Anote esse número. Voltaremos a ele posteriormente.
2. **Você restringe mentalmente o que poderia ser possível?** Se um bebê vê uma caneta, ele utiliza todos os sentidos (paladar, percepção de forma, textura, som). Os adultos simplesmente costumam pensar na "caneta" como algo que serve para escrever. Esses comportamentos são em sua maioria apropriados às situações, exceto quando o assunto é pensar com criatividade. Nesse caso, nossa mente precisa estar aberta às possibilidades, como a mente de um bebê.
3. **Em sua opinião, que relação existe entre a quantidade e a qualidade das ideias?** A maioria das pessoas supõe que, se a quantidade de ideias aumentar, a qualidade diminuirá. Procuramos uma ideia, avaliamos e às vezes sem mais nem menos a rejeitamos. Essa postura extirpa o pensamento criativo porque impõe uma avaliação muito precipitada. A realidade é que, quando a quantidade aumenta, a qualidade **como um todo** aumenta. O que isso significa? Embora uma ideia sozinha talvez não tenha valor, parte de uma ideia pode estar relacionada a uma parte de outra ideia. *Voilà*, eis que obtemos um resultado surpreendente!

Transforme seu objetivo em realidade com o *Chi* Mental aplicado!

4. **Onde você costuma ter suas melhores ideias?** As respostas variam: relaxando na banheira, tomando banho, pegando no sono, no jardim, correndo, caminhando, andando de metrô (ou sentado na privada!). Ainda não ouvimos ninguém responder que estava "sentado à sua mesa de trabalho!", embora essa seja a circunstância em que mais precisamos de ideias.

Para desenvolver essa habilidade tão essencial que é ter **"criatividade na hora em que precisamos dela"**:

- Acredite que você é capaz de ter ideias criativas! Aumente a pontuação que você atribuiu à sua criatividade (no item 1 acima), porque isso influi na forma como você reagirá a isso.
- Teste os limites de sua criatividade. Ponha em xeque pensamentos e convicções que talvez influenciem e sufoquem sua criatividade.
- Registre seus pensamentos criativos sempre e onde quer que eles surjam, utilizando caneta e papel, o telefone, o computador ou um caderno de "ideias" especiais.

8. Gerenciar mudanças

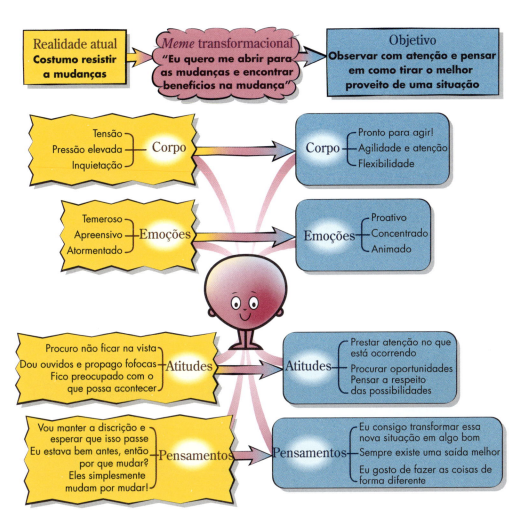

Chi Mental na prática

Resistir às mudanças que ocorrem na vida é algo um tanto quanto difícil. **A mudança é inevitável**. Ela ocorre constantemente. Você consegue imaginar a mudança como energia? A mudança é como a água. Invariavelmente, ela pode assumir diferentes formas e ainda assim continuar sendo água. Pode se tornar gelo ou vapor, mas sua forma molecular permanece a mesma. Os passos a seguir podem ajudá-lo. Portanto, em vez de sentir o que essa mudança está produzindo especificamente em você, você mudará o foco para o aspecto que lhe compete nessa mudança:

1. Logo no primeiro instante em que uma mudança nos atinge, tendemos a experimentar alguns momentos "cambaleantes". Pense em um joão-bobo, aquele brinquedo que tem uma base arredondada e um peso. Mesmo quando você o empurra, ele sempre volta para a posição central. Somos como um desses brinquedos. Temos um ponto de equilíbrio emocional e podemos voltar a tê-lo naturalmente.
2. Quando você enfrenta a mudança e começa a sentir certo entusiasmo, percebe o que deve fazer e em que sentido pode dirigir a parte que lhe compete. Você começa então a assumir as rédeas.
3. Quando você "saca" o que está ocorrendo, provavelmente é capaz de enxergar as vantagens da mudança. Utilize todo o potencial da situação e observe se você pode começar a imprimir suavemente a sua marca.
4. Pare, pense e pergunte. Dê tempo a si mesmo para analisar completamente as situações. Outras pessoas estão envolvidas? Antes de ficar preocupado, obtenha as informações apropriadas. Com isso, você conseguirá fazer opções fundamentadas.
5. Pense sobre as consequências de lidar de diversas maneiras com uma situação. Reflita: "O que você perderá?" e "O que você ganhará?". "Que influência essa opção pode ter sobre sua vida profissional?" E, mais importante, "Qual o motivo dessa opção?".

Transforme seu objetivo em realidade com o *Chi* Mental aplicado!

6. A aprendizagem contínua é forma de nos prepararmos para as mudanças. Em algum lugar alguém provavelmente lidou bem com a mesma situação. Mesmo as circunstâncias aparentemente mais devastadoras trazem em si a semente de um novo começo e benefício.
7. Tente perceber claramente quais são seus valores. Seus princípios orientarão seus atos.

9. Realizar reuniões produtivas

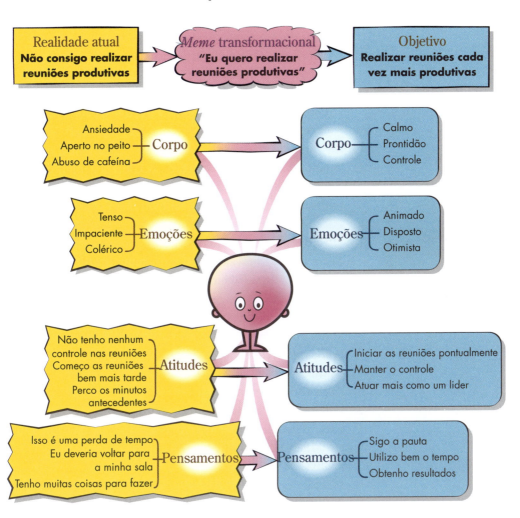

Chi Mental na prática

As reuniões malconduzidas roubam tempo e desestimulam os participantes. Participar de uma reunião entediante e sem um rumo definido pode deixá-lo esgotado pelo resto do dia. Entretanto, as reuniões com propósito estimulam toda a equipe e impulsionam os projetos. Para ajudá-lo a preparar antecipadamente e a manter o foco de uma reunião, apresentamos quatro ideias fundamentais para você organizar seus pensamentos, estimular as pessoas a ouvir com atenção e tornar suas reuniões mais produtivas:

1. Defina antecipadamente os resultados que deseja obter. Por que você está realizando determinada reunião? Essa pergunta pode ajudá-lo impedir que a reunião desvie-se de seu propósito. O que precisa ser feito antes, depois e por quem? Se você for a pessoa que conduzirá a reunião, programe-se para **concluí-la em 50 minutos**. **Isso é possível!**
2. Nas reuniões mais longas, programe intervalos a cada 45 ou 50 minutos. O cérebro só consegue manter-se concentrado durante esse tempo. Depois disso, o cérebro se dispersa, havendo perda de interesse e concentração ("Fazer Pequenas Pausas", página 256). As reuniões que ultrapassam esse limite ficam menos produtivas e mais cansativas. O intervalo pode ser de 5 minutos (não permita que as pessoas voltem a trabalhar e fujam da reunião!). Depois disso, você pode continuar. Se você achar que sua reunião durará mais de uma hora, providencie **água e alguns petiscos leves**, para manter o nível de energia do grupo. Após o intervalo, faça uma rápida recapitulação do ponto em que parou e do que ainda será discutido.
3. Ouça com interesse. Essa é uma das habilidades mais importantes na vida. Anote os pontos principais. As pessoas falam em "tempo real" e assim que as palavras são proferidas elas podem se perder ("Ouvir com Atenção", página 206). Utilize o recurso de "mapeamento" ("Mapas Mentais", página 83) para ajudar a direcionar o que está sendo dito. Se houver algo ambíguo, peça esclarecimentos ou procure esclarecer.

Transforme seu objetivo em realidade com o *Chi* Mental aplicado!

4. Ouvindo com atenção e utilizando o mapeamento, você conseguirá ter um resumo compacto do que foi discutido. Utilize o mapa para criar atas e um plano de ação que estabeleça responsabilidades e datas (quem precisa fazer o que e quando). Isso ajuda na responsabilização. Utilize esses mapas na reunião seguinte para se lembrar mais claramente do que foi coberto na reunião anterior e para averiguar se as pessoas fizeram mesmo o que deveriam!

10. Desenvolver equipes positivas

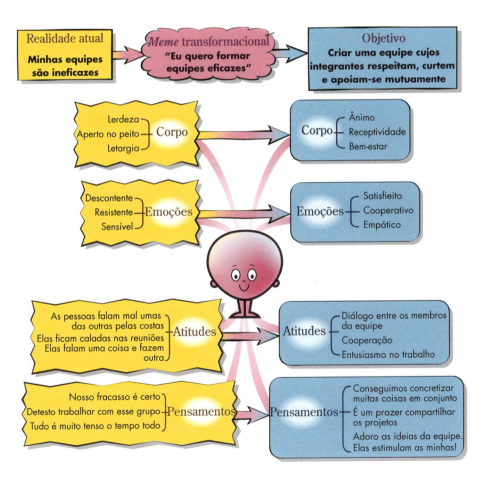

Chi Mental na prática

Quando uma equipe **trabalha em conjunto**, os resultados são extraordinários e valem esse esforço. Quando uma equipe não funciona, todos os integrantes sofrem. Apresentamos a seguir algumas considerações, relacionadas particularmente com o momento em que estamos formando uma nova equipe:

1. Toda equipe precisa saber com clareza por que foi formada, o que ela deve alcançar e quando.
2. Todos os integrantes da equipe têm uma função. Procure esclarecer as responsabilidades de todos, para evitar mal-entendidos e retrabalho.
3. Uma equipe bem equilibrada compreenderá (ou deverá compreender) diferentes habilidades e tipos de pessoa. Normalmente, haverá um visionário — uma pessoa que enxerga a realidade mais ampla e segue essa direção; um administrador, que elaborará as atas e os relatórios; um analisador, que preverá possíveis problemas e, com sorte, suas soluções; o sinergizador, que procura manter a união entre todos e estimular a contribuição de todos; e o acionador, aquele que deseja apenas dar a partida e fazer o bonde andar — somente para garantir que a equipe está seguindo a direção correta!
4. Se for um projeto de longo prazo, procure estabelecer várias metas de curto prazo para que a equipe celebre sua concretização no decorrer do processo e que os créditos sejam compartilhados. Fale sobre o êxito da equipe. Utilize um processo de gerenciamento de projetos para acompanhar o respectivo andamento e identificar possíveis problemas com antecedência.
5. Quando um grupo está trabalhando intimamente em um projeto, é fácil haver mal-entendidos. De tempos em tempos, crie um mapa de "Florescimento" ("Florescimento", página 86) para que todos fiquem em sintonia e falem a mesma língua. (Isso é particularmente importante quando trabalhamos com equipes virtuais ou com autônomos.)

Transforme seu objetivo em realidade com o *Chi* Mental aplicado!

6. Deixe claro para todos os membros que **"eles estão na mesma equipe"**, caso determinadas pessoas precisem ser lembradas disso.
7. Se a negatividade da equipe for muito grande ou se ela estiver improdutiva, interrompa as atividades e comece novamente — não faz sentido prosseguir dessa forma.

11. Desenvolver habilidades de aconselhamento (*coaching*)

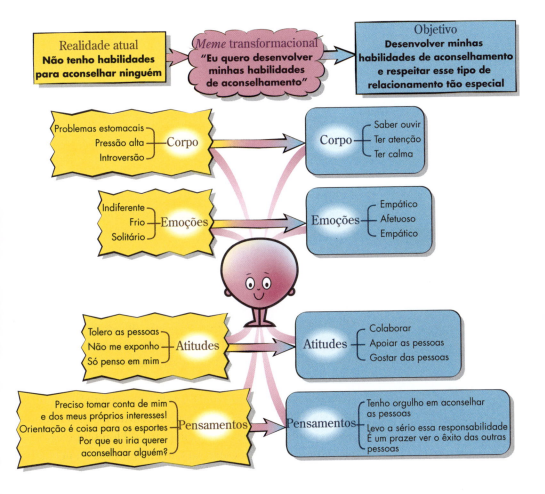

Chi Mental na prática

O **aconselhamento** (*coaching*) na área de negócios é um conceito relativamente novo que está se tornando bastante popular. O aconselhamento é diferente tanto da orientação psicológica quanto da mentoria porque está direcionado a problemas e sentimentos pessoais e pode exigir a investigação de acontecimentos passados para obter esclarecimentos e a mentoria normalmente é realizada por uma pessoa em um cargo e com tempo de serviço superior, que carrega os mais novos "sob suas asas" e os aconselha. O aconselhador ou *coach* do mundo dos negócios é semelhante ao treinador na área de esportes: ele não toca na bola nem nada na piscina, mas canaliza o treinamento do atleta para maximizar sua capacidade.

1. O aconselhamento é um processo colaborativo em que a função do aconselhador e a função do "aconselhado" são claramente definidas. A responsabilidade do aconselhador é manter o foco da conversa sobre um objetivo ou meta nitidamente definido, facilitar o raciocínio dos aconselhados, acompanhar o progresso dessas pessoas e oferecer opiniões construtivas; a responsabilidade do aconselhado é gerar ideias e opções, agir em direção à meta ou ao objetivo e oferecer informações sobre seu próprio progresso.

2. O aconselhamento é uma "conversa voltada para uma meta ou objetivo". O aconselhado estabelece para si uma meta/objetivo (mesmo se essa meta proceder de um problema) que atende a todos os critérios ESMART: **e**specífico, **m**ensurável, **a**lcançável, **r**ealista e com **t**empo determinado. O aconselhador age o mais rápido possível para ajudar o "aconselhado" a examinar as soluções possíveis e identificar de que forma elas podem ser viabilizadas.

3. O aconselhador deve mais ouvir do que falar. Sua função **não** é oferecer conselhos, mas ajudar o aconselhado a descobrir suas próprias soluções. Ele precisa observar a

Transforme seu objetivo em realidade com o *Chi Mental* aplicado!

linguagem corporal, as expressões faciais, as palavras e o tom (e refleti-los/espelhá-los).
4. O *feedback* observacional é indispensável. Não faça afirmações que encerrem julgamentos porque elas não são suficientemente específicas. Faça perguntas do tipo: "Qual foi sua resposta/reação?", "O que mais poderia ter acontecido?". Demonstre empatia ou "sinta" o que o outro está passando e faça perguntas que promovam descobertas pessoais.
5. Siga em frente e avalie. O objetivo (meta) foi atingido (a)? O que o aconselhado aprendeu com a experiência? O que ocorrerá depois? Celebre as iniciativas tomadas e o sucesso alcançado.

11 Vendas

Visão geral

12. Saber fazer prospecção
13. Lidar com a rejeição
14. Concretizar vendas
15. Superar a concorrência

12. Saber fazer prospecção

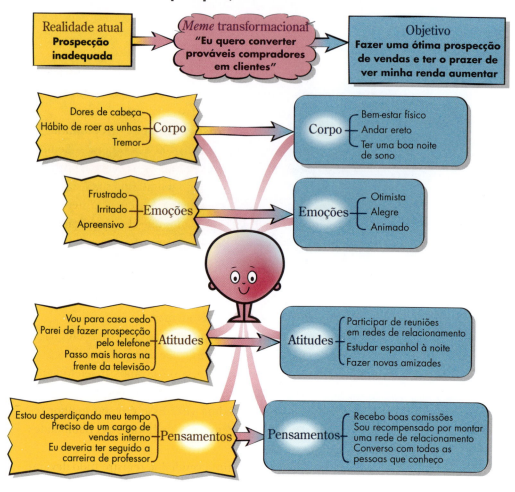

Chi Mental na prática

Apresentamos a seguir algumas dicas que você deve levar em conta:

1. A **prospecção** por telefone é a forma mais **produtiva** de aumentar o volume de vendas. As despesas diretas são mínimas e você pode fazer isso em qualquer lugar.
2. Tenha uma lista **de prospecção bem direcionada**. Se necessário, compre uma com 400 a 500 nomes. Sempre peça a algum cliente fiel pra indicar o nome de possíveis clientes para você continuar aumentando sua lista.
3. Ligue para todos os nomes de sua lista em um intervalo de quatro a oito semanas (a menos que eles lhe peçam para parar!). Dê continuidade à conversa. Se apropriado, marque uma visita. Se esse possível cliente responder **"não"** ou disse que não está interessado, agradeça a atenção e siga em frente. Seu tempo é dinheiro e você deve seguir adiante e fazer outros telefonemas.
4. Programe as sessões de prospecção para duas ou quatro horas diárias, com 10 minutos de intervalo por hora.
5. Grave a conversa para analisá-la após o telefonema. Você pareceu autêntico e simpático? O que você faria de diferente na próxima vez? Esse é o seu melhor recurso de aprendizagem para melhorar suas habilidades de prospecção.
6. Para se tornar um ótimo vendedor, registre tudo devidamente. Você poderá rever e aprender com isso, poupará tempo porque evitará a repetição de erros e se lembrará mais facilmente do que funciona melhor para você.
7. A prospecção é na verdade um "jogo de números". Os números mais importantes são suas "ligações por hora" e a relação entre "propostas feitas e números discados". À medida que melhorar suas habilidades, conseguirá aumentar a quantidade de visitas por chamada.
8. Peça três minutos do tempo da pessoa. Os clientes em perspectiva costumam ficar curiosos. Faça então uma rá-

Transforme seu objetivo em realidade com o *Chi* Mental aplicado!

pida apresentação de 2,5 minutos. Depois disso, o cliente pode ou não querer mais informações. Assim, essa rápida abordagem poupará tempo de ambos!

13. Lidar com a rejeição

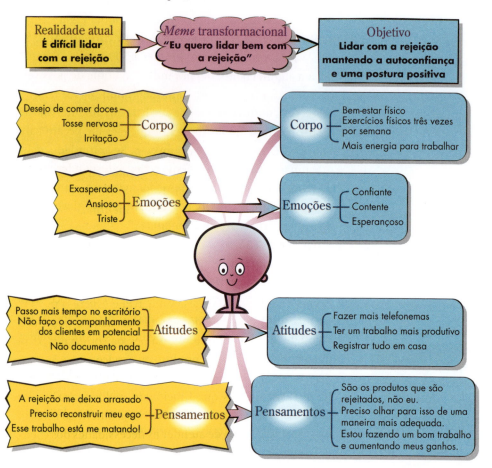

Chi Mental na prática

Por que é tão difícil aceitar um **"não"**? Provavelmente esse é o principal motivo que leva as pessoas a abandonar a área de vendas algumas semanas depois de iniciar sua carreira. Muitos vendedores consideram o "não" uma rejeição pessoal, e isso influi negativamente em sua autoestima.

Muitos são os motivos que levam um cliente em potencial a dizer não e a não querer uma visita. Por exemplo: o preço, o momento ou o fato de estar satisfeito com o atual fornecedor. Apresentamos algumas dicas para lidar com rejeição em vendas:

1. Identifique o motivo real da objeção. Pergunte a um possível cliente se o motivo de sua recusa tem a ver com algo que você deixou de abordar. Espere a resposta da outra pessoa. Com frequência é possível identificar o motivo real da objeção.
2. Não leve o "não" para o lado pessoal. Lembre-se de que provavelmente é o produto, o serviço ou o momento que está sendo recusado, e não você!!!
3. Comece uma conversa, seja amigável e espere o melhor. Se receber um "não", dê a volta por cima e peça uma recomendação. Pergunte se essa pessoa conhece alguém que poderia utilizar seu produto ou serviço.
4. Seja criativo e utilize diferentes estilos de abordagem. Identifique aqueles que funcionam melhor para você e com os quais se sente confortável. Seja autêntico consigo mesmo e seu desejo de atender às necessidades dos clientes com seu produto ou serviço.
5. Anote suas chamadas telefônicas independentemente do resultado. Assim, você pode gerar uma extensa lista de contatos e várias informações e depois revê-las para continuar aprendendo com elas. Como você lidou com a rejeição? Quais estratégias de enfrentamento você pode

Transforme seu objetivo em realidade com o *Chi* Mental aplicado!

utilizar no futuro? Existe alguma resposta que desencadeia esse sentimento em você?
6. Não leve tudo tão a sério. Relaxe e aproveite!

14. Concretizar vendas

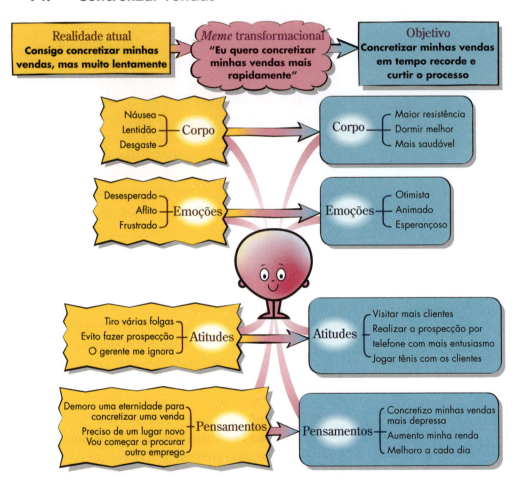

Chi Mental na prática

Apresentamos a seguir algumas dicas para ajudá-lo a concretizar suas vendas (mais rápido!):

1. Lembre-se de que seus clientes em potencial têm uma forma predileta de se comunicar. Eles gostam mais de contato visual, auditivo ou cinestésico (físico)? Forneça informações da maneira mais adequada para captar a atenção deles? Se não tiver certeza, utilize várias abordagens e também uma visão que parta do "geral" para o particular e vice-versa.
2. Nos últimos quatro passos*, que é a distância real ou uma distância figurativa que separa você e o cliente, todos os momentos contam. Você já deixou de comprar alguma coisa que de fato queria porque teve uma interação negativa com o vendedor (ou o processo, se for *on-line*)? Trate seus clientes em potencial como gostaria de ser tratado.
3. Mantenha contato regular com seus clientes em potencial. Eles podem mudar. Novos tomadores de decisões surgem. Eles podem contratar outros fornecedores. Isso é particularmente importante quando estamos vendendo para um comitê de compradores.
4. Mantenha-se informado por meio dos noticiários e de revistas setoriais, para ver se alguma notícia pode afetar seu cliente em potencial. Mantenha-se em primeiro plano na mente dos clientes enviando algum artigo ou *links* de interesse sobre seus produtos ou serviços.
5. Mantenha-se informado sobre a concorrência. Seus clientes em potencial estão satisfeitos com os produtos e/ou serviços de seus concorrentes? Se não, por que não? Essa seria uma oportunidade para você?

---

* Em referência aos últimos quatro passos de um cliente em direção ao caixa (ou finalização de compras *on-line*). Essa é a parte mais importante do processo, porque um cliente pode desistir da compra nesse momento. (N. da T.)

> Transforme seu objetivo em realidade com o *Chi* Mental aplicado!

6. Faça a venda avançar. Sua responsabilidade é manter contato. O que você precisa fazer em seguida? Enviar amostras, testemunhos ou alguma pesquisa? Examinar as especificações? Sempre tenha alguma coisa para devolver para seu cliente em potencial e perguntar de uma maneira clara e direta se ele fechará o pedido.
7. **Seja criativo**. Imagine novas maneiras de ganhar a atenção de seu cliente e vender seus produtos ou serviços. Tenha prazer em fazer isso. Procure ser notado — assim você será lembrado.

15. Superar a concorrência

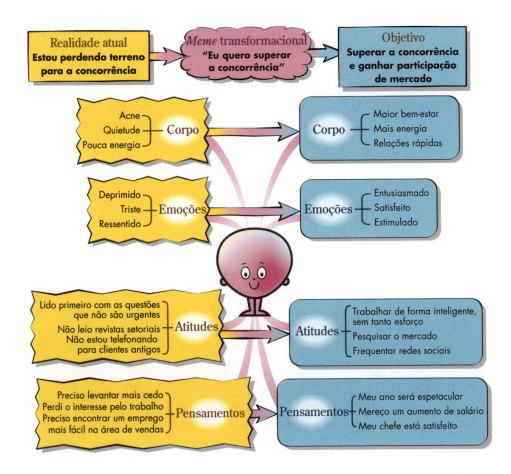

Chi Mental na prática

Hoje a **concorrência** entre empresas semelhantes é cada vez maior. Você precisa utilizar a criatividade par encontrar formas novas e interessantes para atender às necessidades cada vez mais mutáveis de seus clientes e igualmente enxergar janelas de oportunidade. Inúmeras empresas foram obrigadas a se transformar porque seus produtos ou serviços originais não eram mais necessários. Obviamente, isso significa que sua empresa o manterá à frente da concorrência. Veja algumas ideias:

1. Lembre-se dos princípios básicos: conhecer os concorrentes, encontrá-los nas feiras comerciais e elaborar planilhas sobre fatos e números da concorrência em relação aos seus. Faça o que deve fazer. Não há nada melhor do que ter todas as informações pertinentes para tomar as melhores decisões que puder. A *Web* é um recurso extremamente eficaz nesse sentido.
2. Procure janelas de oportunidade nas (possíveis) notícias "**ruins**". Por exemplo, em um período de recessão econômica as pessoas talvez prefiram consertar um determinado aparelho ou equipamento a comprar um novo. Nesse caso, novas oficinas ou lojas de assistência técnica são abertas.
3. Promova uma reunião para obter novas idéias (*brainstorming*) uma vez ao ano: faça de conta que sua empresa/área de negócios/departamento não exista e avalie o que seria necessário para criá-la no mercado atual.
4. Utilize sua **intuição**. Talvez você perceba que precisa tomar uma decisão não muito óbvia em seu campo de visão. Talvez valha a pena assumir alguns "riscos" bem calculados tendo em vista a recompensa que isso pode gerar.
5. Aprenda com o que há de melhor. Examine os modelos que tiveram êxito ou peça a opinião de seus melhores clientes e depois incorpore as estratégias apropriadas.

Transforme seu objetivo em realidade com o *Chi* Mental aplicado!

12 Comunicação

Visão geral

16. Saber oferecer *feedback* (dar opiniões)
17. Aceitar críticas
18. Saber negociar e entrar em entendimento
19. Esclarecer mal-entendidos
20. Ouvir com atenção
21. Fazer boas apresentações orais

16. Saber oferecer *feedback* (dar opiniões)

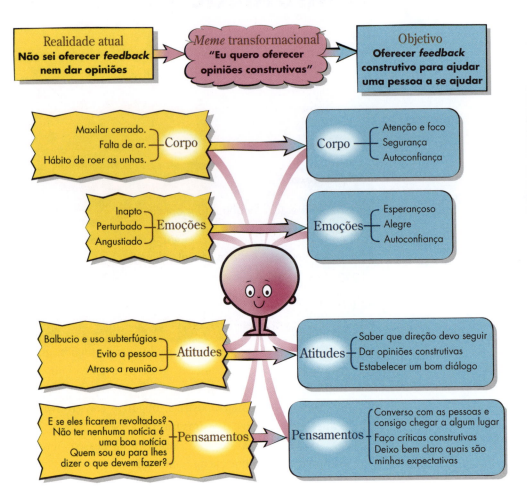

Chi Mental na prática

Oferecer *feedback* positivo raras vezes é um problema, mas o contrário é mais difícil. O *feedback* negativo tende a despertar defesas em quem o recebe, porque a pessoa pode se sentir **"punida"**. Apresentamos a seguir algumas questões que você deve considerar ao oferecer *feedback*, para torná-lo o máximo possível positivo e construtivo:

1. Combine com a pessoa envolvida o horário em que ela prefere receber seu *feedback*, um momento em que ela esteja mais propensa e aberta a discussões.
2. Escolha um local em que você possa compartilhar suas informações a sós e comodamente.
3. Prepare seu *feedback* com cuidado. Tenha em mãos a documentação necessária e exemplos específicos.
4. Ouça com atenção, peça esclarecimentos e explique as principais questões para ter certeza de que você ouviu e compreendeu corretamente ("Ouvir com Atenção", página 206).
5. Trabalhe com as pessoas para buscar soluções que sejam factíveis para elas ou ajude-as a conseguir as habilidades necessárias.
6. Oriente-as de maneira positiva, objetiva, construtiva e realista em relação a posturas futuras.
7. Observe a situação do ponto de vista da pessoa. Tente compreender por que ela age como tal.
8. Lembre-se de que faz parte da natureza humana atribuir um peso maior ao *feedback* negativo. Você pode dizer quatro pontos positivos e um negativo, mas o ponto do qual a pessoa se lembrará será o negativo. Portanto, tanto quanto possível, apresente seu *feedback* negativo de uma maneira positiva. Comece e termine a conversa com algo positivo ("Sobre os Intensificadores Naturais da Memória)", página 296).

> Transforme seu objetivo em realidade com o *Chi* Mental aplicado!

17. Aceitar críticas

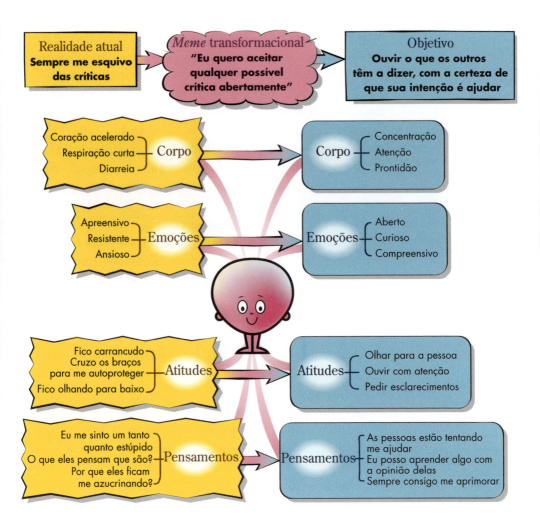

Chi Mental na prática

Pense na **crítica como algo construtivo**, independentemente da forma como ela for apresentada, porque ela lhe diz alguma coisa sobre você e também sobre a pessoa que o está criticando. De certa maneira, essa pessoa está dizendo o que ela considera verdade ou o alertando sobre as consequência de algum comportamento seu. Essa crítica não está relacionada necessariamente com um "defeito". Assim que você compreender isso, você e essa pessoa poderão chegar a algum lugar. Apresentamos a seguir algumas sugestões que podem ajudá-lo a ampliar sua visão com relação a receber e aceitar críticas:

1. Aceite **acriticamente** as observações que a outra pessoa fizer. Essa é a opinião dela e ela está compartilhando seu ponto de vista com você. Você não precisa responder nem mudar. Basta compreender que é assim que a pessoa se sente. Essa é a verdade dela.
2. Procure compreender por que a pessoa está opinando sobre você. Se apropriado, peça esclarecimentos. Isso pode ajudá-lo a se manter neutro e aberto ao que ela diz. Se ela estiver fazendo um juízo de valor mais geral, peça exemplos de comportamentos específicos — "Sua falta de organização está atrapalhando. Sua mesa de trabalho está tão desarrumada que fico constrangido de convidar os clientes para vir nos visitar. Acho que isso passa uma impressão de que não somos profissionais". Esse exemplo esclarece a natureza exata do problema em questão ("Ouvir com Atenção", página 206).
3. Pergunte se a pessoa tem alguma sugestão para lhe dar. Pode ser que ela tenha uma boa sugestão.
4. Pense antes de responder e reagir. Considere calmamente o que a pessoa disse e o mérito que você dá a isso.
5. Concentre-se nos fatos, não nos sentimentos. Todos nós podemos melhorar, aumentar nossa sensibilidade e crescer.

> Transforme seu objetivo em realidade com o *Chi* Mental aplicado!

6. Lembre-se de que o fato de aceitar uma crítica não significa que você deva se guiar por ela. Pondere sobre a questão e os motivos da pessoa que o criticou e depois decida se você deseja mudar seu comportamento.
7. A mudança deve ser uma opção sua, e não uma imposição.

18. Saber negociar e entrar em entendimento

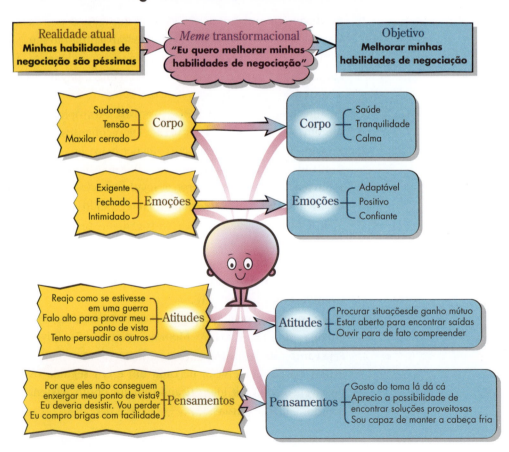

Chi Mental na prática

A **negociação** é uma habilidade que utilizamos todos os dias — não apenas em negociações formais, mas em nossas conversas, em trabalhos de equipe, com nossos colegas de trabalho e particularmente em casa! Para chegar a um entendimento, precisamos descobrir o que a outra pessoa deseja, expressar o que queremos e construir um acordo amigável. Apresentamos a seguir alguns passos favoráveis a negociações formais ou informais:

1. Tenha claro o que você (ou a empresa que você representa) deseja e determine com antecedência quais serão suas condições e acordos. Faça o mesmo em relação à outra pessoa/empresa para descobrir quais são as possíveis áreas de tensão e preocupação. Se viável, tente identificar o estilo de comunicação dessa pessoa: se ela gosta mais de contato visual, auditivo ou sinestésico (físico) ; ela tende a olhar primeiro para a realidade mais ampla para depois se concentrar nos detalhes ou vice-versa? Espelhe o estilo de comunicação preferido dessa pessoa.
2. Procure um lugar neutro e acolhedor para conversar. Confirme se você e a outra pessoa de fato sabem o que estão buscando e qual o acordo desejado em relação a esse objetivo ou direção. Mantenha o corpo relaxado e a mente aberta para encontrar soluções e trabalhar em conjunto nesse sentido.
3. Tenha confiança de que você sempre encontrará uma solução criativa para melhorar a situação ("Aumentar a Criatividade", página 174).
4. Utilize o recurso de mapeamento para identificar os principais problemas ("Mapas Mentais", página 83). Talvez seja vantajoso para ambos primeiro mapear os problemas atuais do ponto de vista de cada um e em seguida os possíveis resultados, identificando em que ponto existem acordos e bases mútuas.

> Transforme seu objetivo em realidade com o *Chi Mental* aplicado!

5. Assim que finalizar os "mapas", faça um intervalo e discuta-os um por um. Você ficará surpreso com a possibilidade de corrigir facilmente um mal-entendido ou de utilizar a flexibilidade para encontrar uma solução.
6. O mapa exterioriza o problema e torna-se um ponto de partida para que ambas as partes busquem soluções. O objetivo não é saber quem está certo e quem está errado. Nessa circunstância é possível encontrar soluções criativas capazes de melhorar a situação atual.

19. Esclarecer mal-entendidos

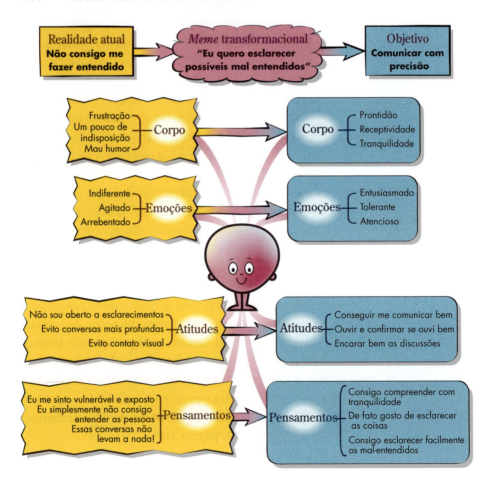

Chi Mental na prática

Grande parte de nossa linguagem está fundamentada em interpretações abstratas. O significado é extraído com base na definição de cada palavra, na interpretação dessa definição e na relevância da palavra para a nossa vida naquele momento. Quando temos certeza de que nossa comunicação não está sendo eficaz, isso significa que existem mal-entendidos. Isso pode ocorrer ao longo de negociações importantes ("Saber Negociar e Entrar em Entendimento", página 202) ou quando fazemos suposições sobre as pessoas que conhecemos hoje ou tempos atrás. Os mal-entendidos desperdiçam tempo e energia e minam os relacionamentos profissionais. Você pode utilizar os mapas de "florescimento" para desfazer vantajosamente possíveis mal-entendidos ("Florescimento", página 86):

1. Se você achar que existe algum benefício em esclarecer algum aspecto de uma conversa, é aconselhável que ambas as partes elaborem um mapa de "florescimento" sobre o assunto ou a palavra que está provocando o desacordo ("Florescimento", página 86).
2. Determine que palavra ou tópico deve ser colocado como ponto central. Elabore alguns mapas rápidos e distintos em torno da palavra ou do tópico. Por enquanto, não os compartilhe nem mostre à outra pessoa.
3. Assim que concluí-los (depois de alguns minutos), ambos devem compartilhar suas palavras — um de cada vez. Observe as palavras com as quais ambos concordam e em que ponto existe uma ligeira diferença de opinião ou grande divergência. Discuta qualquer questão sobre a qual vocês estejam incertos. Lembre-se de que o objetivo não é saber quem está **"certo"** ou **"errado"**, mas trabalhar em conjunto para compreender quais são os pontos de convergência ("Exemplo de Mapa de 'Florescimento' sobre o Tema Apoio", página 210).

Transforme seu objetivo em realidade com o *Chi* Mental aplicado!

Um dos benefícios desse processo é que ele **"despersonaliza"** a situação. Desse modo, é possível conversar sobre as questões mais delicadas e chegar a um acordo e entendimento. É uma tarefa bastante simples, mas os resultados são significativos. Utilize esse recurso sempre que você sentir que sua comunicação não está tão clara quanto deseja. É uma maneira construtiva de conhecer a maneira de pensar de seus colegas e o motivo de suas respostas, bem como de construir relações profissionais e pessoais. No final deste capítulo, apresentamos um exemplo de mapa de "florescimento" sobre apoio.

20. Ouvir com atenção

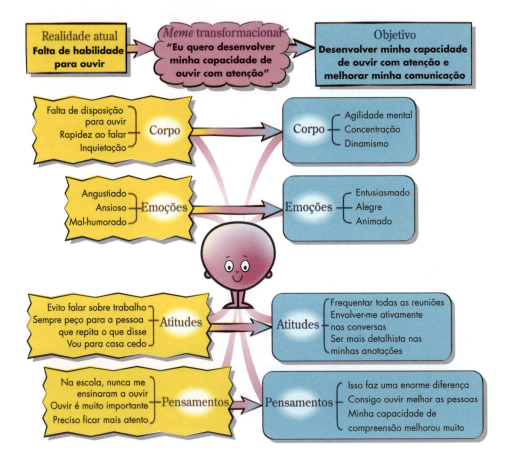

Chi Mental na prática

Em uma conversa, **ouvir plenamente** o que o outro está dizendo é o melhor presente que se pode dar a alguém e isso exige habilidade. Infelizmente, poucas pessoas aprenderam a ouvir com atenção. Parte da dificuldade é que o ato de ouvir ocorre em tempo real e não existe nada impresso para confirmar depois (a menos que a conversa seja gravada!):

1. Dirija sua atenção para a pessoa que está falando, e não para a resposta que pretende dar nem para outras distrações. Observe as expressões faciais. As pessoas que sentem que estão sendo ouvidas apreciam mais o diálogo.
2. Observe as expressões faciais, o tom da voz e a postura. Se as palavras proferidas estiverem transmitindo uma mensagem que conflita com a linguagem corporal (por exemplo, palavras de entusiasmo, mas um tom enfadonho e braços cruzados), procure indagar no momento em que for sua vez de falar.
3. Confirme o que foi dito para ter certeza de que compreendeu. Utilize suas próprias palavras. Isso não significa que você concorde, apenas que quer ter certeza do significado.
4. Se a pessoa estiver sendo emocional, é fundamental ouvi-la objetivamente. Nessa circunstância, é ideal utilizar um mapa de "florescimento" para esclarecer palavras abstratas e extremamente emotivas.
5. Depois de ouvir atentamente, é sua vez de falar. Se precisar de tempo para refletir, é aconselhável pedir tempo para pensar antes de responder.
6. Identifique as principais opiniões que estão sendo dadas. Para memorizá-las, faça um mapeamento ou anote-as. No momento de recapitular esses pontos-chave, essas anotações ajudam. Além disso, você afasta suas emoções da discussão enquanto está ouvindo. Peça esclarecimentos quando tiver dúvida.

7. Talvez você ache que não tem tempo para ouvir. Entretanto, pense nisso como um investimento de longo prazo, porque essa habilidade aumenta sua capacidade de entendimento, constrói relacionamentos e ajuda a evitar a perda de tempo com mal-entendidos.

21. Fazer boas apresentações orais

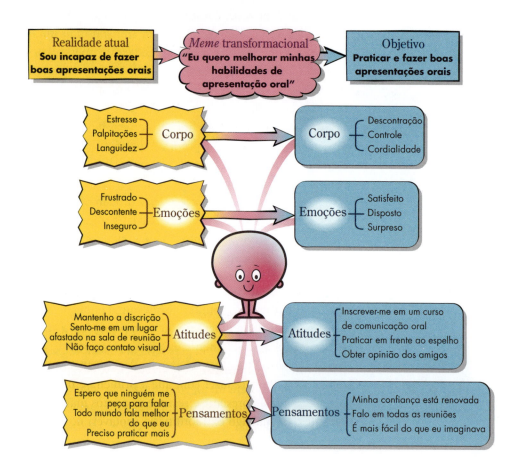

Chi Mental na prática

Saber fazer uma boa apresentação é uma habilidade profissional importante. Como você pode aprimorá-la? Duas palavras: prática e *feedback*. Sempre que possível, pratique em frente a um público de corpo presente. Ao praticar, peça a um colega para sentar-se no fundo da sala e anotar o seguinte:

1. Você fala em direção à sala como um todo ou tende a falar apenas para o lado direito ou esquerdo (ou, pior, para uma pessoa que lhe acena afirmativamente com a cabeça)? Você faz contato visual com o público ou tende a ficar olhando para os pés ou para o teto?
2. Avalie sua linguagem corporal. Você fica ereto e com o corpo equilibrado? Fica se mexendo? O que você faz com as mãos? Grave sua apresentação para observar suas palavras, gestos e movimentos. (Se você reproduzir o vídeo em avanço rápido conseguirá notar maneirismos!)
3. Quantas vezes você utiliza **"humm"**, **"é..."** ou **"entende"**? Hábitos irritantes podem desviar a atenção do público em relação ao que você está falando. Você está sendo você mesmo? É fundamental agir naturalmente e não tentar ser alguém que você não é.

Dicas úteis para aprimorar seu estilo:

1. Crie um folheto que resuma os principais pontos de sua fala. Inclua seu nome e/ou informações para contato.
2. Não utilize anotações. Você se sentirá tentado a ler suas anotações e perderá o contato visual com o público. Em vez disso, utilize um diagrama ou uma página para que você possa olhar rapidamente os pontos principais.
3. Utilize o recurso PUERIA ("A Força do Recurso PUERIA", página 300). Procure fazer com que a **p**rimeira e **ú**ltima parte de sua fala apresente e resume os pontos mais importantes. Inclua algo **e**xtraordinário (notável) no meio

Transforme seu objetivo em realidade com o *Chi* Mental aplicado!

para despertar as pessoas e **r**epita os pontos principais de uma maneira **i**nteressante (e ofereça um folheto). Crie **a**ssociações para ajudar o público a lembrar-se do que você está falando. **Será uma apresentação exemplar!**

Exemplo de mapa de "florescimento" sobre o tema "apoio".

13 Inteligência no trabalho

Visão geral

22. Autotransformar-se
23. Melhorar a estabilidade no emprego
24. Preparar-se para entrevistas de emprego
25. Formar habilidades de relacionamento (*networking*)
26. Trabalhar bem com o chefe
27. Lidar com pessoas difíceis

22. Autotransformar-se

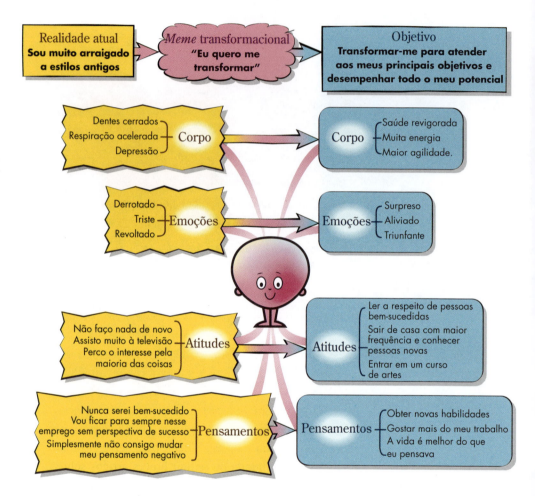

Chi Mental na prática

No trabalho, você é pago por seus conhecimentos, desempenho e por algo que lhe é exclusivo. Portanto, quanto mais conhecimentos especializados você tiver, maior valor terá para uma empresa. Com relação à estratégia da **"autotransformação"**, recomendamos que você utilize também uma estratégia para se tornar **"especialista"**.

1. Escolha um assunto de seu interesse, qualquer área que queira conhecer a fundo e que em sua opinião seja um ingresso garantido para a sua futura carreira profissional.
2. Aumente seus conhecimentos. Identifique, leia e resuma semanalmente (utilize o recurso de fichamento) o máximo de livros e artigos que puder ("Desenvolver a Habilidade de Leitura Dinâmica", página 233).
3. Recapitule as informações com frequência para melhorar sua lembrança ("Melhorando a Memória ao Longo do Tempo", página 305). Depois de alguns meses, você terá informações suficientes para tornar-se um especialista na área que escolheu. (Se você assimilar um livro por semana, um ano depois estará bem próximo do ideal!)
4. Em seguida você precisará divulgar sua nova especialidade. Para começar, fale sobre seus novos conhecimentos no trabalho, em instituições locais de ensino e organizações filantrópicas. Com isso, você praticará e desenvolverá sua habilidade de falar em público e divulgará a possíveis empresas sua disponibilidade para ser contratado. Pense na possibilidade de redigir breves artigos sobre o tema de sua especialidade. Eles podem ser publicados no boletim informativo da empresa em que trabalha, enviados a revistas especializadas e *blogs* e distribuídos em suas palestras. Inscreva-se e participe de redes sociais apropriadas, fóruns e grupos de discussão. Assim, além de abrir possibilidades para arrumar outro emprego, você se firmará como "especialista".

Transforme seu objetivo em realidade com o *Chi* Mental aplicado!

5. Investigue quais empresas e cargos poderiam utilizar essas informações. Se você fizer uma breve pesquisa na Internet, encontrará os nomes e endereços de seu público-alvo. Entre em contato e envie seu currículo e seus artigos publicados. Na hora em que menos esperar, terá conseguido **reinventar-se** em uma nova área profissional.

23. Melhorar a estabilidade no emprego

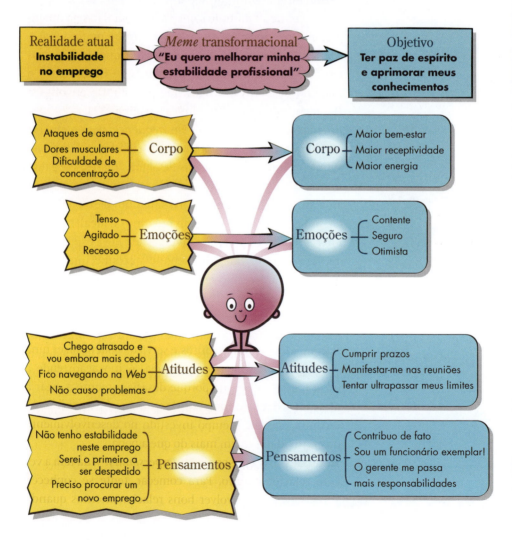

Chi Mental na prática

Como você pode garantir sua **empregabilidade** (até que ponto você é empregável e pode conseguir um emprego)? Em primeiro lugar, você precisa compreender que a mudança será um fator constante ao longo de sua vida e que a melhor maneira de garantir uma contratação é sempre se atualizar. Três habilidades (três **"Is"**) concorrem para isso:

1. **Infogerenciamento (*Info-management*)**. Isso exige habilidades de leitura, compreensão, anotação e memória. Você deve sentir-se confortável lendo entre 800 e 1.000 palavras por minuto com cerca de 75% de compreensão. Utilize os processos de mapeamento para fazer anotações porque os mapas também melhoram naturalmente sua memória. Conhecer o seu ritmo natural de memória e ser capaz de diferenciar o que você precisa se lembrar e o que precisa descobrir é essencial e eficaz ("Lidar com a Sobrecarga de Informações", página 231). Mantenha-se atualizado — novas informações são divulgadas diariamente. Procure estar a par de todos as últimas notícias em sua área de conhecimento.

Transforme seu objetivo em realidade com o *Chi* Mental aplicado!

2. **Inovação (*Innovation*)**. Talvez você precise desenvolver sua criatividade e pensamento inovador e ter segurança de que de fato tem essa capacidade ("Aumentar a Criatividade", página 174). A criatividade é mais do que nunca uma necessidade. Ideias novas e originais para novos empregos e diferentes métodos de fabricação e de comercialização de produtos e serviços podem fazer uma empresa suplantar a concorrência. A inovação tende a estimular a motivação porque desafia a mente a estar à altura das circunstâncias e a fazer o que é necessário. As recompensas pelo tempo investido no desenvolvimento da criatividade valem mais do que a pena.

3. **Relações interpessoais (*Interpersonal*)**. Vida tem a ver com relacionamento. Para começar, tente se conhecer. É mais fácil desenvolver bons relacionamentos quando

dirigimos totalmente nossa atenção para eles. Isso exige que você tenha um bom autoconceito e não sinta a necessidade de refletir sobre si mesmo em uma conversa.

Observe que, mesmo se você se mantiver no mesmo emprego, **seu emprego não permanecerá o mesmo**. Se você se atualizar, conseguirá acompanhar e corresponder a todas as coisas que o mundo vier a lhe apresentar.

24. Preparar-se para entrevistas de emprego

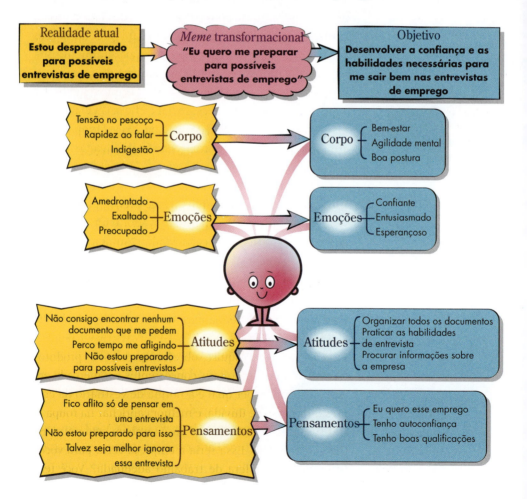

Chi Mental na prática

A preparação é o nome do jogo quando desejamos nos sair bem em uma entrevista de emprego.

1. Mantenha seu currículo atualizado. Acrescente cursos ou novas responsabilidades, atividades comunitárias e voluntárias e também de angariação de fundos. Todas as habilidades relacionadas ao seu potencial de desempenho profissional.
2. Os empregadores têm de ler centenas de currículos, todos eles quase sempre com o mesmo leiaute. Seja um pouco **diferente** e procure destacar o seu (mantendo-o profissional). Seja criativo. Mostre exemplos de seu trabalho. Faça um resumo de sua carreira até o momento.
3. Pratique suas habilidades de entrevista com um colega de trabalho. Vale a pena gravar essas entrevistas simuladas para ver e ouvir de que forma você se apresenta.
4. Prepare suas respostas para as perguntas normalmente feitas nas entrevistas: "Fale-me um pouco de você", "Quais são seus principais pontos fortes e fracos?", "O que o levou a se candidatar para este cargo?", "O que nossa empresa representa para você?", "Por que você deixou seu último emprego?", "Quais são suas principais realizações?", "O que você tem feito desde seu último emprego?". Reflita por um tempo sobre suas respostas e mapeie todas elas. Dê as respostas em voz alta para praticá-las. É bem provável que o entrevistador o coloque em uma situação difícil para observar de que maneira você responde. Mantenha seu senso de humor.
5. Faça a sua parte. Pesquise sobre a empresa, seus produtos e serviços, bem como seus concorrentes e o mercado em geral. Procure saber qual é a norma de vestuário da empresa. Em caso de dúvida, é melhor caprichar na roupa.
6. Em suma, lembre-se de que você também está entrevistando a empresa. Essa seria a empresa certa para você? Ela tem a atmosfera de trabalho adequada? Você terá

Transforme seu objetivo em realidade com o *Chi* Mental aplicado!

condições de progredir em sua carreira do modo como deseja? Quais são as normas e princípios éticos? Por que esse cargo está vago? Você sabe quais são as atribuições do cargo? O que ocorreu com os ocupantes anteriores? Prepare algumas perguntas também.

25. Formar habilidades de *networking*

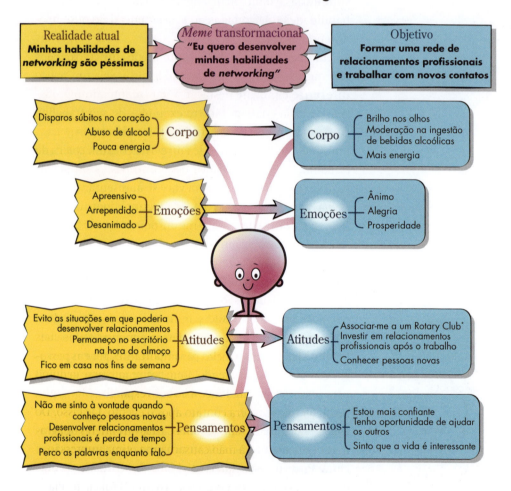

---

*   Rotary Club é definido como um clube de serviços à comunidade local e mundial sem fins lucrativos, não é secreto, nem filantrópico ou social.

Chi Mental na prática

Atualmente, formar **redes de relacionamentos profissionais** ou **sociais** (*networking*) é essencial no mundo do trabalho e para a vida pessoal. Normalmente, nosso sucesso depende das pessoas que conhecemos — tanto pessoalmente quanto *on-line*. Dizem que vivemos em uma "aldeia global", que existe uma rede social que nos une e que há apenas seis graus de separação entre a pessoa com a qual você está falando e alguém que você deseja conhecer. O segredo é saber as perguntas que você deve fazer. Apresentamos a seguir alguns passos para desenvolver uma rede de relacionamentos:

1. Em primeiro lugar, investigue o que for possível a respeito do evento de *networking* do qual pretende participar. Examine antecipadamente a lista de participantes e verifique quem você gostaria de conhecer. Busque informações na *Web* sobre essas pessoas e as respectivas empresas.
2. Utilize um crachá com seu nome no lado direito do peito. Leve sempre alguns cartões de visita e algumas canetas. Providenciar uma caneta a outro participante é uma boa maneira de fazer contato (particularmente se sua caneta tiver informações sobre sua atividade).
3. Aprenda a recordar-se de nomes e rostos (consulte "Recordar-se de Nomes e Rostos", página 229). Tenha um coringa na manga. Reflita com antecedência em que sentido suas habilidades e competências são importantes para as pessoas que você está conhecendo. Demonstre interesse genuíno pela pessoa com a qual você está conversando.
4. Se disser que manterá contato após o evento, faça isso. Do contrário, perderá credibilidade. Cartas ou bilhetes de agradecimento escritos à mão causam uma ótima impressão.
5. Utilize todo o potencial da atividade de *networking*. Informe-se a respeito do Facebook, Twitter, LinkedIn, Plaxo e dos *blogs*. Essas redes atingem centenas de milhões de pessoas todos os dias!

Transforme seu objetivo em realidade com o *Chi* Mental aplicado!

6. Lembre-se de que qualquer ocasião, profissional ou social (supermercado, academia de ginástica, cafés ou festas), é uma oportunidade para desenvolver relacionamentos. **Prepare-se!**

26. Trabalhar bem com o chefe

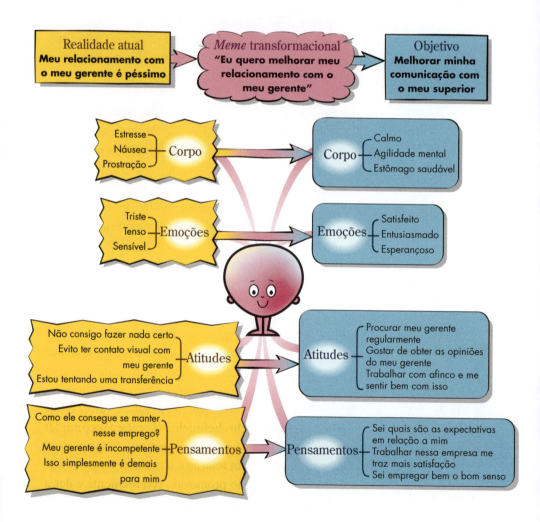

Chi Mental na prática

O que você pode fazer se tiver um chefe, gerente ou supervisor que não sabe se comunicar bem e não inspira confiança? Veja algumas dicas:

1. Em vez de esquivar-se de seu gerente, faça um esforço especial para conversar com ele. Todo contato ajuda a construir pontes. Pense no que você vai falar antes de realmente falar e procure um denominador comum. Inicie a conversa com algo positivo e mantenha a porta aberta para o diálogo.
2. Peça ao seu gerente para lhe dizer quais são suas expectativas. Esse passo inicial é importante porque com frequência o que existe na verdade é apenas falta de entendimento. Os problemas podem ser resolvidos prontamente e a harmonia restabelecida.
3. Diga o que você pensa. Seu chefe não lê pensamentos e você precisa lhe explicar que a inabilidade dele para se comunicar está afetando você. Seja direto e concentre-se em fatos e comportamentos. Não utilize táticas e não leve a questão para o âmbito pessoal. Seja você mesmo. Seja honesto.
4. Se tiver alguma ideia para melhorar o desempenho da equipe, compartilhe-a com seu gerente. Mesmo se ela não for aceita, isso demonstrará que você está pensando em soluções favoráveis à empresa.
5. Seja empático. Se a inabilidade para se comunicar não faz parte da personalidade de seu chefe, tente entender o que pode estar ocorrendo com ele. Talvez ele esteja enfrentando problemas familiares ou de saúde. Talvez esteja sendo pressionado pelo chefe dele. Não cabe a você mudar isso, mas você pode oferecer apoio e manter uma postura otimista e positiva com relação a si mesmo.
6. Se seu chefe tiver sido promovido recentemente e der a impressão de que está perdido ou ficar tentando fazer seu trabalho em seu lugar, talvez ele esteja sofrendo do **"princípio de Peter"**. Isto é, a pessoa que deixa um cargo em

Transforme seu objetivo em realidade com o *Chi* Mental aplicado!

que se sente confortável e é promovida para trabalhar em um cargo "gerencial" que ela desconhece e que tem novas regras. Se ela não receber treinamento, pode se sentir em grande medida inadequada e incomodada. Tanto o novo chefe quanto o funcionário ficam "imobilizados" diante da situação. Pergunte o que você pode fazer para auxiliar e apoiar. Você pode ajudá-lo nesse momento difícil.

27. Lidar com pessoas difíceis

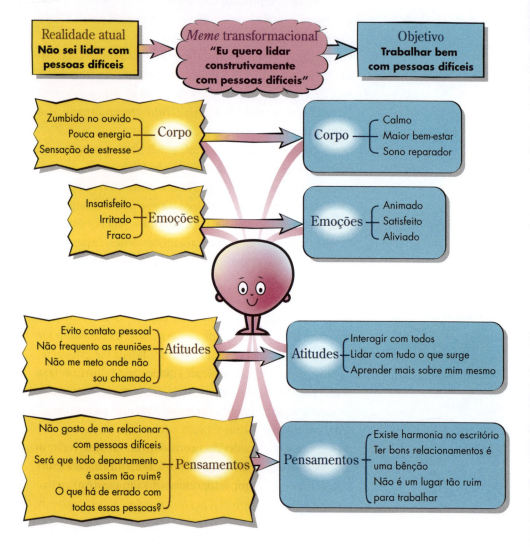

Chi Mental na prática

O que torna uma pessoa difícil? É alguém que não concorda plenamente com você ou outros membros de sua equipe, seu chefe, um fornecedor ou um cliente? Alguém que parece não ter interesse pelo próprio trabalho? Ou alguém inseguro consigo mesmo ou desnecessariamente agressivo? Inúmeros motivos levam uma pessoa a parecer difícil. Apresentamos a seguir cinco pontos principais que devem ser considerados:

1. Mostre-se compreensivo e faça um esforço para conhecer a pessoa em questão. Um dos motivos do trabalho é estabelecer contato social e obter apoio. Almoce com essa pessoa, construa confiança e desenvolva afinidade. Fale de uma maneira que não a amedronte. Sempre se concentre nos comportamentos, e não na pessoa em si. Isto é, pergunte se a pessoa está enfrentando algum problema, em vez de criticá-la diretamente — por exemplo, "Por acaso você não vê que está sendo estúpido?".
2. Não seja condescendente. Atenha-se aos fatos e procure encontrar saídas para resolver o problema. Por exemplo: "Fulano, você conseguiu algum progresso em relação à conta daquele cliente importante? O que você acha que pode estar ocorrendo e o que poderíamos fazer a esse respeito?".
3. Se a pessoa em questão for um colega de trabalho, pergunte se por acaso você o ofendeu sem querer. É bem melhor para todos ter um ambiente de trabalho positivo. Existe alguma solução para você e essa pessoa trabalharem em direção a esse objetivo?
4. Antes de iniciar um diálogo, sempre pense no que você vai dizer e sempre comece com algo positivo. É importante não prejudicar a autoestima ("Elevar a Autoestima", página 274).
5. Em suma, o diálogo deve ser construtivo. Não se deixe levar por uma espiral negativa que não o conduzirá a lugar algum. Ajude a pessoa a propor algumas soluções positivas.

Transforme seu objetivo em realidade com o *Chi* Mental aplicado!

Seja diplomático, atencioso e profissional. Isso trará benefícios para todos. Sempre considere a possibilidade de a outra pessoa estar enfrentando problemas pessoais, de saúde ou de relacionamento e que ela está tentando não misturar essas questões com sua vida profissional.

14 Treinamento

Visão geral

28. Reverter a falta de memória
29. Recordar-se de nomes e rostos
30. Lidar com a sobrecarga de informações
31. Desenvolver a habilidade de leitura dinâmica
32. Desenvolver habilidade para ler na tela do computador
33. Controlar os *e-mails*
34. Redigir relatórios e cartas
35. Aprender a aprender

28. Reverter a falta de memória

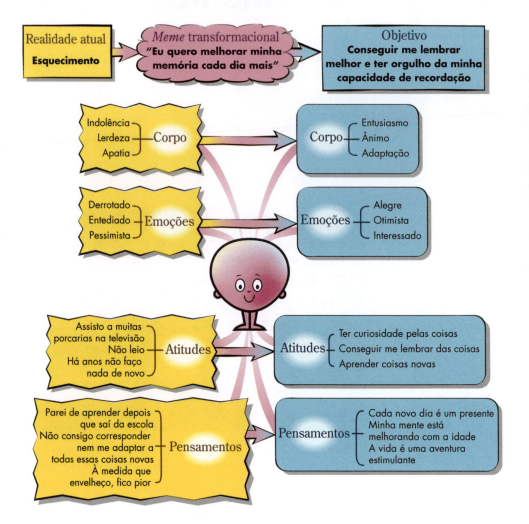

Chi Mental na prática

Surpreendentemente, guardamos todas as informações/experiências/sensações/pensamentos que já obtivemos ou tivemos. O problema é que nem sempre nos lembramos de tudo isso! Para transformar de maneira mágica a **"falha de memória"** e ter uma excelente memória ("Superando o Esquecimento", página 303), apresentamos a seguir alguns recursos que favorecem o cérebro:

1. Nós nos lembramos naturalmente do que vem **"primeiro"**. Lembramo-nos facilmente de nosso primeiro beijo, carro ou emprego. Do mesmo modo, recordamo-nos facilmente do que ocorre por último: por exemplo, do café que acabamos de tomar ou de nossa conversa mais recente. Entretanto, quanto mais longo esse espaço de tempo intermediário, mais facilmente nos esquecemos das coisas. **O que fazer?** Faça intervalos frequentes para exercitar sua memória e lembrar-se do que fez primeiro e por último.
2. Imagine momentos **"marcantes"** e associe-os com o que você deseja lembrar. Desse modo, sua memória natural ficará mais eficiente.
3. Se você deseja manter alguma coisa na memória por um longo tempo, basta utilizar a **"repetição espaçada"**: recapitular uma questão uma hora depois de aprendê-la e, em seguida, um dia, uma semana, um mês e finalmente um trimestre (consulte "Melhorando a Memória ao Longo do Tempo", página 305). A essa

Transforme seu objetivo em realidade com o *Chi* Mental aplicado!

altura, ela estará associada com outro conhecimento e sedimentada em sua mente!

4. Aumente conscientemente seu **"quociente de interesse"**. Imagine como você se sentirá bem ao concluir um trabalho ou do enorme problema que terá se não o concluir! A função cerebral responsável pela associação ajuda a reter a memória — quanto mais associações você fizer (e das quais se recordar) ao rever sua cadeia de associações, mais você se lembrará naturalmente.

5. Observe que tudo o que fazemos, falamos e pensamos utiliza a memória e que em **99%** do tempo nossa memória é inacreditavelmente eficaz. Contudo, tendemos a nos concentrar em poucas situações quando não conseguimos nos lembrar prontamente de algum detalhe: "Perdi a chave do carro", "Eu me esqueci do que vim buscar aqui!". Normalmente, isso ocorre porque nossa atenção e nosso interesse estão voltados para outra coisa ou lugar. Esses pequenos incidentes nos levam a pensar que estamos ficando malucos. Comece o dia valorizando, reconhecendo e agradecendo à sua extraordinária capacidade de memória por tudo o que de fato consegue fazer!

29. Recordar-se de nomes e rostos

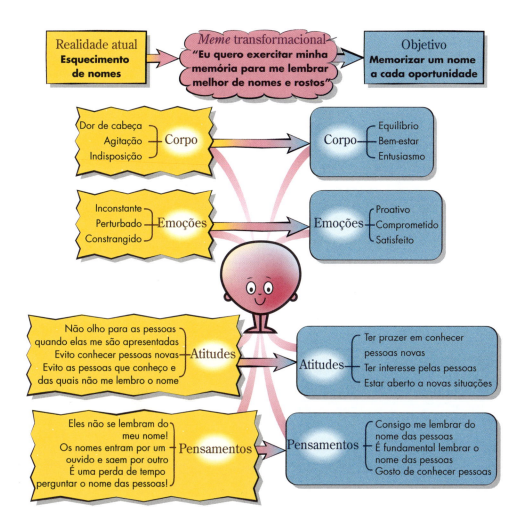

Chi Mental na prática

Quando você conhece alguém profissionalmente, sejam colegas de trabalho ou clientes, você acha difícil lembrar o nome e o rosto? De agora em diante, utilize o acrônimo FACES (F = focar, A = agir, C = confirmar, E = exagerar, S = suavizar) para se sentir motivado a memorizar nomes e rostos.

1. **F = Focar.** No momento, pelo fato de você "acreditar" que se esquecerá do nome ou do rosto de alguém, você não se concentra totalmente na pessoa à qual está sendo apresentado. Tampouco deseja estabelecer um contato visual. Por isso, desvia o olhar e perde a oportunidade de fazer um contato real. De agora em diante, olhe para a pessoa com interesse. Observe se ela olha nos olhos, o tom da voz. Ela tem sotaque? Ao cumprimentá-la, você sentiu a mão? É calejada ou macia? Ela tem um aperto de mão firme ou frouxo?

2. **A = Agir.** Mantenha uma postura aberta e interessada. Pense na possibilidade de que essa nova pessoa pode ter histórias interessantes para lhe contar (todos nós temos histórias interessantes).

3. **C = Confirmar.** Em geral as pessoas dizem o nome delas rapidamente ou "para dentro". Confirme: "Não ouvi muito bem... qual é mesmo o seu nome?" ou "Nunca ouvi esse nome antes. Você poderia soletrá-lo?". Receber cartões de visita em uma reunião de negócios é ótimo. O costume cultural dos orientais de receber cartões de visita com as duas mãos, lê-los e fazer observações é fundamental porque dá tempo para conferir e gravar mentalmente as informações. Ajuda também colocar os cartões na mesma ordem em que as pessoas estão sentadas à mesa.

4. **E = Exagerar.** Um pouquinho de diversão. A pessoa em questão tem alguma característica que você possa caricaturar? Outra opção é fazer uma associação "absurda" com parte do nome ou do cargo que ela ocupa. (Mas tenha um pouco de cuidado com relação a isso!)

Transforme seu objetivo em realidade com o *Chi* Mental aplicado!

5. **S = Suavizar.** Seja gentil consigo mesmo. Repita o nome da pessoa ao longo da conversa (mas não muito!) e evidentemente no momento em que se despedir dela. Você se lembrará da primeira e da última pessoa que conheceu. Aquelas que estiverem no meio serão esquecidas mais facilmente, a menos que essas pessoas tenham alguma característica saliente (ou que você crie para se lembrar). Memorize um nome a mais cada vez que você participar de uma reunião e curta esse processo.

30. Lidar com a sobrecarga de informações

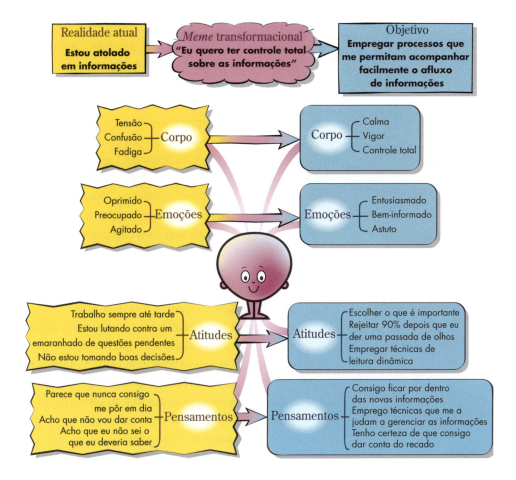

Chi Mental na prática

Foi comprovado que a **sobrecarga de informações** (SI) diminui a eficiência de forma geral. Novas informações chegam a nós diariamente, de uma maneira tão rápida que é difícil saber quando devemos parar e agir. Essa nova forma de paralisia é bem parecida com a distonia do golfista (contrações musculares espontâneas na mão, também conhecidas como *yips*). O golfista sente-se momentaneamente paralisado e incapaz de dar uma tacada. O estresse constante provocado pela SI destrói pouco a pouco nossa saúde e felicidade. Raras vezes conseguimos concluir uma atividade sem interrupções. Isso diminui nossa capacidade de pensar profundamente sobre o trabalho que estamos fazendo e de concluí-lo adequadamente.

Apresentamos a seguir três importantes habilidades de gerenciamento de informações, que normalmente não são ensinadas, mas são essenciais para estarmos em dia na era da informação:

1. **Leitura dinâmica** é um recurso valioso. Em um único dia de treinamento nessa habilidade, os executivos conseguem progredir de uma velocidade média de leitura de 250 palavras por minuto para duas ou até quatro vezes mais rápido, mantendo em torno de **75% da compreensão**. É um auxílio e tanto para o fluxo de trabalho. Aprendendo de que forma o olho/cérebro de fato capta a informação podemos aumentar nossa capacidade de leitura (o alcance da velocidade de leitura) e nosso nível de compreensão, de acordo com as atividades que executamos ("Desenvolver a Habilidade de Leitura Dinâmica", página 233).

Transforme seu objetivo em realidade com o *Chi* Mental aplicado!

2. Aprender a mapear as informações é um recurso eficaz para gerenciar todos os fatos dos quais você precisa ("Mapas Mentais", página 83). Procure adquirir o *software* de "mapeamento" mais adequado às suas necessidades. Para gerenciar grandes quantidades de informações em uma única fonte, o mapa eletrônico talvez seja o recurso ideal. Você pode colocar um *hyperlink* no mapa central

para relatórios, planilhas, anotações de reuniões e cartas. Os mapas instantâneos e interativos são um recurso dinâmico que facilitam o trabalho cooperativo das equipes globais e a inserção de informações.

3. É também extremamente favorável ter habilidade para saber desconsiderar tudo o que não nos interessa, que já sabemos ou que contenha repetições ou falhas lógicas. Você perceberá que de tudo isso restará uma pequena quantidade de informações!

31. Desenvolver a habilidade de leitura dinâmica

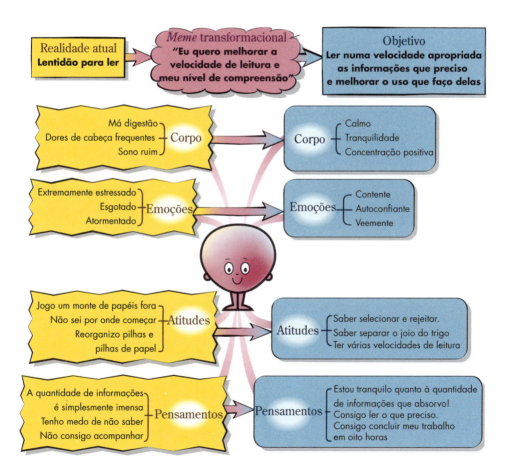

Chi Mental na prática

A mente é capaz de absorver informações muito mais rapidamente em comparação à forma bastante lenta pela qual fomos ensinados. Conseguimos ouvir e compreender facilmente de 600 a 800 palavras por minuto. A pessoa que sabe ler partituras de música consegue compreender mais de nove linhas verticais de notas e vários traços horizontais "de um só gole" e acha isso muito natural. Então, por que isso não pode ocorrer com a leitura? Diferentemente das "habilidades de leitura" que aprendemos na escola, essa nova habilidade, denominada **"ingestão de informações"**, auxilia a leitura de textos comerciais e tem novas **"regras"**:

1. Em primeiro lugar, leia rapidamente, do princípio ao fim e uma única vez o conteúdo para ter uma visão geral e compreender o contexto. Prepare sua mente para procurar detalhes novos e específicos (eles vão se sobressair, do mesmo modo que conseguimos enxergar facilmente nosso nome em um texto). Esses detalhes representam uma pequena porcentagem do texto integral. Em seguida, você pode:
   a) decidir se vale a pena dar uma segunda olhada no conteúdo;
   b) identificar onde encontrará o que deseja; e
   c) identificar onde recapitulará detalhes relevantes desse contexto.

Transforme seu objetivo em realidade com o *Chi* Mental aplicado!

2. **Nunca** leia lenta e atentamente desde o início. O nível de eficiência que é possível obter nesse caso é mínimo. Se o documento merecer ou exigir mais de uma leitura (como um contrato), leia rapidamente do princípio ao fim tantas vezes quanto precisar, para obter o nível de detalhamento desejado. É mais fácil compreender o conteúdo lendo-o depressa — e a repetição da leitura melhora a memorização do conteúdo.
3. Sempre use um regulador (algum objeto para acompanhar a leitura). O dedo ou uma caneta funciona melhor. O regulador "puxa" longitudinalmente os olhos e ajuda-os a se movimentar com facilidade e precisão. Você pode utilizar o regulador abaixo da linha do texto (ou sobre ela). Isso impulsiona os olhos para a frente e impede que eles voltem a ler o que está atrás.[*] Você só precisa correr o regulador na seção central do texto porque, com a "visão focalizada", é possível alcançar de 3 cm a 5 cm em ambos os lados. Para começar, aumente a velocidade do movimento do regulador sob cada linha.
4. Outros fatores que podem ajudá-lo a aumentar a velocidade de leitura são: estar em um ambiente bem iluminado e sentar-se confortável e ergonomicamente; leia intensamente em curtos períodos, com intervalos frequentes.

---

[*] Esses movimentos para trás são chamados de regressões. Os olhos movem-se para a frente em pequenos saltos (denominados sacadas) seguidos de pequenas pausas (fixações). (N. da T.)

32. Desenvolver habilidade para ler na tela do computador

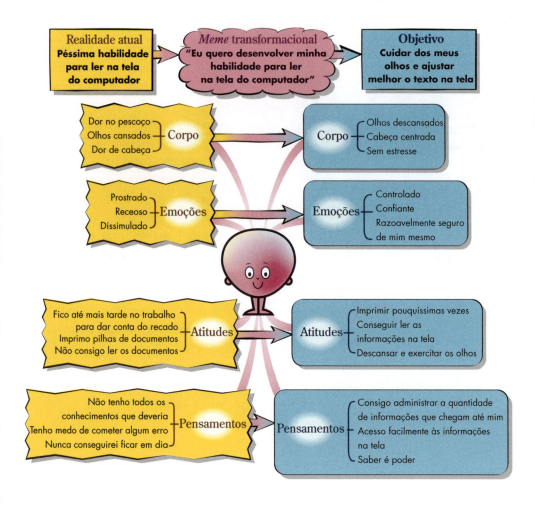

Chi Mental na prática

A leitura na tela do computador exige um novo tipo de habilidade de leitura. Apresentamos a seguir várias sugestões que você pode seguir para facilitar esse processo:

1. Sente-se a uma boa distância da tela do computador, ereto, de cabeça levantada, mantendo as costas retas e os braços em um ângulo de 90° com a mesa.
2. Ajuste o ângulo de visão inclinando a tela de forma que ela fique na altura dos olhos ou um pouco mais baixa. É fundamental utilizar um regulador: use o dedo ou o cursor do *mouse*. Assim, seus olhos acompanharão as linhas mais eficazmente.
3. Com alguns cliques você pode tornar o texto mais fácil de ler. Selecione todo o texto no menu Editar do *Word* (ou no menu Início, dependendo da versão do seu programa) e:
    a) mude o tamanho da fonte para 12 ou 14;
    b) mude a fonte para Arial;
    c) ajuste a largura da coluna de texto em aproximadamente oito palavras (mais ou menos 70 toques);
    d) mude a cor da fonte; e
    e) mude a cor de fundo (como o preto sobre o branco não é um bom contraste na tela, utilize o contraste com o qual se sentir melhor).
4. Cuide dos olhos: mude o direcionamento dos olhos olhando para longe da tela e feche-os para fazer uma pausa. Lembre-se de piscar com frequência. Em virtude da cintilação da tela, tendemos a **não** piscar. Isso é bastante prejudicial para os olhos e deixa a vista cansada. Utilize um lubrificante ocular.
5. Para exercitar os olhos, feche-os sempre que puder (por exemplo, quando estiver falando ao telefone) e mantenha-os fechados para descansar ou olhe para uma circunferência imaginária contendo oito pontos como uma rosa-dos-ventos (instrumento de orientação). Mire cada ponto durante pelo menos cinco segundos. Você sentirá que seus olhos estão de fato se alongando.

> Transforme seu objetivo em realidade com o *Chi* Mental aplicado!

6. É necessário descansar os olhos pelo menos de hora em hora. Para utilizar a técnica "empalmar", friccione as palmas das mãos para aquecê-las e cubra os olhos com as palmas em forma de concha (tire os óculos). Feche os olhos e imagine alguma coisa atraente na cor preta (pele de gato, veludo preto etc.). Descanse os cotovelos sobre a mesa e permaneça assim por um minuto. Remova vagarosamente as mãos e pisque algumas vezes. Seus olhos ficarão renovados!

33. Controlar os *e-mails*

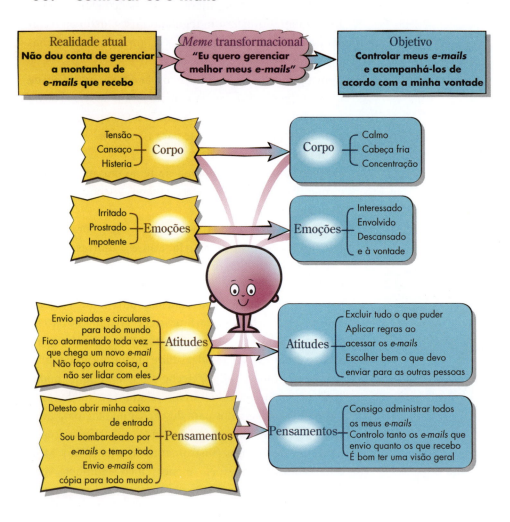

Chi Mental na prática

Ficar *on-line* é a maior dependência do século XXI. **Você se sente assim?** Se você é uma daquelas pessoas que respondem instantaneamente aos *e-mails* toda vez que a notificação de um "novo *e-mail*" soa, com certeza está diminuindo sua capacidade de concentração e compreensão e também sua competência e aumentando de forma crescente seu nível de estresse negativo. Pesquisas recentes demonstraram que não é possível realizar múltiplas tarefas simultâneas com eficiência se as atividades estiverem na mesma "largura de banda". Portanto, enviar *e-mails* e falar ao telefone ao mesmo tempo não funciona! O que você deve fazer?

1. **Determine** quantas vezes por dia você precisa baixar um novo lote de *e-mails*. Uma sugestão (generosa) é baixá-los logo no início da manhã, antes do almoço e em torno das 16h, no máximo! Desligue o aviso sonoro de notificação de *e-mails*.
2. **Marque** com o **sinalizador** de acompanhamento (a bandeirinha) os 5% que de fato exigem alguma providência de sua parte: que podem ser facilmente identificados pelo nome ou assunto. Exclua todos aqueles que você acha que pode deixar de ler (ou grave-os em um arquivo para "leitura posterior"). Abra esse arquivo de acordo com a necessidade.
3. **Passe os olhos** no conteúdo do *e-mail* para ver se ele contém algo essencial ou **busque** nomes/informações específicos — isso literalmente ajusta seu radar para que note facilmente esses nomes/informações. Negocie (o máximo que puder) a quem deve responder naquele lote de *e-mails*. Antes de utilizar o recurso com cópia para retornar um *e-mail*, analise se de fato a pessoa ou as pessoas precisam recebê-lo.
4. **Procure não imprimir** os *e-mails* (evite o desperdício de celulose e, portanto, de árvores maravilhosas). Certamente você vai jogá-los no lixo depois! Pare de enviar e receber

> Transforme seu objetivo em realidade com o *Chi* Mental aplicado!

piadas e circulares (você nunca ficará rico nem seu desejo se tornará realidade dessa forma!). Se o *e-mail* for de fato urgente, a pessoa telefonará para você!

5. Utilize o assunto em pauta para mostrar o **foco principal** ou o que **deseja**. Existem três categorias de *e-mail* comercial: fornecimento de informações, solicitação de informações ou solicitação de providências.

6. Deixe seus *e-mails* mais **agradáveis** utilizando cor, palavras-chave e frases, variação de fontes, **negrito**, realces e sublinhado. Procure sempre mantê-los curtos e simples.

34. Redigir relatórios e cartas

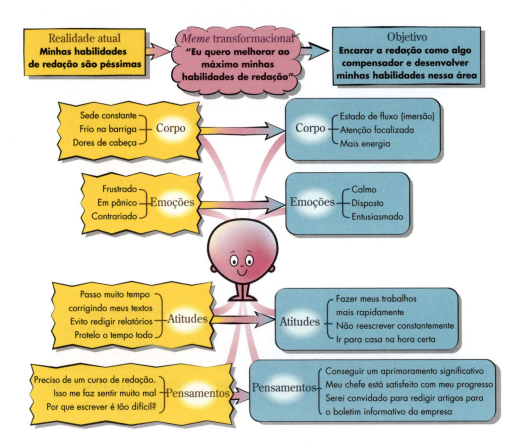

Chi Mental na prática

É importante conhecer o estilo de comunicação apropriado em diferentes situações comerciais. Por exemplo, ao enviar textos e *e-mails*, a utilização de abreviações e de um estilo de comunicação diferente é bastante aceitável. Entretanto, ao escrever cartas ou relatórios, é necessário empregar um estilo mais formal. A palavra escrita ainda é um recurso de comunicação eficaz e necessário e todos os executivos bem-sucedidos sabem utilizar a linguagem em benefício próprio. Se o texto não estiver de acordo com a norma, algumas "críticas" podem surgir. A deficiência em gramática ou ortografia pode dar margem a avaliações injustas: "Essa pessoa nem sequer sabe concatenar uma frase com outra!". Não saber utilizar um estilo apropriado provavelmente não lhe ajudará a obter um emprego ou a vender o produto que deseja. Examine estes princípios básicos:

Transforme seu objetivo em realidade com o *Chi* Mental aplicado!

1. Duas questões devem ser consideradas na redação: o objetivo do texto e o respectivo público.
2. Em primeiro lugar, crie um esquema de tópicos ou um minimapa sobre o que você deseja dizer, no papel ou no computador, para esclarecer suas ideias.
3. Assim que criar esse esquema ou minimapa, redija um rascunho. Em seguida, faça uma pausa, porque você voltará com "outros olhos" e poderá ver os trechos que talvez precisem de correção ou edição ("Sobre os Intensificadores Naturais da Memória", página 296).
4. Observe se o texto tem lógica e precisa de reestruturação – e tome cuidados com erros graves de gramática e ortografia. Utilize o recurso de verificação ortográfica de seu processador de textos. Se for um documento importante, peça para outra pessoa revisá-lo.
5. Observe que hoje em dia ser muito formal pode desagradar à nova geração de executivos. Mantenha o profissionalis-

mo, mas mude seu estilo de apresentação ou expressão, dependendo do público.
6. Como no mundo já existe uma quantidade enorme de coisas para ler, lembre-se de três palavras fundamentais para uma boa redação: **corte**, **corte**, **corte**.

35. Aprender a aprender

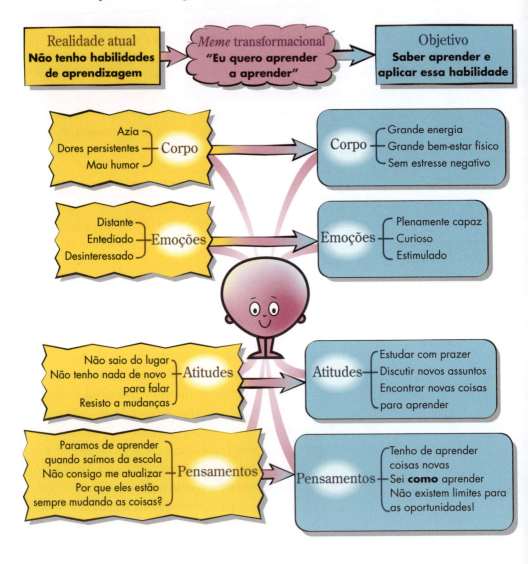

Chi Mental na prática

Não obstante os vários anos passados na escola, **poucas pessoas aprenderam a aprender**. Contudo, com um treinamento básico, todos nós podemos absorver novas informações do começo ao fim da vida, de maneira eficaz e prazerosa. Nossa mente foi projetada para aprender. O cérebro humano é uma máquina de aprender adaptável. Em virtude de sua plasticidade, o nível de adaptabilidade cerebral é inato. Apresentamos aqui o MITA — acrônimo das habilidades necessárias para viver e prosperar na era da informação:

1. **Mapeamento** — Observe e anote de uma maneira compatível com o funcionamento do cérebro ("Mapas Mentais", página 83). Com os mapas, o processo de aprendizagem e de gerenciamento de informações fica mais gostoso e eficiente. Outra vantagem é que melhoramos automaticamente nossa memória e incrementamos nossa capacidade de pensar com clareza.
2. **Ingestão de informações** ("Desenvolver a Habilidade de Leitura Dinâmica", página 233) — Ser capaz de selecionar a informação necessária e rejeitar as informações redundantes/conhecidas/inexatas ou desnecessárias. Ingerir informações a uma velocidade de aproximadamente 1.000 palavras por minuto significa conseguir pesquisar uma quantidade enorme de informações em um espaço de tempo razoável!
3. **Técnicas de memorização** — Com elas, podemos armazenar e recuperar facilmente as informações. Utilize o recurso PUERIA (**p**rimeiro, **ú**ltimo, **e**xtraordinário, **r**epetição, **i**nteresse/**i**maginação e **a**ssociação) para melhorar a retenção. Algumas técnicas simples, como a recapitulação de nossa jornada diária ou estar em nosso ambiente favorito, quando agregadas a informação sobre a repetição espaçada (uma hora/dia/semana/mês e trimestre), ajudam a gravar qualquer informação na memória ("Sobre os Intensificadores Naturais da Memória", página 296).

Transforme seu objetivo em realidade com o *Chi* Mental aplicado!

4. **Atitude** — O segredo da eterna juventude é manter a curiosidade, o interesse e grande admiração e gratidão. De qualquer forma, todos esses fatores são maneiras agradáveis de nos sentirmos e também alimentam nosso desejo de continuar a aprender, a divertir, a experimentar e a viver com plenitude.

15 Saúde

Visão geral

36. Lidar com múltiplas tarefas simultâneas
37. Transformar a raiva
38. Controlar a depressão
39. Perdoar
40. Diminuir o estresse
41. Fazer pequenas pausas
42. Lidar bem com a transição
43. Manter o equilíbrio entre trabalho e vida pessoal

36. Lidar com múltiplas tarefas simultâneas

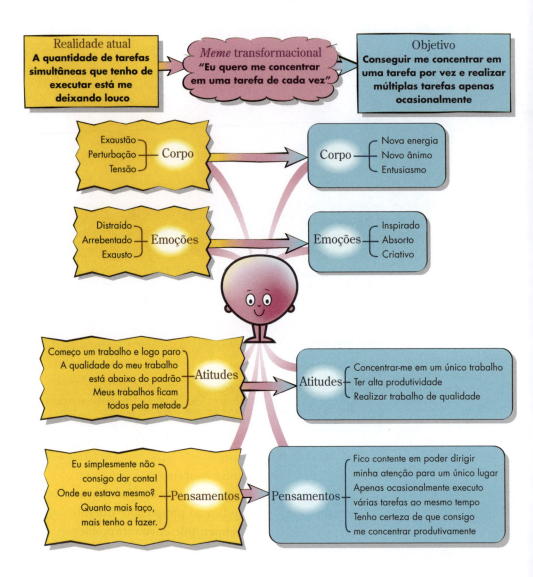

Chi Mental na prática

"Eu sou uma pessoa multitarefas". Esse é o emblema utilizado com orgulho por muitas pessoas atualmente. "Muitas coisas que eu faço estão abaixo do padrão de qualidade" — essa provavelmente é a outra face desse emblema. Porém, ocultamos essa outra face, mesmo sabendo que ela é uma grande verdade. Devido a pressão no ambiente de trabalho moderno, onde mais do que nunca a quantidade de coisas a fazer é cada vez maior, muitas pessoas adotaram o hábito de executar várias tarefas simultâneas. **Entretanto, isso raramente funciona!**

Há momentos em que a execução de várias tarefas simultâneas é essencial. Por exemplo, quando estamos fazendo o almoço ou o jantar. Contudo, redigir *e-mails* enquanto falamos ao telefone simplesmente não dá certo. Os aspectos negativos da execução de múltiplas tarefas simultâneas são:

1. **Nível elevado de estresse**. De vez em quando, ter inúmeras tarefas simultâneas para fazer pode ser estimulante, mas manter esse hábito dia após dia é **prejudicial para a saúde** de forma geral. Alguns problemas que podem ocorrer: erros no trabalho executado, sensação de estar fora da realidade, irritação constante, distração fácil e até mesmo esgotamento. Se esses fatores não forem suficientes para dissuadi-lo, pense no isolamento social quando você redige ou envia um *e-mail* em vez de conversar com a pessoa! Isso nos faz perder a espontaneidade das relações interpessoais. Se você fica ao computador durante duas ou mais horas, provavelmente desenvolverá problemas no pescoço e nas costas. Quando ficamos controlando tudo de perto mas não nos concentramos em nada, o resultado é **ineficácia** e **falta de tempo** para focalizar e pensar profundamente em alguma das coisas que temos a fazer.

2. **Associação** do ego com o nível de conectividade pessoal! Pesquisas demonstram que muitas pessoas associam sua im-

Transforme seu objetivo em realidade com o *Chi* Mental aplicado!

portância pessoal com o nível de conectividade pessoal. Você avalia sua importância pelo número de *e-mails*, mensagens de *Twitter*, telefonemas ou outras mensagens que recebe?

Como você pode romper com esse vício? Tire um cochilo revigorante de 12 a 15 minutos ("Fazer Pequenas Pausas", página 256); varie suas atribuições mentais; agrupe seus afazeres e mude o ritmo e a complexidade; controle a quantidade e a qualidade de seu trabalho; desenvolva sua autopercepção; faça uma coisa de cada vez; e pense na possibilidade de fazer algum tipo de meditação.

37. Transformar a raiva

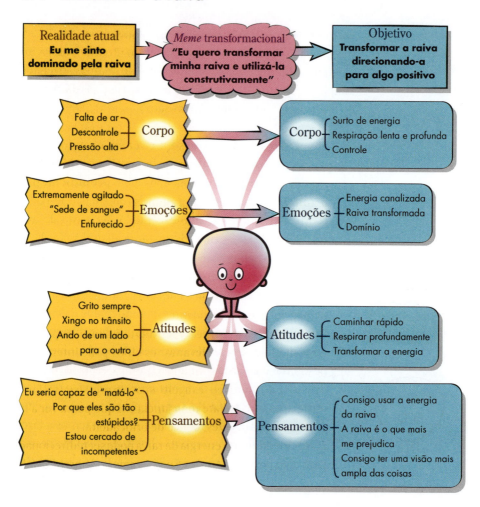

Chi Mental na prática

A **raiva** nada mais é que energia. Criamos a raiva e podemos neutralizá-la com nossa reação. Temos a tendência de apontar o dedo e dizer: "Você me deixa com raiva." Isso não é correto!!! Nós mesmos é que nos deixamos com raiva. A primeira coisa que você deve saber é que a raiva é a ponta do *iceberg*. Precisamos perguntar a nós mesmos o motivo real de nossos acessos de raiva. "Por que estou com raiva?" Pense nas últimas vezes em que sentiu raiva. Você se sentiu constrangido ou com medo? Sentiu-se indigno? Cometeu algum erro? Estava em dúvida, preocupado ou se sentindo ameaçado? A lista é interminável. Apresentamos a seguir algumas ideias para ajudá-lo a transformar sua raiva em energia positiva:

1. Quando você perceber que está para ter um acesso de raiva, afaste-se e avalie o motivo desse sentimento. Em seguida, tente obter uma resposta apropriada.
2. Converse com as pessoas das quais está sentindo raiva. Justifique-se. Diga, por exemplo, que está com raiva porque está sofrendo muitas pressões. Em vez de gritar para provar que está certo, observe o que é possível fazer em conjunto para solucionar a situação.
3. Como a raiva é uma explosão de energia, analise se você pode transformá-la em algo aproveitável. Faça alguns exercícios. Limpe suas gavetas — isso mesmo, despeje tudo no chão e ponha tudo em ordem! Caminhe rápido até a sala de algum colega em outro andar para entregar algum documento pendente.
4. Qualquer mudança física repentina também pode produzir o resultado desejado: levantar os olhos pode interromper os padrões negativos; fique em pé e espreguice, soltando um suspiro audível; exagere suas expressões faciais e tente mudá-las; vá até uma janela em que possa ver a luz do sol; salte dez vezes; dance de brincadeira.
5. Lembre-se de que a energia da raiva pode ser redirecionada para algo positivo. A raiva é o que mais pode prejudicá-lo!

Transforme seu objetivo em realidade com o *Chi* Mental aplicado!

Todas as formas de meditação, respiração e exercício de relaxamento são ideais para restabelecer a calma interior. Procure aquelas mais adequadas à sua personalidade.
6. Além disso, procure rir. Se você observar seu comportamento de outra perspectiva, verá que a "cena de raiva" com frequência é bastante engraçada! Se não, assista algum filme de comédia ou faça alguma coisa divertida que tenha certeza de que despertará seu senso de humor.

38. Controlar a depressão

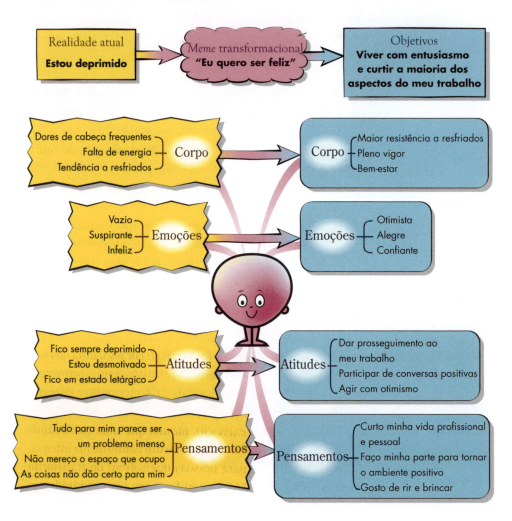

Chi Mental na prática

Pode-se dizer que a **depressão** é quase **"contagiante"** se esse for o estado de espírito ou a atmosfera à nossa volta. Ela pode ser provocada por um inverno inclemente ou por algum transtorno em nossa vida. Nesse caso, podemos nos tornar mais suscetíveis a qualquer germe, vírus ou resfriado que estiver por aí. Tudo se torna uma labuta e podemos até invejar as pessoas que parecem ter energia. Precisamos então entrar em uma espiral positiva e ascendente, em que nossos pensamentos e comportamentos possam criar endorfina e estimular mais pensamentos e comportamentos positivos. Veja algumas sugestões:

1. Faça uma lista ou mapa de coisas que você gosta de fazer e que possam melhorar sua disposição e energia. Quais pessoas do seu círculo você acha que podem fazê-lo se sentir "para cima"? Assim que você começar a sentir que está prestes a cair em um abismo, a desmoronar, examine seu mapa e ponha em prática algo apropriado.
2. Se você tiver experimentado alguma perda em sua vida, não tente afastar seus sentimentos e emoções. Isso faz parte da vida. Seja gentil consigo mesmo. Comece a equilibrar essa tristeza ou sentimento de perda permitindo-se sentir novamente alguma alegria para elevar seu estado de espírito. O passado está estabelecido — e, mais importante, já passou. Portanto, pense que você não quer continuar trazendo isso de volta para a sua vida no "presente".
3. Quando estamos deprimidos, é fácil dizer que nosso dia (mês/ano/década/vida) foi horrível. Por isso, uma das saídas é olhar para os momentos de satisfação que ocorreram ao longo do dia: uma xícara de café quentinho e cheiroso ou o sorriso de uma criança.
4. Outros recursos: exercício, mesmo que uma curta caminhada, tomar banho de sol — ou um banho de luz intensa, particularmente para pessoas que sofrem de transtorno afetivo sazonal (TAS) — ou fazer uma pausa rápida em

252 *Chi* Mental

> Transforme seu objetivo em realidade com o *Chi* Mental aplicado!

algum lugar afastado, se puder. Obviamente, durma bem e ingira também comidas saudáveis e balanceadas.

5. Se estiver em um quadro de depressão severa, provavelmente precisará de algum tipo de intervenção médica. Entretanto, tome cuidado para que seu médico suspenda rapidamente a medicação e intensifique sua mudança com alguma terapia positiva, como a terapia cognitivo-comportamental (TCC).

39. Perdoar

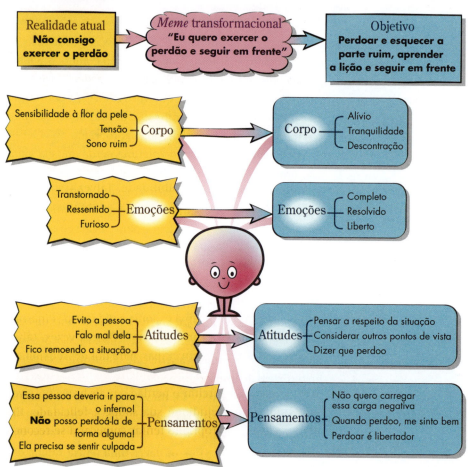

Chi Mental na prática

A decisão de **perdoar** está dentro de você, é uma ação extremamente libertadora e vale para quem ou o que quer que seja que tenha provocado sua raiva ou aflição. Ser amargo e rancoroso nos mantém presos à situação. Reconheça sua responsabilidade, decida perdoar e recupere seu estado de bem-estar. Se não perdoar, o que pode ocorrer? Você dilapida seu interior com sentimentos desagradáveis. Pode perder um negócio, um membro da família ou um amigo em consequência disso. Você começa a sentir que o mundo não é justo e que a corda sempre quebra do seu lado. Considere as seguintes questões:

1. Digamos que você provoque algum acidente e fira alguém. Independentemente da circunstância, você não a criou por vontade própria. Foi um acidente. Claro, você pode ter sido descuidado, mas quem não é ou não foi algum dia? Você pode fazer algo para ajudar a resolver a situação? Se sim, **faça**. Você pode passar essa experiência para alguém? Faça o que puder e liberte-se da dor de guardar ressentimentos e não perdoar.
2. Se foi você quem "sofreu", pense na possibilidade de assumir alguma responsabilidade. Talvez isso seja difícil de engolir, mas evita que você adote uma postura de **"vítima"**.
3. Mesmo nas piores situações é possível encontrar opções novas e melhores. Portanto, esteja aberto para que novas oportunidades se apresentem.
4. De vez em quando, podemos perdoar de uma só vez. Simplesmente passe uma esponja e diga para si mesmo: "Não dá mais para carregar isso." Outras vezes, talvez precisemos fazer isso em etapas, para nos dessensibilizar em relação à situação. Independentemente do que você fizer, comece a exercitar o perdão o mais breve possível, antes que isso prejudique sua saúde e felicidade. Em alguns casos, é apropriado tentar começar a se reconci-

> Transforme seu objetivo em realidade com o *Chi* Mental aplicado!

liar com a outra parte, que provavelmente também deve estar sofrendo.

5. Aprender a perdoar pode trazer inúmeros benefícios: melhorar a saúde, melhorar relacionamentos e desanuviar a mente. Em vez de se apegar aos sentimentos feridos e, portanto, mostrar seu poder, aprenda a olhar para a afeição, as gratificações e a afabilidade ao seu redor. Com o perdão, nosso poder e contentamento pessoal nunca param de crescer.

40. Diminuir o estresse

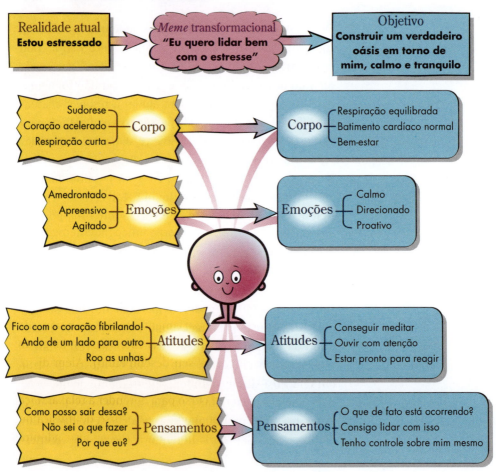

Chi Mental na prática

Quando estamos diante de uma situação estressante, nosso corpo responde como se estivesse sendo perseguido por um gnu (antílope africano). Até seria bastante benéfico se um gnu nos **estivesse** perseguindo, mas infelizmente nosso corpo não sabe diferenciar fantasia e realidade e, por isso, o prepara para **"lutar ou fugir"** ("Sobre o Estresse e a Tensão", página 331). Então, o que fazer? A respiração e o sistema nervoso autônomo estão intimamente relacionados. Assim que percebemos uma situação de estresse, a respiração, a adrenalina, o cortisol e a pressão sanguínea reagem de acordo. Felizmente, quando sabemos controlar a respiração, podemos acalmar nosso sistema nervoso. Veja algumas sugestões:

1. Diferencie o que você pode fazer algo a respeito e o que você não pode. As manchetes diárias dos jornais podem ser um desencadeador de estresse negativo, mas nesse caso pouco podemos fazer para mudar alguma coisa. Portanto, assista ao noticiário apenas uma vez por dia — **isso é mais que suficiente!**

2. Assim que você perceber que está diante de uma situação estressante, comece a respirar profunda e vagarosamente. Isso acalma todas as reações naturais e lhe dá controle. Aprenda a tranquilizar seu corpo independentemente do que possa estar ocorrendo à sua volta.

3. Reserve um tempo para se divertir — programe momentos de diversão e relaxamento em sua vida. Marque esse compromisso em sua agenda, porque ele é um dos mais importantes (não necessariamente durante o horário de trabalho, embora você deva fazer intervalos ao longo do dia, se quiser melhorar seu desempenho). Além disso, procure dormir bem à noite (no mínimo seis horas).

4. Inscreva-se em algum curso para aprender a relaxar; faça exercícios e meditação; comece um curso de música ou dança; cuide do jardim; ajude um vizinho idoso; adquira

Transforme seu objetivo em realidade com o *Chi* Mental aplicado!

um novo passatempo — **tenha uma vida pessoal, fora do trabalho**.

5. Se você não tomar nenhuma providência para diminuir o estresse negativo, o resultado será fadiga constante, esgotamento e alguma doença séria. O exercício do *Chi* Mental pode devolver o controle e a serenidade para a sua vida.

41. Fazer pequenas pausas

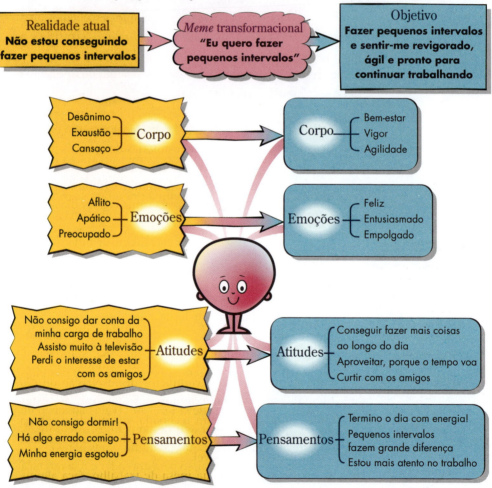

Chi Mental na prática

Se analisarmos a vida de algumas pessoas proeminentes, perceberemos que muitas costumam fazer **pequenos intervalos ao longo do dia de trabalho** — *sir* Winston Churchill é um exemplo que vale a pena mencionar. Intervalos pequenos e periódicos ajudam a mente a escapar por breves períodos das tensões constantes do trabalho. Eles são também uma oportunidade para diminuir a tensão física. A cada 45 a 60 minutos, o corpo precisa de movimento e alongamento. Se você fizer pequenos intervalos regulares, conseguirá atravessar um dia extremamente atarefado e ainda assim se sentir ágil e concentrado e também produtivo.

Outras sugestões:

1. Se possível, faça uma pausa de 15 minutos após o almoço. É um tempo de baixa atividade para o corpo e um descanso que, embora breve, tem extremo valor terapêutico. É cada vez maior o número de empresas que estão percebendo a importância disso e algumas oferecem salas de recreação para os funcionários.
2. Mesmo em um ambiente de trabalho atribulado você pode fechar os olhos e fazer um pequeno intervalo. Outra solução é colocar um quadro bonito na parede ou um protetor de tela de um lugar que você gostaria de visitar e ficar contemplando essa imagem. Depois feche os olhos e experimente essa sensação utilizando todos os seus sentidos.
3. Faça alguns exercícios completos de respiração do *Chi* Mental. Fique sentado alguns minutos com as costas eretas ou com a cadeira reclinada, mantendo a coluna vertebral reta, para que os pulmões absorvam a máxima quantidade de ar possível.
4. Se estiver sentado à sua mesa de trabalho, faça alguns exercícios de alongamento. Você pode fazê-los ao longo do dia para manter a flexibilidade do corpo, o bem-estar e a saúde. Segure o alongamento por 15 a 30 segundos.

Transforme seu objetivo em realidade com o *Chi* Mental aplicado!

Dependendo do seu tempo, alongue de uma a três vezes. Segure o alongamento em uma posição em que possa sentir os músculos confortavelmente estirados.

5. Faça uma pausa de 10 a 15 minutos do trabalho que estiver executando e escolha algo completamente diferente para fazer. Pode ser outro tipo de trabalho que tenha um ritmo diferente.

42. Lidar bem com a transição

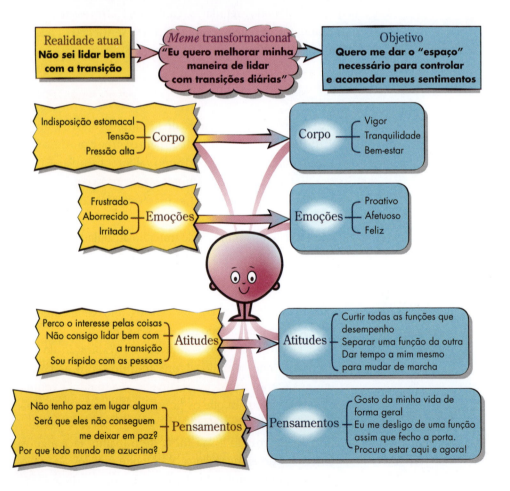

Chi Mental na prática

Transição é qualquer mudança de um ambiente para outro ou de uma função para outra: sair de casa e ir para o trabalho; sair de uma reunião e voltar para a sala de trabalho; sair do escritório e voltar para casa etc. Na maior parte do tempo, mudamos perfeitamente de uma função para outra — de sócio para chefe; de negociador para gerente; de gerente para sócio; e de nossas funções no trabalho para nossos papéis dentro da família. Entretanto, algumas vezes essa transição não funciona muito bem: normalmente após o trabalho, no momento em que voltamos para casa. O dia não transcorreu como esperávamos e o trânsito estava horrível. Quando abrimos a porta de casa, cansados e irritados, somos ríspidos nossa mulher (marido), gritamos com as crianças e deixamos os sentimentos ruins avolumarem-se a ponto de deixar a casa inteira transtornada. Para o benefício de todos, precisamos aprender a fazer essa transição:

1. A transição é um espaço que criamos para nós mesmos, em que adaptamos nossas posturas e atitudes. Por exemplo, talvez você tenha saído de uma reunião desagradável e esteja se sentindo transtornado. Antes de voltar para a mesa de trabalho, caminhe em torno do prédio, tome um copo de água ou faça uma pausa para se tranquilizar e avaliar a situação.
2. Faça o exame do BEAT do *Chi* Mental ("Conscientize-se", página 66). Observe seus pensamentos. Você chegou à conclusão de que desperdiçou duas horas do seu tempo? E quais foram suas atitudes? Fechou a cara? Foi ríspido com as pessoas? Bateu a porta? E o que está ocorrendo com seu corpo? Sua respiração está rápida e curta? Seu coração está disparado? Você está suando? Está sentindo um aperto no peito? E suas emoções? Está com raiva? Frustrado? Decepcionado? Certo, esse é ponto em que você está — agora você sabe que precisa decidir fazer alguns ajustes em seu BEAT.

Transforme seu objetivo em realidade com o *Chi* Mental aplicado!

3. Pare e faça a respiração do *Chi* Mental. Com isso, você pode tomar consciência do estado em que ficou e avaliar o que poderia fazer para mudar. Diminua o ritmo de suas atitudes e não faça nada durante um minuto.
4. Mude seus pensamentos. Avalie qual seria o ponto de vista das outras pessoas envolvidas. Observe se você não foi claro o bastante a respeito de algum assunto e se é possível conseguir seus objetivos por outra via.

Você concluiu os passos de sua transição. Talvez você ainda precise examinar a situação. Para isso, o recurso mais eficaz é a **"imersão"** em sua memória (consulte a página 300, sobre memória). Contudo, não se sinta tentado a estender ainda mais seu descontentamento.

43. Manter o equilíbrio entre trabalho e vida pessoal

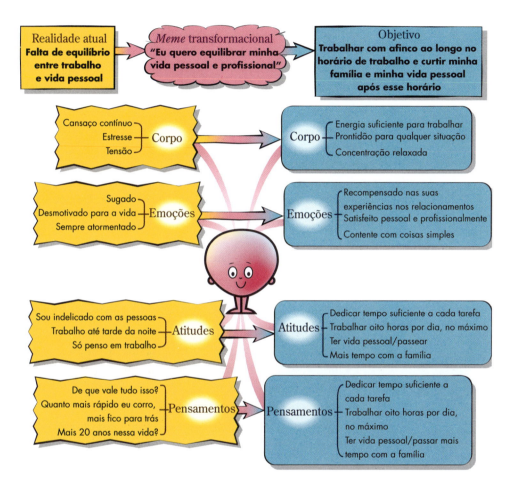

Chi Mental na prática

Um bom momento para fazer um **balanço sobre o equilíbrio** entre sua vida pessoal e profissional é em seu **aniversário** (particularmente quando sua idade tiver um "zero"!). O que você fez ao longo do ano (ou da década)? Quais foram os resultados de seus esforços? É extremamente fácil deixar os afazeres do dia a dia — as coisas que você faz para manter sua vida — preencherem todos os nossos momentos (os *e-mails*, os telefonemas, as reuniões etc.). Para preservar o equilíbrio entre vida profissional e pessoal, você precisa de um contexto: **seu propósito ou objetivo de vida**. Isso dá sentido e o estimula a criar um plano de ação. Trabalhe com afinco e equilibre sua vida. Tenha uma vida doméstica e mude completamente seu ritmo. Tenha harmonia e equilíbrio em ambos!

1. Faça dois círculos. Um representa as 24 horas do dia, como um gráfico "pizza", dividido entre o tempo que você usa em suas atividades principais (sono, percurso para o trabalho, trabalho, convivência com a família e amigos; *hobbies* e outros afazeres). O segundo círculo representa as pessoas e os fatores mais importantes para você. Dividindo esse círculo em setores (como um gráfico "pizza"), atribua uma fatia a cada pessoa/fator para indicar sua importância relativa. Agora, compare seus gráficos! Quanto tempo você está dedicando às pessoas e aos fatores mais importantes para você?
2. Um ótimo recurso para saber como as pessoas que lhe são mais íntimas percebem seu equilíbrio de vida é o **mapa de "florescimento"** ("Florescimento", página 86). Um homem fez esse exercício com seu filho de 4 anos de idade para ver como o filho se sentia em relação a ele. Assim que começaram a brincar, a primeira palavra do filho associada ao pai foi "fora". A palavra subsequente foi "trabalho", seguida de "dinheiro" e, finalmente, "irritado". "Algo mais?", perguntou o pai. Felizmente, a resposta do filho foi "não". Quando ele pediu a opinião de

> Transforme seu objetivo em realidade com o *Chi* Mental aplicado!

sua mulher a respeito, ela respondeu: "Bem, ele acorda e pergunta por você. Eu respondo que você está fora. 'Onde?', ele pergunta. Eu digo que você está no trabalho. 'Por quê?' é a pergunta seguinte, e eu respondo: 'Para ganhar dinheiro para que a gente viva nesta casa gostosa e para ter brinquedos e férias... E se ele ainda tenta chamar minha atenção antes de ir para a cama acabo ficando um pouco irritada." Obviamente, isso deixou o pai bastante perplexo e ele mais do que depressa mudou suas prioridades. Ele ficou extremamente contente por ter descoberto isso naquele momento, e não dez anos depois.

16 Autoconceito

Visão geral

44. Desenvolver habilidades de liderança
45. Criar motivação
46. Manter a positividade
47. Estar bem preparado
48. Elevar a autoestima
49. Fazer diferença
50. Honrar os compromissos

44. Desenvolver habilidades de liderança

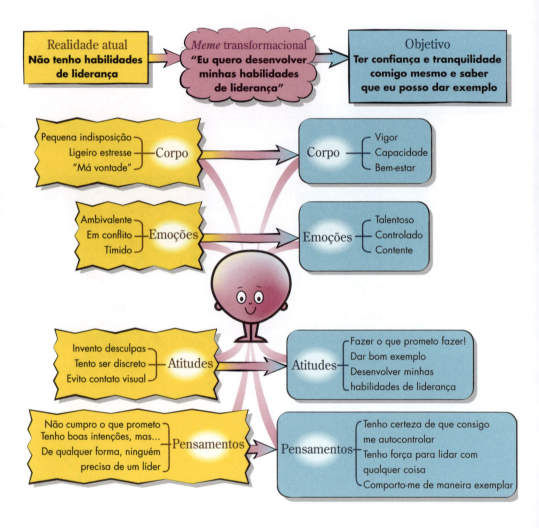

Chi Mental na prática

Apresentamos aqui uma breve história que demonstra como uma pessoa desenvolve a autoliderança. Uma pessoa criou e tocou uma empresa durante 20 anos e foi obrigada a abrir falência. Ao mesmo tempo, seu sócio, que era também seu marido, partiu. Além disso, o último membro que lhe restou na família, de quem ela cuidava, faleceu. Acrescente a esse cenário um aniversário de década e o desejo de celebrá-lo assumindo um desafio físico. A única coisa sobre a qual ela tinha controle era sobre si mesma. A vida sempre nos apresenta dificuldades. Portanto, devemos ter confiança de que podemos contar com nossa **"inquebrantável essência interior"** para conseguir lidar com as dificuldades e tocar a vida adiante. Veja algumas ideias complementares para desenvolver autoliderança:

1. Faça as coisas com discrição — coloque seu ego de lado! Faça as coisas pelo que elas representam e dê o melhor de si, em vez de ficar esperando algo em troca.
2. Sinta admiração pela vida! Experimente coisas novas, acolha novas ideias e viva cada dia como um novo dia (mesmo se estiver fazendo as "mesmas" coisas). Nesse novo dia todas as coisas podem ser diferentes.
3. Seja o máximo possível honesto e íntegro. Se preservar seus valores, poderá se olhar no espelho e ter certeza de que deu o melhor de si. Tenha fé em si mesmo e em suas habilidades.
4. Os vencedores mudam e aprendem durante toda a vida. Sempre busque novos caminhos e ideias. Estimule essa mesma atmosfera no ambiente de trabalho e experimente isso por si mesmo. Libere o senso de humor que há dentro de você.
5. Entre para o clube das pessoas que têm consciência de que **"não devem reclamar nem se lamentar"**. Corrija o que puder e concentre-se em outras coisas (boas).

Transforme seu objetivo em realidade com o *Chi* Mental aplicado!

Com relação à liderança, um estudo realizado pela Universidade de Harvard revelou que a **"persistência"** é a característica que demonstra o maior potencial de liderança. Além disso, tenha e compartilhe uma visão/sonho (com planos) de como seu futuro deve ser. Comprometa-se totalmente. Desse modo, outras pessoas podem mirar-se em seu exemplo e adotar a filosofia de **"aprender com os erros"**.

45. Criar motivação

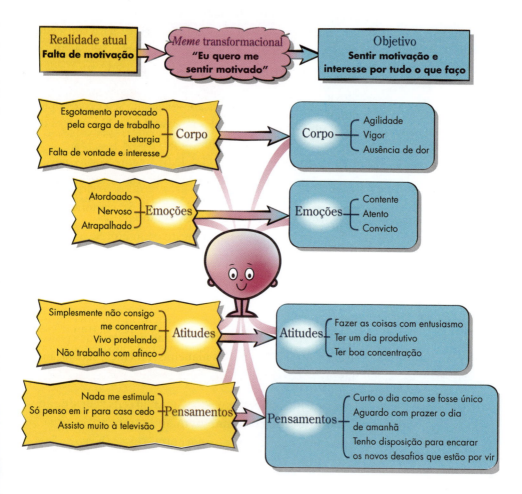

Chi Mental na prática

Motivação é o fator que nos leva a querer fazer alguma coisa. Com força de vontade e volição, a motivação nos ajuda a **"fazer diferença"**. Veja algumas sugestões complementares:

1. A **motivação** é algo edificante que cria um estado de espírito positivo. É o oposto de tédio. No espectro de "entediado a motivado", em que lugar você se encontra?
2. Faça o que você **ama** e ame o que você faz. Quando você se sente bem trabalhando, o trabalho deixa de ser uma labuta. (Seu salário passa a ser um prêmio extra!)
3. Estabeleça para si mesmo **metas dinâmicas** e de curto prazo (que são mais motivadoras do que os objetivos com prazos inflexíveis!). Delineie uma série de pequenas providências que possam levá-lo a atingir o resultado desejado. ("Estabelecer Prioridades", página 164.)
4. **Reconheça suas conquistas**. Procure recompensar-se por atingir um objetivo. Mesmo que a recompensa seja pequena, ela o fará reconhecer e destacar seu progresso.
5. Se você for responsável por outras pessoas, verifique se elas estão precisando de alguma coisa. Se compreender as necessidades alheias, conseguirá ajudar as pessoas a se manterem satisfeitas e produtivas. Pesquisas demonstram que o melhor motivador externo é **ser reconhecido**. Entre o incentivo e a punição, os resultados do primeiro são melhores.
6. **Seja criativo**, ou seja, pense de maneira inovadora e também convencional! Apresente ideias para que as coisas sejam realizadas de outras maneiras. Procure a satisfação nas pequenas coisas do dia a dia. Lembre-se da gratidão.

Transforme seu objetivo em realidade com o *Chi* Mental aplicado!

46. Manter a positividade

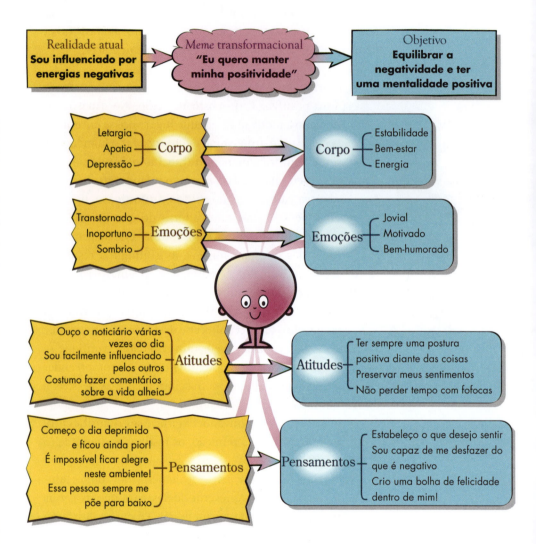

Chi Mental na prática

Quando as pessoas trabalham em um ambiente predominantemente **negativo**, elas com frequência encontram um motivo para **reclamar**. Isso é **contagioso**. Portanto, é fundamental tomar precauções para evitar esse contágio e fortalecer sua imunidade!

Veja uma história que exemplifica bem isso. Foi conduzido um experimento com dois garotos. Um deles tinha um quarto cheio de brinquedos. O outro, um quarto cheio de esterco. Ambos foram deixados sozinhos por algumas horas. Quando os cientistas voltaram, o garoto que tinha brinquedos estava lamentando e chorando. Será que o garoto do quarto com estrume estaria mais descontente? Quando se aproximarem da porta, perceberam pelos ruídos que o garoto assoviava e raspava. Ao abrir a porta, viram que ele estava cavando o estrume com força. "O que você está fazendo?", perguntaram os cientistas. "Bem, com tanto estrume, em algum lugar deve haver um jumento", respondeu ele. Portanto, quando se deparar com uma situação negativa, tente procurar o seu **"jumento"**! O fascinante é que, se você **procurar, sempre encontrará um!**

1. Lembre-se de que sempre você **pode ter controle** e escolher as emoções e os sentimentos que deseja vivenciar.
2. Se você estiver para encontrar uma pessoa negativa ou vivenciar uma situação negativa, **imagine-se** em uma linda bolha colorida de felicidade para desviar qualquer negatividade. Não a desafie diretamente porque isso pode piorar as coisas!
3. Mantenha-se **desvinculado**. Se o ambiente em que você trabalha for negativo, concentre-se nos fatos e procure ficar o máximo possível positivo.
4. Para aumentar sua positividade, **tome consciência** das coisas que lhe provocam aquele leve sorriso no canto da boca. Todas as interações são uma possibilidade para fazer pequenos gestos que aumentam a positividade e o

272 *Chi Mental*

> Transforme seu objetivo em realidade com o *Chi* Mental aplicado!

quociente de satisfação das outras pessoas. A autora Vanda acrescenta um ☺ em sua assinatura. Isso provocou inúmeros comentários positivos e sorrisos ao longo dos anos.

5. Lembre-se de que **ter um trabalho** é em si uma bênção! Quanto mais você tiver consciência das coisas positivas que lhe trazem alegria, mais você as perceberá. Quanto mais alegria encontrar, mais compartilhará. Quanto mais você compartilhar e criar, mais as outras pessoas se beneficiarão. Quanto mais você tiver consciência de que doa, mais você receberá de volta. É um método excelente.

47. Estar bem preparado

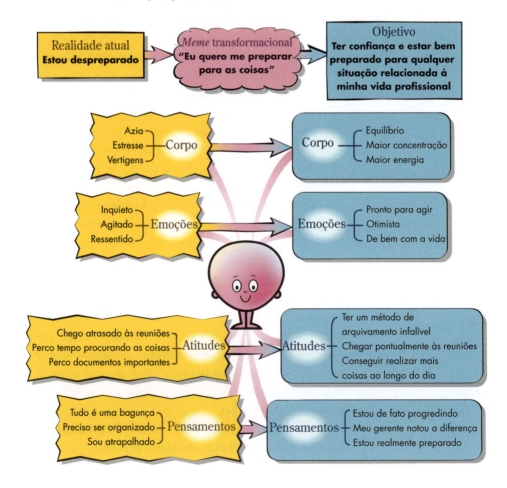

Chi Mental na prática

Estar **bem preparado** é uma **filosofia de vida**. O lema dos escoteiros é **"estejam preparados"** e, até certo ponto, essa é uma ideia extremamente favorável. Mesmo com muito preparo podemos correr o risco de errar. Depois de um desempenho perfeito um ginasta quase caiu no "desmonte", mas conseguiu endireitar-se e ficar em pé até o fim com os braços erguidos. Quando lhe perguntaram por quanto tempo havia praticado esse incrível desmonte, ele respondeu: "Durante anos!". Todas as horas de treinamento o prepararam para essa situação. Isso pode valer para você também. Tudo em sua vida e em suas experiências de aprendizagem até o momento é uma preparação para o que vem em seguida. Isso é particularmente verdade para os momentos difíceis.

1. Você tende a estar malpreparado ou bem preparado para as coisas? Você precisa encontrar o equilíbrio adequado. Reserve tempo suficiente para se preparar, de acordo com a importância da atividade que realizará e da quantidade correspondente de etapas.
2. Preparar-se significa dar importância ao que se deseja. A preparação demonstra respeito, tanto por você mesmo quanto pelos outros. Demonstra consideração e aumenta o comprometimento pessoal de todos os envolvidos.
3. A preparação corresponde a **80%** de seu **êxito**. É uma postura profissional e melhora sua autoconfiança para chegar a uma reunião sabendo que está bem preparado para o que quer que ocorra. Analise apontamentos, mapas e contatos anteriores. O que você sabe sobre as pessoas/empresa com as quais está se reunindo?
4. Crie um *checklist* (ou mapa) como lembrete, particularmente se você estiver repetindo as atividades que já realizou. Sem querer, podemos deixar alguma coisa de fora. É por isso que os pilotos sempre fazem a verificação de voo antes de decolar.
5. Prepare-se para eventualidades. Ajuste seu relógio 10 minutos à frente para ficar alerta e se prevenir.

> Transforme seu objetivo em realidade com o *Chi* Mental aplicado!

48. Elevar a autoestima

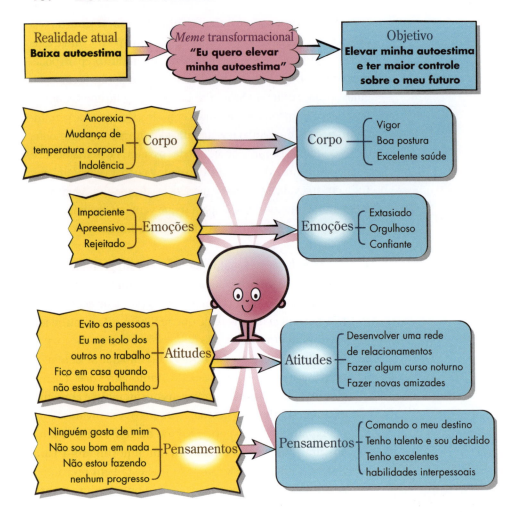

Chi Mental na prática

O que você **pensa** sobre si **mesmo** é o primeiro passo e o mais importante para ter sucesso na vida profissional. A falta de autoconfiança, além de demonstrar um estado de espírito ruim, reflete-se em seu comportamento e pode ser notada pelos outros. Veja algumas dicas para elevar sua autoestima:

1. Desenvolva sua **autoestima**. Faça um balanço. Observe quais são suas crenças e emoções básicas. Classifique-as. Elas são positivas, negativas ou neutras? Você precisa tomar alguma providência?
2. Celebre os trajetos que já percorreu na vida e também o destino a que chegou. Aprenda a **se sentir bem** com o lugar em que está agora, no momento presente.
3. Seja **ativo**. Tome a iniciativa. Seja resoluto. Tome decisões — não deixe outras pessoas escolherem o que é melhor para você.
4. Dê importância a todas as pessoas que você conhecer. Acostume-se a **ouvir**. Ouça mais a outra pessoa, em vez de ficar preocupado apenas consigo mesmo. Coloque-se no lugar da outra pessoa. Demonstre que você é atencioso. Você perceberá que isso contribui para a sua própria autoestima.
5. Concentre-se em seus **pontos positivos**. Peça aos seus amigos para apontarem seus pontos positivos — você pode ficar bastante surpreso. Se eles lhe disserem que você tem humildade, isso demonstra uma autoestima em grande medida positiva.
6. **Sorria!** Um simples sorriso melhora nossa aparência. Quando se olhar no espelho, sorria para si mesmo. Isso muda a química do cérebro e as reações imediatas das pessoas ao seu redor.
7. Faça alguma **atividade** que melhore seu **bem-estar**. Saia para caminhar, faça exercícios físicos, relaxe na banheira ou ouça música.

Transforme seu objetivo em realidade com o *Chi* Mental aplicado!

8. **Seja você mesmo**. Você é uma pessoa especial e digna de admiração. Mostre seu brilho.

Lembre-se: sua autoestima indica como você se vê. Tudo se encontra em sua mente. Peça ao seu *Chi* para lhe lembrar do quanto você é capaz ("Conhecendo o *Chi*, seu Mentor", página 37).

49. Fazer diferença

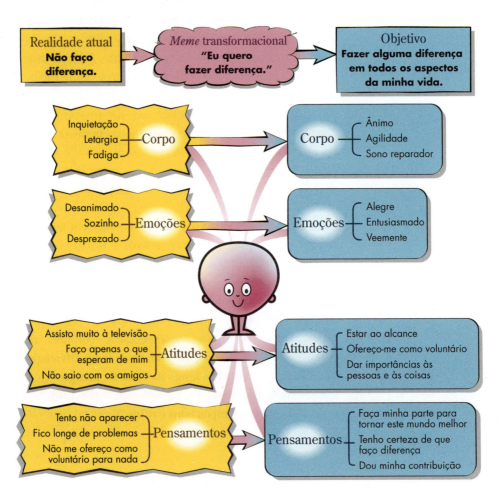

Chi Mental na prática

"Dois caminhos bifurcavam-se em uma floresta. Eu escolhi o menos percorrido. E isso fez toda a diferença." Essa famosa citação de Robert Frost resume a essência do que é **fazer diferença** (ter importância). Ao longo dos séculos, fomos inspirados por histórias de indivíduos que fizeram diferença, de madre Teresa a Nelson Mandela. O que eles têm em comum? **Perseverança**, senso de oportunidade, sabedoria para aproveitar as oportunidades, dedicação ao trabalho, um objetivo primordial e desejo de contribuir para a sociedade.

1. De que forma você deseja "fazer diferença"? Qual será sua contribuição para a sociedade? Escolha alguma coisa pela qual você sinta grande entusiasmo, algo que o torne veemente! Pode ser algo que você queira ser ou fazer. Você deseja ser um excelente pai/mãe? Funcionário? Chefe? Ou deseja que seu departamento seja mais alegre e mais produtivo? Encontre algo em que você possa se empenhar de corpo e alma. Esteja preparado para **terminar o que começou**. Independentemente da área à qual estiver se dedicando, tenha determinação para continuar. Isso normalmente nos traz grande alegria, porque "fazer diferença" é extremamente estimulante.
2. Ter **mentalidade positiva** também ajuda. Utilize suas habilidades de liderança ("Desenvolver Habilidades de Liderança", página 266) e sua motivação ("Criar Motivação", página 268) para não desistir.
3. Mantenha-se **em forma**. Se você se sentir bem mental e fisicamente, conseguirá enfrentar tudo o que vier pela frente.
4. **Envolva-se**. Não haja como espectador. Por meio do envolvimento você terá oportunidade de fazer diferença.
5. Desenvolva amizades ao longo da vida. Os **amigos** são o seu **tesouro**. Portanto, valorize-os à altura. Eles o apoiam e o acalentam em tempos bons e ruins.

> Transforme seu objetivo em realidade com o *Chi* Mental aplicado!

50. Honrar os compromissos

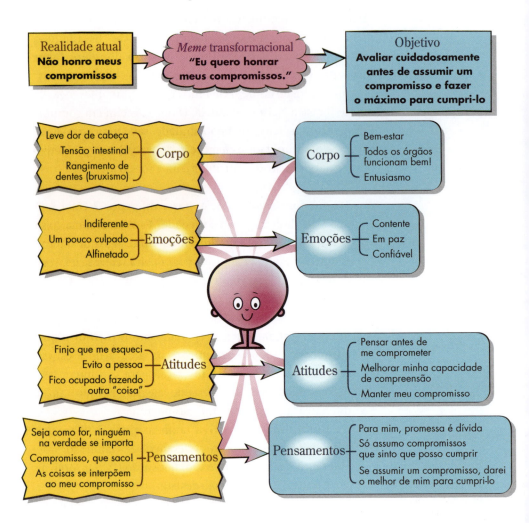

Chi Mental na prática

Um compromisso pode ser pequeno ou extremamente grande. Seja qual for sua magnitude, não deixa de ser um compromisso. Sua palavra é importante. Se você de fato decidir assumir um **compromisso**, deverá fazer o possível para **honrá-lo**.

Como na maioria das vezes assumimos compromissos com pessoas mais íntimas, é ainda mais importante cumpri-los se quisermos manter nossos relacionamentos. Algumas sugestões quanto a isso:

1. Se alguém tentar forçá-lo a assumir um compromisso, resista. Pense com calma para ter certeza de que, se concordar, conseguirá cumpri-lo. Quando você diz **sim** e depois volta atrás, isso pode causar problemas para as pessoas.
2. Antes de tomar a iniciativa de assumir um compromisso, **avalie seu entusiasmo** por um momento. Talvez seja mais seguro não se comprometer, mas dizer que, se possível, você fará isso ou aquilo. Desse modo, você não cria expectativas desnecessariamente.
3. Sua **promessa** é **dívida**. Um compromisso representa sua essência, seu íntimo. Portanto, trate-o com o devido respeito para que os outros o respeitem do mesmo modo.
4. Se assumir um compromisso que por algum motivo imprevisto não puder cumprir, **explique-se** para a outra ou as outras pessoas envolvidas. Tente imaginar um novo plano de ação.
5. Avalie sua postura em relação a assuntos complexos, como **honestidade**, **ética** e **valores**, antes de precisar recorrer a eles. Assim, quando se sentir pressionado, ficará mais fácil saber como agir.
6. Se você **não mantiver sua palavra**, tudo o que disser depois pode **perder o valor** aos olhos das pessoas ao seu redor. É aquela velha história do "alarme falso": por exemplo, se mentir que está precisando de ajuda, quando de fato precisar ninguém acreditará. Isso mina a confiança de qualquer relação — especialmente em relação a você! É melhor prometer menos e fazer mais do que o contrário.
7. A satisfação decorrente de um **compromisso cumprido**, tanto para você quanto para as outras pessoas envolvidas, **é profundamente gratificante**.

Transforme seu objetivo em realidade com o *Chi* Mental aplicado!

PARTE 4
Chi Mental complementar

Capítulo 17 — Veículo do *Chi* Mental
Capítulo 18 — Assistência ao programa *Chi* Mental
Capítulo 19 — Crenças e o *Chi* Mental
Capítulo 20 — Tudo se encontra em seu *Chi* Mental

17 Veículo do *Chi* Mental

> **Visão geral**
>
> O veículo de seu *Chi* Mental
> Sobre a terapia cognitivo-comportamental (TCC)
> Sobre a tensão estrutural (TE)
> Sobre o método dos 4 Rs
> Sobre os intensificadores naturais da memória
> Pondo sua mente em ordem

O cérebro é um assunto intrigante. Por isso, incluímos aqui uma mistura estimulante de pesquisas científicas extremamente consolidadas, processos psicológicos bastante respeitados e mecanismos ainda "pouco conhecidos" para aguçar seu interesse. Dividiremos com você informações incríveis sobre a mente, o que de fato ocorre no cérebro e por que é tão importante e estimulante perceber que podemos controlar nossos pensamentos, nós mesmos e nosso futuro.

Procuramos simplificar ao máximo as informações sobre vários processos mentais profundos e complexos. Desejamos muito tornar essas teorias acessíveis e aproveitáveis. Ao fazê-lo, esperamos não ter diminuído todas as implicações dessas teorias e descobertas.

Nesta parte, sintetizamos alguns fatos e algumas informações científicas interessantes sobre a mente e seu funcionamento, explicando em que sentido eles estão relacionados com os princípios do programa *Chi* Mental. Tendo em vista o escopo deste livro, as informações que nos foi possível compartilhar com você são apenas a ponta do *iceberg*, mas existem outros recursos e referências na página 359 e em nosso *site* (www.mindchi.com).

O programa *Chi* Mental funcionará independentemente de você ler o conteúdo a respeito dessas pesquisas, mas é aconselhável aprofundar-se um pouco porque essas informações são extremamente estimulantes. Tentamos tornar a leitura agradável. Portanto, acompanhe-nos na mais mágica das excursões pelos mistérios da mente!

> Entender de que forma uma teoria abstrata pode ter relevância na vida cotidiana pode ser um tanto difícil. Por exemplo, quando perguntamos para as pessoas se elas conhecem as pesquisas de Roger Sperry sobre o "cérebro dividido" (conhecida popularmente como teoria do hemisfério direito/esquerdo do cérebro) no final da década de 1960, percebemos que a maioria não as conhece. Se em seguida perguntamos se alguém já mudou algum hábito, sua filosofia de vida ou alguma atividade por causa disso, a maior parte dessas pessoas nos olha sem entender e pergunta: "O que você quer dizer com isso?".
>
> Na hipótese de você também estar curioso, embora essas informações tenham provocado certa divergência, a princípio afirmava-se que o hemisfério esquerdo era o lado "lógico e analítico" e o direito o lado "criativo. Dizia-se então que as pessoas tinham um lado "esquerdo" ou um lado "direito" predominante. Algo um tanto quanto limitador — e errôneo. Atualmente sabemos que todas as funções no córtex esquerdo e no direito apoiam-se mutuamente (por meio do corpo caloso na parte central da cabeça). Na prática, isso significa que, para melhorar a memória, por exemplo, precisamos misturar lógica com inovação, cores com ordenação e ritmo e repetição.

O veículo de seu *Chi* Mental

Com base em nossos vários anos de experiência aplicando o programa *Chi* Mental e compartilhando-o com outras pessoas, temos certeza de que esse programa **produzirá** ótimos resultados para você, porque as técnicas que amparam esse processo incorporam o **"o que fazer"** a um método altamente eficaz sobre **"como fazer"**. A ideia é trabalhar com a mente para aumentar **exponencialmente** a eficácia desse método. É por isso que estamos tão empolgados com o potencial que ele apresenta.

> O motor do veículo do *Chi* Mental foi cuidadosamente construído e tem todas as especificações para conduzir sua mente em uma jornada de mudanças, com estilo, agilidade e satisfação.

O programa *Chi* Mental baseia-se fundamentalmente em quatro teorias de desenvolvimento pessoal que foram rigorosamente testadas e utilizadas para ajudar centenas de milhares de pessoas ao redor do mundo a superar problemas graves ou atingir objetivos de vida. São elas:

1. Terapia cognitivo-comportamental (TCC) e terapia de vivência racional (TVR)
2. Tensão estrutural (TE)
3. Método dos 4 Rs
4. Intensificação natural da memória

Todas essas terapias estão amarradas no programa *Chi* Mental. Agrupadas, elas se transformaram no "veículo do *Chi* Mental", que lhe permite reaver o autocontrole e transportar-se para o lugar em que sempre desejou estar. Com isso, você poderá realizar as mudanças que deseja em sua vida da forma mais fácil possível.

Além disso, depois que você ganhar domínio nesse método, poderá aplicá-lo pelo resto da vida em qualquer coisa que desejar fazer.

Agora, pise no acelerador do seu *Chi* e curta essa viagem pelas páginas a seguir a bordo de seu veículo — convicto de que seu motor é rápido, estável e altamente eficiente. **Aperte os cintos!**

Sobre a terapia cognitivo-comportamental (TCC)

Começaremos com uma breve história da TCC porque várias pessoas já trabalharam em prol de seu desenvolvimento e evolução. A fonte de inspiração inicial encontra-se na **"terapia racional"**, desenvolvida por Albert Ellis na década de 1950. Em seguida, esse estudo foi complementado pelo trabalho de Aaron Beck, que se concentrou em pesquisas sobre os aspectos cognitivos do comportamento, na década de 1960. Depois, na década de 1970, Arnold Lazarus associou os aspectos cognitivos e comportamentais, considerando também a relevância da percepção dos sentimentos físicos (em contraposição aos estados emocionais). Ele chamou essa abordagem de **"terapia multimodal"**. Mais recentemente, o doutor Aldo Pucci integrou os elementos citados anteriormente para criar a terapia de vivência racional (TVR) — concebida como uma abordagem sistemática para ajudar as pessoas a se melhorar em algum aspecto.

O que significa TCC? A definição dada pelo Royal College of Psychologists é a seguinte:

"A TCC pode ajudá-lo a mudar sua maneira de pensar (aspecto cognitivo) e o que você faz (comportamento). Essas mudanças ajudam-no a se sentir melhor. Diferentemente de alguns outros tratamentos por meio da palavra, a TCC concentra-se em problemas e dificuldades do 'aqui e agora'. Em vez de enfatizar as causas passadas de suas aflições ou de seus sintomas, ela busca soluções para melhorar seu estado de espírito agora."

A TCC pode ajudá-lo a fazer qualquer mudança que desejar decompondo uma questão em várias partes menores. Com isso, fica mais fácil perceber como nossos comportamentos e atitudes estão associados e como eles afetam nossa energia mental. Em primeiro lugar existe o acontecimento, **"estressor"** ou hábito que você deseja mudar ou corrigir; em seguida, seus pensamentos, atitudes, sensações físicas e emoções culminam em sua reação ou resposta. Qualquer uma dessas áreas pode influenciar a outra. A forma como você **pensa** a respeito de uma situação pode afetar a maneira como você **se sente** física e emocionalmente e também suas atitudes em relação a isso. É muito fácil esse **"círculo vicioso"** tornar-se um hábito negativo e destrutivo: um acontecimento pode desencadear uma resposta em qualquer uma dessas quatro áreas, o que, por sua vez, exacerba o círculo descendente.

A TCC pode ajudá-lo a analisar claramente essas partes distintas das respostas comportamentais para que possa mudá-las e, por conseguinte, alterar o modo como se sente e age. O objetivo da TCC é auxiliá-lo a alcançar um patamar em que você consiga **"fazer isso sozinho"** e encontre seus próprios métodos para lidar com problemas futuros. É a terapia preferida para a maioria dos casos de distúrbios comportamentais.

A TCC na prática: o BEAT do *Chi* Mental

Para ajudá-lo a transformar o *Chi* Mental em uma "dependência" positiva — isso exige alguns pensamentos conscientes e fortalece o seu cotidiano —, apresentamos algumas atividades do programa *Chi* Mental utilizando a TCC em um formato aperfeiçoado.

A etapa "agora" do programa *Chi* Mental é a que está mais intimamente relacionada com a abordagem da TCC.

O Passo 5 ("Conscientize-se", página 66) e o Passo 6 ("Escolha", página 68) apresentam a função e o impacto de seus pensamentos, atitudes, corpo e emoções sobre sua realidade atual e seus objetivos futuros por meio do BEAT do *Chi* Mental. As perguntas são as seguintes:

- Quais foram/são/serão as reações físicas do meu corpo?
- Quais foram/são/serão minhas reações emocionais?
- Quais foram/são/serão minhas atitudes?
- Quais foram/são/serão meus pensamentos?

A repetição diária dessas perguntas aumentará e fortalecerá gradativamente sua percepção geral (e, portanto, seu controle) sobre seus sentimentos e comportamentos e sobre a repercussão desses sentimentos e comportamentos no caminho que o levará aos seus objetivos.

Com o tempo, sua **percepção** ficará mais aguçada e você conseguirá dirigir sua **atenção** com maior facilidade para o "agora": o momento presente. A percepção crescente sobre seu BEAT presente lhe permitirá **escolher** de que forma deve dirigir sua energia e motivação para atingir seus objetivos. Esse método é extremamente eficaz.

Paralelamente a isso, seu *Chi* intensifica sua força de vontade para escolher o que de fato deseja fazer, evitando que, de outra forma, você escolha a opção mais fácil.

Recomendamos que você utilize diariamente as etapas de "exame e escolha" do BEAT do *Chi* Mental porque são fáceis e úteis em uma série de contextos. Você começará a aplicá-las naturalmente ao longo do dia quando se sentir tenso ou estressado assim que esse processo tornar-se automático: "Seu pescoço está tenso?", "Você está se sentindo confuso emocionalmente?", "Você está agindo apressadamente?", "Seus pensamentos estão confusos?". Você só precisa examinar o seu BEAT. Assim que tomar consciência do que está provocando sua tensão, você poderá decidir mudar esse aspecto do BEAT.

O que é ainda mais interessante é que, quando melhoramos uma área, tendemos a melhorar também outras áreas da vida. Digamos que você resolva se concentrar para relaxar o pescoço: você perceberá com clareza seu emocional porque tomou uma atitude e provavelmente diminuirá um pouco seu ritmo e começará a pensar mais claramente.

O círculo "vicioso" do qual falamos antes (página 47) pode transformar-se em uma espiral "virtuosa — o oposto do círculo vicioso — e ajudá-lo a fazer as mudanças que deseja e a atingir seus objetivos. Portanto, sua percepção/consciência pode levá-lo a fazer uma opção após outra, desencadeando uma espiral virtuosa ascendente (página 287). **Não é ótimo?**

Entre no ritmo do seu BEAT preferido.

Sobre a tensão estrutural (TE)

Na década de 1970 houve um grande salto nas pesquisas sobre o funcionamento do cérebro e os processos correspondentes dos quais dependemos para aprender e para viver melhor. Nesse campo, um dos principais norteadores foi o conceito de **"tensão estrutural"** desenvolvido por Robert Fritz.

No conceito de tensão estrutural (TE), o termo **"estrutura"** significa **"uma coisa completa ou inteira"**. Por exemplo, um carro, um prédio, uma empresa ou o corpo humano. A estrutura é uma entidade inseparável, completa e total. Nossa vida é uma estrutura e, como todas as estruturas, ela se comporta e funciona de uma ou mais formas que estejam de acordo com essa estrutura.

Fritz afirma que as pessoas têm dois padrões estruturais básicos: **progredir** e **oscilar**.

Progredir é um padrão estrutural em que o sucesso que obtemos torna-se uma plataforma para o sucesso futuro. Essa plataforma serve para criarmos ímpeto ao longo do tempo e a soma de nossas experiências de vida nos conduz para a frente. (Por exemplo: aprender a dirigir gradativamente por meio de uma série de aulas e praticar semanalmente a recorrer ao conhecimento obtido nos passos anteriores.)

Oscilar é o padrão estrutural em que o sucesso obtido é neutralizado porque um passo adiante é seguido por um passo para trás. Nesse tipo de estrutura, o sucesso não é duradouro. (Por exemplo: ter um dia de "curso intensivo" para aprender a dirigir e ficar vários meses sem praticar.)

É possível mudar do padrão estrutural de oscilação para o de progressão, mas essa mudança exige um envolvimento mais direto de nossa parte com nosso processo de construção de vida:

criamos mais em relação ao que desejamos verdadeiramente e melhoramos a qualidade de nossas experiências de vida.

Fritz chama a relação entre o objetivo futuro ou imagem mental ("visão ou sonho") e a realidade estrutural de TE. Essa ideia está fundamentada em um princípio da natureza: "toda tensão procura resolução". Durante o processo criativo, nossa concentração divide-se entre o ponto em que estamos no momento e o ponto que desejamos alcançar. Para atingir um objetivo, é necessário criar um plano detalhado e progressivo de ações e passos para seguir adiante.

Fritz identifica três passos para resolver a TE:

1. Definir (criar) o objetivo/imagem mental.
2. Gerar a TE ao definir a realidade atual.
3. Resolver a TE criando um caminho de resistência mínima por meio de atitudes (ações) e passos entre a realidade atual e o objetivo/imagem mental.

Precisamos avaliar constantemente a realidade atual, observar com cuidado o ponto em que estamos no presente e, com a atenção flexível, perceber em que ponto isso nos coloca em relação ao objetivo desejado. Isso significa que mantemos a TE e, portanto, procuramos formas de resolver essa TE e atingir nosso objetivo.

TE na prática: o plano de *Chi* Mental e o *Chi*

No programa *Chi* Mental, o princípio da tensão estrutural está incorporado no plano de *Chi* Mental. Cada plano possibilita que você avalie sua realidade atual em uma área específica que deseja mudar e, em seguida, crie o objetivo/imagem mental em relação a como deseja que sua vida fique.

Apresentamos **50 opções de estratégia de sucesso**. Todas elas são planos de *Chi* Mental específicos cujo formato reflete a teoria de TE de Fritz. Você pode escolher uma delas ou criar um plano próprio utilizando a página de modelo (em branco) de plano de *Chi* Mental. A comparação entre a "realidade atual" e o "objetivo" futuro desejado pode ajudá-lo a evitar a oscilação e incitá-lo a agir.

Utilize a TE para reforçar seu objetivo ou visão. Sempre que você tiver oportunidade de divagar, procure repassar mentalmente o seu breve "filme", aquele que mostra de que forma você gostaria que sua vida ficasse. Utilize o BEAT para experimentar sua vida **"como se"** estivesse vivenciando aquilo no momento. Assim, o processo torna-se mais rigoroso (página 290). À medida que intensificar a força de seus pensamentos e atitudes em direção ao seu objetivo, você reforçará sua plataforma de sucesso de acordo com as teorias de Fritz e criará ímpeto para realizar mudanças positivas.

Transforme seus planos em realidade ganhando destreza nos passos do *Chi* Mental e aplicando esse programa ao plano de *Chi* Mental escolhido durante no mínimo 28 dias consecutivos. Seu plano reforçará seu *meme* de transformação positiva e o ajudará a resolver a TE entre o ponto em que está (realidade atual) e as mudanças necessárias para atingir seu objetivo (realidade futura).

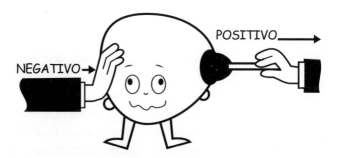

Experimente o impulso do "negativo" e a atração do "positivo".

> Seu mentor, o *Chi* (página 37), o ajudará a percorrer esse trajeto porque impedirá que qualquer voz negativa ("Você está sempre atrasado!" ou "Você sabe que colocará tudo a perder") seja substituída pelo novo meme positivo ("Eu sou digno de confiança" ou "Eu entrego meus trabalhos pontualmente e com um excelente nível de qualidade"). O monólogo negativo é um dos principais fatores que impedem que você progrida. Portanto, procure fazer com que a voz de seu *Chi* permaneça positiva em todos os momentos. Se um pensamento negativo infiltrar-se furtivamente em sua mente, repita de quatro a dez vezes seu meme transformacional. Escreva seus memes em pequenos cartões e guarde-os em sua carteira ou bolsa para que possa lê-los com frequência. Faça o seu *Chi* trabalhar a seu favor, e não contra você.

Sobre o método dos 4 Rs

Nos últimos 20 anos, o doutor Jeffrey Schwartz trabalhou com pacientes com **transtorno obsessivo-compulsivo** (TOC) e tentou ajudá-los a mudar seus comportamentos. Suas pesquisas são particularmente interessantes porque ele está trabalhando para treinar o cérebro a superar comportamentos desencadeados por desequilíbrios químicos. Os resultados são extremamente significativos para o programa *Chi* Mental porque demonstram o quanto a mente pode controlar a química e o circuito cerebral. Nós **de fato** temos poder para nos transformarmos.

O método de **retreinamento** do doutor Schwartz compreende quatro partes. Cada uma delas tem uma importância exclusiva porque influencia e aumenta a sinergia da seguinte. Essas quatro partes, em relação ao TOC, são:

1. **Reclassificar** – Reconhecer que os pensamentos obsessivos intrusivos e os ímpetos são provocados pelo TOC: algo não está funcionando bem no cérebro. Aprender a reconhecer e reclassificar um pensamento decorrente do TOC e saber que ele não está transmitindo uma mensagem

precisa. Para conseguir isso, é necessário ter uma percepção consciente dos ímpetos provocados pelo TOC assim que eles surgem. Nesse estágio, há um reconhecimento do *que* está ocorrendo.

2. **Reatribuir** – Perceber que a intensidade e a intromissão do pensamento ou do ímpeto são provocadas pelo TOC. Isso está relacionado com um desequilíbrio bioquímico no cérebro. A frase-chave nessa etapa é "Não sou eu, é o TOC". Desse modo, é possível optar por **não** reagir aos pensamentos. (Isso não é a mesma coisa que dizer "Eu me comportei mal porque essa é a minha personalidade e isso não é culpa minha!".) Nesse estágio, reconhece-se **por que** tal coisa está ocorrendo.

3. **Reconcentrar** – Trabalhar em torno dos pensamentos decorrentes do TOC desviando a atenção do pensamento obsessivo e dirigindo-a (reconcentrando-a) para outra coisa. É necessário **escolher um comportamento substituto** e mantê-lo durante pelo menos alguns minutos. Esse estágio é indispensável para formar novas vias neurais. Esse é o estágio do **quando**, isto é, do momento em que a mudança ocorre.

4. **Reavaliar** – O pensamento decorrente do TOC não deve ser acatado acriticamente. Ele não é significativo em si. Com essa percepção, o indivíduo compreende de que forma o cérebro funciona. A reavaliação reforça a convicção do **indivíduo** em sua capacidade de, com paciência e perseverança, responder e obter controle. Essa é a forma **como** "repriorizamos".

Segundo Schwartz:

> *"Entendendo o processo pelo qual nos capacitamos a combater o TOC e a reconhecer o controle que é possível obter ao treinar a mente a superar reações compulsivas ou automáticas a pensamentos ou sentimentos intrusivos, compreendemos profundamente de que forma podemos reaver nossa vida. A mudança da química cerebral é uma feliz consequência desse ato de afirmação da vida.*

A verdadeira liberdade repousa nesse caminho de percepção esclarecida do nosso verdadeiro autointeresse."

Os 4 Rs na prática: *Chi* Mental básico, *Chi* Mental aplicado e o *Chi*

Por que o método dos 4 Rs é tão importante para o *Chi* Mental? Porque se essa técnica pode ajudar uma pessoa a superar a gravidade do TOC, então as pessoas que estão lidando com obsessões, hábitos e traços relativamente mais brandos podem ter a segurança de que definitivamente terão êxito nessa iniciativa. A essência dessa informação foi inserida sutilmente nos programas *Chi* Mental básico e *Chi* Mental aplicado.

O mentor *Chi* também intensificará sua percepção e o ajudará a pensar de maneira positiva. Para pôr o *meme* transformacional em prática, você precisa sempre perceber conscientemente como você conversa consigo mesmo. Substitua todo pensamento negativo que tiver por um pensamento positivo e repita-o de quatro a dez vezes. Por meio da percepção consciente, você **reclassifica** seus pensamentos antigos e transforma-os em novos. O *Chi* (que é um observador bastante inteligente) pode ser treinado para ouvir as vozes que precisam ser mudadas.

Durante o exercício diário do *Chi* Mental básico (e aplicado), preste atenção crescente aos Passos 3 e 4 quando avaliar e rever suas 24 horas passadas (páginas 59 e 61) e observe se suas atitudes e reações foram infrutíferas ou o ajudaram a progredir em direção ao seu objetivo. No decorrer dos 28 dias, provavelmente você perceberá que mesmo que alguns hábitos antigos e inconvenientes continuem a se repetir você gradativamente captará e mudará suas respostas, com uma consciência cada vez maior, para criar hábitos novos e positivos. Você pode **reatribuir** os motivos dos pensamentos e atitudes antigos e inconvenientes e transformá-los conscientemente em pensamentos e atitudes novos e convenientes.

Experimente a alegria que é ter controle sobre você mesmo.

Com o *Chi* Mental, você pratica a **reconcentração**, que é uma parte essencial do programa *Chi* Mental e depende da reclassificação e reatribuição para redirecionar nossa atenção para nossos pensamentos e atitudes. A reconcentração ocorre nos Passos 5 e 6 do *Chi* Mental básico/aplicado, que é a fase "agora" (realidade atual) do exercício diário. Se conseguir "perceber" seus pensamentos e intenções quando eles começarem a "fervilhar", você terá maior consciência deles e poderá escolher se deve ou não se guiar por eles. Mais um vez, o BEAT do *Chi* Mental é um excelente recurso para você se concentrar por um minuto e mudar de maneira consciente uma ou mais de suas respostas/reações. Sua voz interior, o *Chi*, o ajudará a perceber seus pensamentos assim que eles começarem a "fervilhar" e com isso você poderá redirecioná-los da forma mais produtiva possível.

A última finalidade do *Chi* Mental básico e aplicado, nos Passos 7 e 8, é possibilitar que você avalie o plano e sinta-se agradecido pelo progresso que obteve até o momento. Com isso, você tem oportunidade de **reavaliar** seu objetivo, seus pensamentos e suas atitudes. Concentre-se no objetivo escolhido, imagine-o como sua nova prioridade e sinta-se totalmente agradecido pela situação atual e pelo que ocorrerá. Essa é uma boa maneira de reforçar o impacto do programa *Chi* Mental como um todo.

Sobre os intensificadores naturais da memória

Quando criança, experimentamos algo admirável. A memória trabalha naturalmente a nosso favor. Sem saber, empregamos todos os fatores que examinaremos neste momento, e aprendemos com facilidade e alegria. Os intensificadores naturais da memória são habilidades inatas que se desenvolvem no cérebro. Com eles, primeiramente nos tornamos "conscientemente competentes" e depois "inconscientemente competentes", tal como éramos na infância. A memória que trabalha a nosso favor e nos traz a maior satisfação possível é aquela que utiliza as técnicas de memorização mais eficazes.

Os primeiros e os últimos

Nós nos lembramos naturalmente e mais facilmente daquelas coisas que ocorrem **"primeiro"** e **"por último"** do que daquelas que ocorrem no meio. Portanto, seu primeiro beijo e seu beijo mais recente e sua primeira entrevista de emprego e a mais recente podem ser relembradas mais prontamente do que os beijos ou as entrevistas que ocorreram nesse espaço intermediário (a menos que tenha ocorrido alguma coisa tão notável ou extraordinária que isso fique gravado em sua memória... e seja recorrente). Entre os "primeiros" e os "últimos" fatos memoráveis encontra-se um grande declive ou curva de **familiaridade** e **similaridade**. E quanto maior esse declive ou curva, maior a fase de **"esquecimento"**. Para melhorar sua capacidade para se recordar dos acontecimentos, você precisa criar mais "primeiros" e "últimos", que podem ocorrer em forma de intervalos. Se você fizer uma pausa a cada 46-60 minutos quando estiver estudando (ou trabalhando em um grande projeto), seu cérebro considerará e integrará mais prontamente os detalhes de seu trabalho.

Bluma Zeigarnik (1900-1988) descobriu que quando fazemos uma pausa no meio de um estudo (ou de qualquer atividade de leitura/redação/computação), melhoramos nossa atenção (e, portanto, nossa memória) em relação ao que estávamos lendo. Ela percebeu que os intervalos dão oportunidade para que o cérebro arquive as coisas e compreenda melhor o seu sentido por oferecer mais primeiros e últimos.

Um fenômeno denominado **"efeito da reminiscência"** também tem parte nisso. A reminiscência é o oposto de **"esquecimento"**. Ela está relacionada à nossa maior capacidade de nos recordarmos de informações em torno de cinco a dez minutos depois que acabamos de lê-las. (Isso é particularmente verdade quando temos interesse pelo assunto.) Portanto, durante um intervalo, o cérebro continua trabalhando na atividade em questão e os intensificadores da memória interligam os fatos e a memória.

O princípio do "primeiro e último" também tem influência sobre o que conversamos. Costumamos nos lembrar mais da forma como iniciamos e finalizamos uma conversa, em comparação ao que dizemos ou fazemos no espaço intermediário (consulte as páginas 301 e 302). É por isso que oferecer bom-dia às pessoas pela manhã inicia tão bem o nosso dia e terminar uma conversa com um comentário positivo ou uma síntese empresta um tom construtivo que é naturalmente relembrado.

Momentos extraordinários

Mas como podemos lidar melhor com essa grande curva de "esquecimento", entre os "primeiros" e "últimos"? Hedwig Von Restorff (1906-1962) é quem pode nos ajudar nesse sentido. Ela observou que as coisas "notáveis" (salientes ou extraordinárias) são mais facilmente relembradas (isto é, as coisas que se destacam em relação ao todo). Portanto, é aconselhável realizar algo diferente no meio de uma apresentação para criar um momento **"notável"**, despertar as pessoas e obter novamente sua atenção. (Entretanto, isso deve ser apropriado e deve estar relacionado com o assunto em pauta!)

Os momentos notáveis são também uma forma eficaz para diferenciar um ano de outro. Tente se lembrar um pouco de sua vida. Você será capaz de se lembrar de sua idade em relação a um acontecimento, música ou férias que o ancora a um tempo e lugar. (Olhando agora para a frente, por que não programar algo novo e diferente todos os anos para que isso se torne o tema/característica daquele ano?)

Repetição

Esse é um recurso importante e também natural para ajudar a memória a funcionar. Quando criança, adoramos ouvir as mesmas histórias vezes e vezes sem conta ou cantar repetidamente alguma música para "gravar" o alfabeto. Um adulto que gosta de jogar golfe, por exemplo, praticará repetidas vezes suas tacadas na área de treinamento. Infelizmente, quando pensamos em repetição no processo de aprendizagem, às vezes costumamos ter memórias negativas, como as duras horas que passávamos repetindo a tabuada na escola. Por isso, quando você quiser trabalhar com a repetição, procure torná-la o mais divertida possível. Você verá que isso vale a pena.

Interesse

Obviamente, quanto maior o nosso interesse por um assunto, mais facilmente nos lembramos dele! Você sabe disso e age dessa forma naturalmente. Contudo, há também outras maneiras de aumentar **"artificialmente"** nosso quociente de interesse. Isso pode melhorar a eficácia de nossa memória. Se utilizarmos a imaginação para alimentar nosso interesse, nossa memória melhorará automaticamente porque empregamos a força de nossas habilidades visuais para **"ver"** coisas imaginariamente.

Associações

Sir Francis Galton (1822-1911) era meio-primo de Charles Darwin e pai da psicometria. Ele foi o primeiro a documentar o poder da associação como suporte à memória. A memória associa tudo o que vemos, ouvimos, degustamos, tocamos, cheiramos e sentimos com uma experiência anterior baseada em associações semelhantes. As associações nos induzem a lembrar de informações (por isso, o cheiro do café recémpassado pode nos transportar para o café que frequentávamos quando estudantes ou uma música nostálgica pode nos lembrar de um momento na infância). As associações são a forma natural utilizada pelo cérebro para vincular e relacionar tudo o que conhecemos ao longo da vida com novas informações. Quanto mais fortes (multissensoriais) as associações feitas por nossa mente, melhor nossa capacidade de nos lembrarmos com precisão dos acontecimentos.

A força do recurso PUERIA

O recurso PUERIA é uma síntese desse "manancial" de intensificadores potentes da memória (e como acrônimo é também uma técnica de memorização).

Primeiro	Nós nos lembramos das "primeiras" coisas — nosso primeiro beijo, nosso primeiro emprego, nosso primeiro carro...
Último	Nós nos lembramos do nosso namorado(a) mais recente; do nosso último emprego; e do último cafezinho.
Extraordinário	Lembramo-nos de acontecimentos, pessoas e sentimentos extraordinários (salientes) e, por isso, memoráveis.
Repetição	Precisamos repetir as coisas de uma maneira divertida para nos lembrarmos delas.
Interesse	Devemos aumentar nosso interesse e engajar mais a nossa imaginação.
Associação	Utilizamos nossos sentidos para vincular e relacionar as informações.

Tudo isso pode ajudá-lo a guardar as coisas na memória (gravar) e recordar-se delas (evocar) mais facilmente.

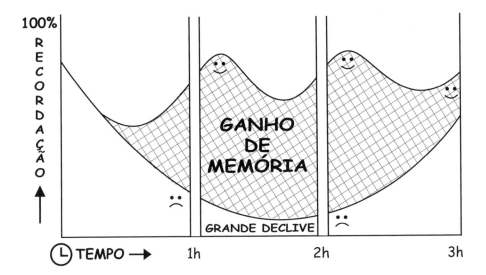

No diagrama acima, o eixo vertical corresponde à nossa capacidade de recordação e o eixo horizontal corresponde ao espaço de tempo. Pesquisas demonstram que começamos com aproximadamente **80% de recordação** de um determinado assunto. Quanto mais estudamos (aqui, mostramos no máximo três horas), mais acentuado o declive ou depressão em nossa capacidade de recordação — podemos compreender o que estamos estudando, mas isso não é a mesma coisa que relembrar. Se fizermos uma pausa a cada 45-60 minutos, aumentaremos sensivelmente nossa capacidade de recordação. Quando consideramos o "efeito da reminiscência", que ocorre após um intervalo, nossa capacidade de recordação intensifica-se (sem que façamos nada a respeito). Você pode observar esse aumento significativo na seção quadriculada do diagrama.

Intensificadores naturais da memória na prática: *Chi* Mental básico e *Chi* Mental aplicado

O recurso PUERIA é fundamental para o *Chi* Mental básico e aplicado ou para você desenvolver seus planos:

P **P**rimeiro, possibilite que sua mente experimente brevemente a realização de seus objetivos imaginando que você já conseguiu chegar lá.

U A **ú**ltima coisa que você fez ao concluir o *Chi* Mental básico e o *Chi* Mental aplicado foi o exercício de um minuto de agradecimento por todas as coisas que realizou. Mantenha em sua memória essa sensação de contentamento.

E O que se destacou e você pode classificar como um momento **e**xtraordinário? Deixamos para seu espírito brincalhão (e imaginativo) a tarefa de criar novos momentos memoráveis.

R A **r**epetição diária do *Chi* Mental básico e do *Chi* Mental aplicado ao longo de 28 dias enraizará esse novo hábito, ativará seu autocontrole e fortalecerá novas vias neurais positivas.

I Seu **i**nteresse mantém vivo em sua memória o motivo subjacente ao objetivo que você escolheu e a pergunta "O que isso pode fazer por mim?". No contexto do *Chi* Mental, o interesse fortalece sua autoconvicção e sua força de vontade. Esse é o motivo de seu compromisso.

A O músculo vigoroso da **a**ssociação flexiona-se criando elos de memória entre os oito passos do *Chi* Mental e o seu plano específico, particularmente quando estiver utilizando o *Chi* Mental Aplicado para direcionar o objetivo ou resultado desejado. Para intensificar essas associações, você pode utilizar mais desencadeadores de memória sensorial, como no Passo 4, quando você recapitula os pontos positivos do seu dia e fecha o punho para prendê-los.

Se você empregar o PUERIA a seu favor, desenvolverá sua capacidade natural de recordação e aumentará sua satisfação por sua mente **de fato** poder e continuar trabalhando em seu benefício. Lembre-se de que a plasticidade do cérebro pode ajudá-lo a aprender e a experimentar coisas novas. É para isso que você é "projetado". Com o PUERIA, o cérebro desenvolve flexibilidade de raciocínio e uma determinação positiva do mais alto nível.

Superando o "esquecimento"

Você acha que se esquece mais ou se lembra mais? Você diria que sua memória está enfraquecendo? Você nutre algum medo secreto de que possa estar demonstrando os primeiros sinais de demência? Primeiro, precisamos tranquilizá-lo. Em muitos casos as pessoas pensam que têm uma memória ruim porque têm uma falsa ideia a respeito de como a memória funciona.

A primeira providência para melhorar a memória é mudar nossa maneira de pensar sobre ela. Lembre-se: tudo o que você faz ou diz ou pensa emana de sua memória. Hoje você se levantou, vestiu-se, fez e tomou o café da manhã (bem, esperamos que sim, porque um bom café da manhã o prepara para um dia bacana!) e foi trabalhar. Lá você cumprimentou as pessoas e começou o seu dia. Cada parte elementar (bem pequena) dessas atividades foi impulsionada por sua memória. Aceitamos tudo isso como algo natural e corriqueiro porque na maior parte do tempo isso funciona perfeitamente.

Agora, volte para a sua infância, quando você acreditava que sua memória era "perfeita". **Será que era mesmo? Tem certeza?**

Se você tivesse como comprovar, provavelmente descobriria que estava se esquecendo das coisas mais importantes. Com frequência, frases como "Não consigo achar minha roupa de ginástica/merenda/dever de casa/violino/projeto/dinheiro/

sapatos!" são comuns entre a maioria das crianças. A **grande** diferença é que na infância você não se preocupava com seu "esquecimento", embora agora sim. Hoje, você fala sobre seu esquecimento e conversa sobre o que você se esqueceu e troca histórias sobre falta de memória com seus colegas de trabalho, em vez de conversar sobre o que de fato se lembra: "Nossa, hoje eu me lembrei de acordar, de me vestir e do trajeto para chegar até aqui. Já li o jornal, respondi meus *e-mails* e falei ao telefone. Minha memória não é fabulosa?!?!". Nossa memória não é nem um pouco "perfeita" quando nossa atenção está centrada em outras coisas.

A arte do esquecimento

Muito bem. Então você se esquece de comparecer em um compromisso! **Por quê?** Porque você:

1. Não tentou gravar a informação de uma maneira que pudesse recordar-se dela facilmente.

2. Está estressado. O nível de funcionamento da memória é mínimo quando nosso organismo como um todo está preparado para "lutar ou fugir". É bem provável que você, como a maioria dos executivos com os quais lidamos nos últimos anos, esteja enfrentando um estado constante de agitação provocado por estresse negativo e perdeu sua capacidade de voltar ao "normal": sua respiração é superficial, os níveis de hormônio do estresse, de cortisol e adrenalina são cada vez mais altos em sua corrente sanguínea, talvez você tenha desenvolvido pressão alta e seu sangue tende a ser mais bombeado para as extremidades do corpo (pés e mãos), e não para a cabeça. Depois de um longo período, essa situação torna-se prejudicial à saúde e prejudica as funções cerebrais.

3. Foi vítima da armadilha mais insidiosa de todas: ao se concentrar em seu esquecimento, você exacerba essa situação negativa.

Seu corpo pode acabar assumindo um estado de estresse permanente e sua memória será prejudicada quando você:

1. Não cuidar de seu corpo e de sua mente. Nosso corpo exige comidas saudáveis, exercícios regulares, quantidade suficiente de oxigênio e pausas apropriadas.
2. Não estiver dormindo como deseja. O sono é essencial para que o cérebro resolva as dificuldades do dia. Quando você está dormindo, sua memória arquiva as coisas que devem ser relembradas, seu cérebro apaga as informações não desejadas e vincula e relaciona as informações antigas e novas (é por isso que normalmente acordamos com uma resposta para algum problema que nos preocupa antes).
3. Está sofrendo os efeitos colaterais de um medicamento, como os betabloqueadores e anticolinérgicos — que podem diminuir a memória de curto prazo.

O corpo e o cérebro são a casa de máquinas e a fonte de energia para tudo o que pensamos, falamos, fazemos e sentimos. Tratá-los com desleixo e desprezá-los é como possuir o mais precioso dos diamantes e exibi-lo coberto de poeira.

Melhorando a memória ao longo do tempo

Você pode combater o "esquecimento" com o passar do tempo? O professor Cecil Alec Mace (1894-1971) pode ajudá-lo em relação à "repetição espaçada". Ele descobriu que há determinados momentos após a aprendizagem em que nossa capacidade de recordação parece "diminuir gradualmente". Entretanto, se tivermos oportunidade de rever os dados um pouco antes dessa "queda gradual", conseguiremos manter as informações frescas em nossa memória. Além disso, só são necessárias cinco recapitulações (em um máximo de seis) para incorporá-las na memória, visto que as informações integram-se com o nosso conhecimento e tornam-se parte de nossa **memória de longo prazo** (MLP).

Em relação especificamente à memória de longo prazo, para incorporarmos permanentemente uma informação, precisamos recapitular as informações em nossa memória nos pontos de "queda gradual" — em outras palavras, repeti-las em intervalos espaçados. **O que significa que você deve fazer?**

Agora você transformou a plasticidade em "rigidez". Isso significa que você tornou seu novo hábito — o *Chi Mental* — permanente. Muito bem!

- Quando estiver lendo ou estudando (e desejar guardar algo na memória), faça intervalos a cada 40 a 55 minutos e anote os principais pontos que você deseja memorizar. (Um mapa pode ser bastante eficaz para isso.) No final do dia, examine cuidadosamente essas informações.
- Agora, coloque essas informações em um arquivo (escaneie ou salve-as) até o dia seguinte (ou continue acrescentando informações ao mapa ou aos seus apontamentos se for um tema extenso). Coloque um lembrete em sua agenda para examiná-las novamente.
- Abra o documento no dia seguinte e examine os principais pontos durante alguns minutos. Salve-o novamente para a recapitulação seguinte, que deve ocorrer no prazo de uma semana.
- Após a recapitulação da semana, arquive/salve o documento para a recapitulação que ocorrerá no prazo de um mês.
- Na recapitulação do mês, observe o quanto você consegue se lembrar ou recriar antes de examinar o documento. Em seguida, olhe o documento para ver se está faltando algo e concentre-se nas questões que estão faltando. Guarde-o novamente por três meses (um quarto do ano).
- Na recapitulação trimestral, você provavelmente perceberá que incorporou as informações em outras áreas do pensamento e de suas atitudes e elas estão se tornando naturais, como o número de seu telefone. Se você achar favorável, faça uma última recapitulação no espaço de seis meses.

É isso aí! Simples e extremamente eficaz. Agora você fez sua nova estratégia de *Chi* Mental tornar-se permanente em sua vida. Basta deixar todos os seus ritmos naturais de memória atuar em seu benefício.

Se inserirmos as descobertas do professor Mace no "curva de esquecimento", ela terá esta aparência!

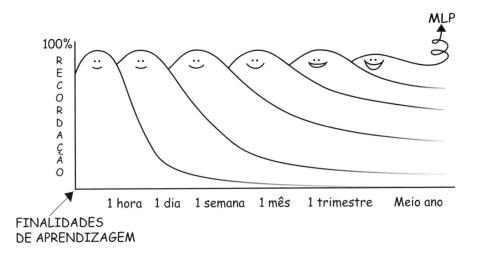

Esta é a forma de criar uma memória permanente. (Neste diagrama, o eixo vertical corresponde à nossa capacidade de recordação e o eixo horizontal ao intervalo de tempo). As pesquisas mostram intervalos de tempo específicos para a recapitulação. O efeito disso é exponencial. Cinco ou seis recapitulações transferem as informações para a nossa memória de longo prazo (MLP).

Pondo sua mente em ordem!

Com o veículo do *Chi* Mental você poderá reconquistar o autocontrole e um nível de qualidade de vida bem melhor. Você pode conduzi-lo para qualquer área específica de sua preferência. O que conduz e impele o veículo do *Chi* Mental? Bem, para dar continuidade à metáfora:

- o BEAT do *Chi* Mental (com base na TCC) é a ingestão de ar;
- o *Chi* Mental básico (com base no TOC) é a entrada de combustível;
- o plano do *Chi* Mental (com base na TE) é a combustão; e
- o *Chi* Mental na prática (com base na memória) é a exaustão!

Obviamente, todos os componentes são eficientes no que se refere à emissão de carbono e não prejudicam o meio ambiente!

Com base em pesquisas extensas e em vários anos de aprendizagem, experimentação e observação, criamos um veículo de *Chi* Mental de luxo e extremamente potente que tem uma ótima reputação e imagem e pode transformar sua vida conduzindo-o a qualquer lugar que deseja. E ele é todo seu! Recoste-se na poltrona do motorista e sinta o aroma de "carro novo". E os acessórios são brilhantes e lustrosos. Tudo o persuade a dirigi-lo. Lembre-se de programar o seu *Chi* para servir como um sistema altamente confiável de **"navegação por satélite"**!

Esperamos que você se sinta estimulado a iniciar a jornada do *Chi* Mental. Com certeza foi assim que nos sentimos por ter o privilégio de compartilhá-lo com você. É verdade! Nosso entusiasmo é arrebatado e esperamos que você também seja contagiado por isso.

Com o veículo do *Chi* Mental você poderá colocar o pé na estrada e acelerar!

18 Assistência ao programa *Chi* Mental

> **Visão geral**
>
> Tipos de pensamento

Para aqueles que gostam de saber onde estão pondo os pés, apresentamos aqui, para sua apreciação, alguns conceitos que podem ajudar a contextualizar seu novo estilo *Chi* Mental de agir e pensar. Consideramos essas ideias úteis e esperamos que elas sejam adequadas para você também.

Aquela "vozinha" dentro de sua cabeça, que chamamos de *Chi* (página 37), desata a falar em resposta a qualquer coisa e a tudo o que ocorre com você. A esta altura você já sabe que pode interceder quando esse monólogo intermitente não for de seu interesse. Se você disser ao seu *Chi* quais os tipos de pensamento/raciocínio que deseja ou não deseja ter, obterá resultados mais positivos no futuro.

Tipos de pensamento

1. Pensamento racional

Para atingirmos um objetivo precisamos ter capacidade para raciocinar de maneira clara e sistemática. Sob estresse e tensão, é fácil sucumbir a pensamentos negativos e permitir que nossas emoções "sequestrem" nossas reações e respostas. Se você acha que isso ocorre com você, apresentamos a seguir uma série de perguntas que você pode fazer para voltar a pensar de forma racional:

Seus pensamentos e reações tendem a se basear em fatos ou em sentimentos?

Na atual era eletrônica e globalizada, em que mitos e conceitos errôneos sobejam e podem ser lançados para o mundo inteiro em questão de minutos, sempre vale a pena verificar a fonte das informações às quais estamos reagindo. De onde provêm as informações? De uma fonte confiável? Você consegue se concentrar apenas nos fatos e afastar suas emoções, suposições ou percepções? Utilize um minimapa para separar fatos e sentimentos (página 87): essa é uma forma genial de reuni-los e de refletir sobre eles ao avaliar que resposta/reação deverá ter.

Sua maneira de pensar/raciocinar o ajuda a atingir suas metas?

Avalie se seus pensamentos são construtivos. Eles o aproximam do lugar a que deseja chegar? Se a resposta for **"não"**, você precisa ajustar e adaptar sua maneira de pensar. Pondere um pouco e verifique se você de fato está comprometido com seus objetivos. Examine quem poderia ajudá-lo a conseguir seus objetivos e se você precisa ver ou conversar com essa pessoa.

Sua maneira de pensar/raciocinar o faz se sentir positivo?

Esse é um bom momento para examinar o BEAT do *Chi* Mental (página 45) e ver como você está se sentindo e o que deseja mudar. Quais pensamentos, atitudes e emoções você precisa ajustar para ficar mais positivo? Lembre-se de que você é quem está no comando de suas reações e respostas. Se você não gosta da forma como está se sentindo no presente, concentre-se no que de fato deseja e utilize o *Chi* Mental para programar os passos que lhe permitirão atingir seu objetivo no futuro.

2. Pensamento involuntário (automático)

Muitos pensamentos e respostas ocorrem automaticamente. Eles são um reflexo aprendido que pode ter sido desenvolvido ao longo dos anos. O pensamento automático em geral é irracional: alguém "pressiona seu botão" e você reage antes de ponderar sobre sua resposta/reação — e normalmente você se arrepende. Infelizmente, as pessoas mais próximas de nós — aquelas que nos conhecem melhor — são as que mais tendem a "pressionar" esses botões e a sofrer as consequências. Talvez você ache que não é capaz de fazer nada em relação a essa resposta/reação automática, mas com a prática é provável que você mudará sua forma de pensar. O segredo é se perceber antes de reagir ou responder.

Se essa for uma área que você deseja melhorar, procure dirigir sua atenção para o primeiro e verdadeiro desencadeador identificado por seu cérebro. Exercite sua vontade própria (nesse caso, pense nela como sua "não vontade própria") e desvie-se: afaste-se (não enfrente), feche os olhos e respire — faça qualquer coisa que lhe dê espaço e tempo para pensar antes de reagir. Procure perceber quando e com quem esses incidentes ocorrem. Se adequado, peça a outras pessoas para ajudá-lo a mudar. Toda vez que isso ocorrer, estenda o espaço de tempo que antecede sua resposta, até o momento em que atingir um ponto em que o "reflexo automático" perde o poder e você reganha o seu.

3. Em primeiro lugar vem o pensamento

Raras vezes fazemos ou dizemos algo sem primeiro pensar. Do contrário, seríamos uma marionete e estaríamos sujeitos a sermos manipulados por outra pessoa qualquer. Embora ocasionalmente sejamos levados a crer que de fato estamos sendo manipulados, esteja certo de que seus pensamentos e atitudes sempre são seus. Sempre é mais fácil apontar o dedo e dizer que **"a culpa foi de fulano"** ou que **"tal pessoa o fez fazer isso"**. Entretanto, a verdade é que a fonte de todas as suas respostas e reações é você mesmo.

Aprume os ombros e repita: "Eu sou o único responsável por minhas atitudes e emoções". Para se libertar, diga: "Eu tenho controle sobre mim mesmo". Sentir que não temos controle sobre nossa vida e nossos pensamentos é extremamente estressante. Os sentimentos resultantes são desesperança e desamparo. Assumir **total** responsabilidade por **todos** os nossos pensamentos e atitudes é extremamente vantajoso para nós mesmos.

Estimule seu *Chi* a agir para fazê-lo ter uma percepção consciente de seus pensamentos (página 37). Se necessário, pare um minuto para pensar enquanto tenta trazer para a sua atenção consciente (focalizada) a atitude ou resposta que você deseja ter. Diga: "Eu quero assumir a responsabilidade por meus pensamentos, emoções e atitudes" e sinta o poder dessa libertação.

PRIMEIRO
O PENSAMENTO

4. Pensamentos que você não "deveria" ter

"Não fique dizendo para si mesmo o que você **deveria**!" Quanto tempo e energia você gasta todos os dias pensando que você deveria fazer, sentir ou pensar isso ou aquilo? Conscientize-se (com seu *Chi*) desses pensamentos quando eles vierem à tona para que analisar se eles são proveitosos ou não para você. Se achar que o seu "deveria" é válido, programe um tempo para isso e comprometa-se a prosseguir até o fim. Muitos "deveria", quando observados racionalmente, são considerados irracionais ou provocados por sentimentos de culpa ou dever. Decida o que você fará — e então planeje e faça.

O mesmo se aplica à expressão "tenho que" ou "tenho de" que impomos à nossa vida. Se seu dia parece começar com uma torrente de culpas e remorsos, feche os olhos e faça o exame do BEAT do *Chi* Mental (página 66). Imagine seu dia como uma folha de papel em branco. Você tem liberdade para decidir **o que** fará e **quando** fará. Talvez você acabe **escolhendo** fazer aquilo que sentia anteriormente que **tinha de** fazer! Se for esse o caso, a mudança de percepção terá um efeito extremamente positivo em sua motivação com relação ao que você "tem de fazer". Por exemplo, talvez você ache que não deva redigir um relatório. Depois de refletir, você pode concluir que concluir esse relatório (se possível logo) lhe trará uma sensação de desencargo — mais o benefício de que sua equipe terá uma impressão de sua atitude. Você decide experimentar esses efeitos, resultados ou consequências e então elabora um plano para tanto.

5. Pensamentos emocionais

Você é responsável não apenas pelos seus **pensamentos**, mas também — sim, você adivinhou — por suas **emoções**. Todas as suas experiências e respostas até o momento estão armazenadas em sua memória. Quando suas emoções estão afloradas ou são atiçadas por alguém, sua mente ativa memórias anteriores associadas com sentimentos semelhantes e você tende a reagir com base nisso. Se sua resposta/reação emocional a um acontecimento não apresenta nenhum problema nem para você nem para os outros, então está tudo bem. Contudo, se sua experiência desencadear associações negativas, você tem liberdade para mudar sua reação no futuro e escolher outra emoção no rol que você tem à sua disposição.

Talvez você tenha o seguinte pensamento: "Eu não estava tão revoltado antes, mas isso ou aquilo **me fez** ficar furioso!". Na realidade, outra pessoa nessa mesma situação poderia ter respondido/reagido sem ficar furiosa. Todos nós somos livres para escolher como devemos nos comportar em relação aos outros.

Se você se concentrar em seu *Chi*, sua percepção consciente ficará mais aflorada e você terá oportunidade para dirigir sua atenção e mudar seus pensamentos e emoções em qualquer situação. Assim que concentrar sua atenção, você perceberá que de fato tem uma opção — na verdade, várias! Por exemplo, você pode decidir reagir ou não a uma provocação e, se decidir reagir, de que forma reagirá.

Pôr isso à prova pode ser divertido! Você pode fazer um teste utilizando diferentes emoções em diferentes situações e ver que tipo de resposta você recebe de volta. Por exemplo, você poderia dizer para si mesmo: "Estou experimentando uma mistura de emoções agora. Espere um pouco, vou escolher aquela que prefiro compartilhar."

Perceber que você de fato pode escolher suas emoções lhe permite mudar outras reações emocionais desfavoráveis, como nervosismo ou timidez.

Assim que conseguir aumentar sua consciência emocional e começar a escolher suas reações, não se sentirá mais como uma marionete. Você perceberá que está no comando de sua mente, sabendo que isso lhe trará uma ótima sensação.

6. Atenção flexível — ou o pensamento do "pedinte"

Nos EUA, o termo *panhandler* (mendigo ou pedinte) é empregado em referência às pessoas que ficam pedindo comida ou dinheiro nas ruas. Utilizamos esse termo como metáfora para contestar sua maneira de pensar. Para mudar padrões de pensamento arraigados, é necessário desenvolver uma habilidade — a "atenção flexível" —, que é ser capaz de mudar seu pensamento de uma perspectiva para outra. É aí que entra o pedinte! Quando você vê um pedinte em uma esquina, qual é sua reação? Você sente compaixão por ele? Você pensa que ele é pobre coitado ou um destituído? Você o vê como uma pessoa diferente de você?

Agora, mude seu ponto de vista e pense no ponto de vista do pedinte. Ele pode surpreendê-lo com relação à maneira como ele pensa, que pode ser uma forma de pensar verdadeiramente empreendedora. Talvez ele esteja preocupado em ter flexibilidade e liberdade em seu dia de trabalho. Talvez ele se veja como um homem/mulher de negócios e considere-se rico por tudo o que recebe dos transeuntes. Talvez ele goste das conversas argutas e engenhosas que ele trava com as pessoas.

Os pensamentos possíveis desse pedinte estão ilustrados no mangá reproduzido na página seguinte. A moral da história aqui é que o pedinte, não obstante sua aparência e ocupação, está canalizando o *Chi* Mental dele para resultados positivos, ao passo que as pessoas que julgam sua situação talvez estejam fazendo suposições com base em hábitos de pensamento tradicionais.

19 Crenças e o *Chi Mental*

> **Visão geral**
>
> O que são crenças?
> Descobrindo suas verdadeiras crenças
> Contestando nossas crenças limitadoras
> Aula de arte de Conni Gordon
> Descobrindo o que você de fato deseja

Por trás do BEAT do *Chi* Mental (corpo, emoções, atitudes e pensamentos) encontram-se nossas crenças e nossos valores fundamentais, que compõem uma parte essencial daquilo que somos. Eles motivam nossos processos de pensamento e as emoções que influem em nossa maneira de sentir e, em última análise, nas atitudes que escolhemos. O modelo a seguir mostra como nosso processo de raciocínio funciona:

- **Crenças e valores.** Nossos sistemas de crenças e valores são criados com base nas influências que sofremos na infância, ao longo da vida adulta e no decorrer da vida como um todo.
- **Pensamentos.** Esses valores e crenças influenciam nossos pensamentos sobre a vida e a maneira como interagimos com nós mesmos, com os outros e com o mundo de forma geral.
- **Emoções.** As crenças, os valores e os pensamentos determinam e impelem nossas emoções. Por exemplo, quando temos pensamentos negativos, podemos nos sentir ansio-

sos; quando temos pensamentos positivos, ficamos mais propensos a sentir calma.
- **Corpo.** Nossos pensamentos e emoções têm efeitos diretos sobre o corpo. Quando ansiosos, desencadeamos a reação de estresse de "luta ou fuga". Quando alegres, nós nos sentimos vigorosos e animados.
- **Atitudes.** Todos os passos anteriores influenciam as atitudes que escolhemos: o que escolhemos fazer na vida e de que forma decidimos nos comportar.

O que são crenças?

Crenças são formas de pensar e de comportar que absorvemos literalmente ao longo da vida de nossos pais, família, professores, amigos, empregadores, colegas e modelos comportamentais (ídolos). Sua influência (positiva ou negativa) reforça o conjunto de valores que escolhemos e as normas sociais e morais que moldam tudo o que fazemos. Provavelmente você foi influenciado pelas crenças religiosas de seus pais. Talvez você tenha sido orientado a refrear suas emoções (**"homens**

não choram") ou talvez tenha escolhido uma profissão porque outras pessoas lhe disseram que nela você encontraria segurança para toda a vida.

Nadar contra a maré da aceitação nunca é uma opção fácil. Adotar crenças e valores que ganham aprovação e mantêm o *status quo* é sempre um caminho seguro. É natural ser social ou procurar aprovação de nossos superiores e colegas. Nossa intensa necessidade de formar elos com outras pessoas e de participar de grupos tende a anular nosso desejo de contestar as crenças e os valores alheios.

Todos os dias, em todos os ambientes de trabalho, podemos ouvir um murmurinho de crenças autolimitadoras, conduzidas em forma de rumores e suposições: "Isso não vai funcionar; já experimentamos antes", "Não temos tempo nem recursos", "Ninguém nunca vai comprar isso", "Não é possível; já é tarde demais". Essas crenças comuns sabotam novas ideias, fecham as portas para a criatividade e impedem a experimentação de novos métodos e abordagens. É nesse sentido que o "pensamento do pedinte" é necessário (página 317). A atenção flexível nos permite enxergar outro ponto de vista e contestar quando apropriado.

É necessário ter maturidade e autoconfiança para contestar a ordem convencional das coisas e simplesmente perguntar "Por quê?": "Por que vamos fazer isso dessa forma?"; "Por que isso não vai funcionar?"; "Por que nunca tentamos antes?"; "Por que não encontramos tempo?". Com a prática do *Chi* Mental, você se sentirá estimulado a perguntar **"Por quê?"** regularmente — assim, poderá promover mudanças e ser pioneiro, e não apenas um seguidor.

Nossas crenças estão armazenadas tanto na mente paraconsciente quanto consciente (podemos agir com ou sem consciência de sua origem). Os hábitos resultantes de nosso sistema de crenças afetam nossa maneira de pensar, aprender, comportar e comunicar, embora não tenhamos plena consciência de que essas forças silenciosas estão agindo. As crenças são tão difusas que é difícil notar quando elas começam a desencadear automaticamente nossas respostas e reações.

Na próxima vez que você perceber uma crença limitadora, pergunte: "Como posso ter certeza de que isso é verdade?". Observe suas respostas. Repita a pergunta "Como posso ter certeza de que isso é verdade?" até o momento em que descobrir a verdade. Esse exercício é revelador.

Descobrindo suas verdadeiras crenças

1. Diário

Se você registrar seus pensamentos conseguirá revelar as crenças encobertas que sabotam seus empreendimentos e sucessos. Para manter um bom diário, registre não apenas o que ocorreu no seu dia ou o que você planeja fazer no dia seguinte. Pergunte-se também: "Por que decidi fazer isso?" e "Por que me sinto dessa forma?". Dessa maneira, você investigará mais a fundo suas verdadeiras motivações.

2. Autoanálise

Com autoanálise queremos dizer perceber com cuidado o que você sente quando determinadas coisas acontecem. O BEAT do *Chi* Mental (página 45) foi concebido para ajudá-lo nesse sentido. É uma boa ideia utilizar o BEAT enquanto você escreve seu diário, mas é bastante eficaz utilizá-lo quando você estiver de fato vivenciando a experiência. Por exemplo, se estiver estressado e pronto para atacar vorazmente um bolo de chocolate, pare e pergunte para si mesmo:

1. Que sensações estou sentindo no meu corpo neste momento?
2. Que emoções estou sentindo agora?
3. Que atitudes estou tendo agora ou o que estou fazendo agora?
4. Que pensamentos estou tendo agora?

Utilize essas perguntas ao longo do dia para praticar. Assim, você aprenderá a direcionar sua atenção vivenciando o presente e percebendo suas reações. Gradativamente, você entrará em sintonia com seu BEAT e utilizará o mentor *Chi* para adaptar sua voz interior nesse sentido.

3. Observando e questionando outras pessoas

Discutir suas crenças com outras pessoas pode ser extremamente revelador. Se as crenças da outra pessoa forem diferentes ou semelhantes às suas, talvez haja espaço um aprendizado mútuo. Por exemplo, se você ouvir uma pessoa afirmar que costumava ter pavor de falar em público e que agora não tem mais, pergunte como ela conseguiu mudar essa crença limitadora. A resposta dessa pessoa poderia ser: "Comecei devagar. Primeiro, treinei em casa em frente ao espelho; depois, com alguns colegas; em seguida, em uma reunião de negócios lotada de gente. Por fim, aceitei um convite para dar uma palestra de dez minutos em um Rotary Club sobre nossa próxima iniciativa para angariar fundos". Você não deve apenas mudar sua crença de que não consegue falar em público. Você deve também considerar seriamente a evidência de que as grandes mudanças podem decorrer de pequenos passos em direção ao comportamento desejado. Seus planos de *Chi* Mental são o caminho para mudar suas crenças e criar uma nova realidade.

Contestando nossas crenças limitadoras

Pare para pensar por um momento na seguinte crença limitadora: "Não consigo desenhar". Essa crença é alimentada por inúmeras pessoas. Se você acredita que não tenha capacidade para ser um artista, pergunte-se: "Como posso ter certeza de que isso é verdade?". Talvez um professor lhe tenha dito que você não é bom para desenhar e você esteja carregando essa cresça desde então!

O "Método Artístico de 4 Passos" patenteado por Conni Gordon já foi ensinado a mais de 16 milhões de pessoas no mundo inteiro. Ela ganhou seu lugar no livro *Guinness de Recordes Mundiais* como "Professora de Arte Mais Prolífica do Mundo". Assim que você concluir a aula de arte de Gordon, poderá mudar sua crença limitadora de que não consegue desenhar para a crença **"consigo desenhar"**. Pense em outras crenças limitadoras que atualmente estão atrasando sua vida profissional e também pessoal. **Quais providências você pode tomar para transformá-las?**

Aula de arte de Conni Gordon

Acompanhe a aula de arte de Conni Gordon a seguir para criar uma paisagem. Leia todas as instruções e siga as orientações no exemplo antes de começar a rabiscar.

1. FAÇA O ESBOÇO
Observe o primeiro quadro

No quadro em branco, coloque um ponto no centro.

À meia distância do ponto, trace uma linha de referência.

Entre o ponto e a linha de referência, acrescente morros desiguais.

Em seguida, trace uma linha na parte inferior.

2. APLIQUE CONTRASTES
Observe o segundo quadro

Rabisque vegetações desiguais distantes ao longo da linha de referência, mantendo-os abaixo do cume dos morros.

Varie a altura dos traços da vegetação. Em seguida, trace linhas horizontais finas e separadas, como mostra o quadro.

Em seguida, escureça a superfície de maneira desigual na parte inferior. Contraste as áreas claras, médias e escuras, escurecendo a superfície até embaixo. Fácil, não?

3. ACRESCENTE OUTRAS FORMAS
Observe o terceiro quadro

Comece a traçar os detalhes que dão animação! Desenhe livremente uma copa de árvore (um "u" gordo de ponta cabeça).

Trace um tronco em forma de "Y", partindo da superfície até um pouco acima e à direita do ponto central, como mostra o quadro.

Não faça uma cópia exata. Imprima seu ritmo!

4. ACRESCENTE DETALHES
Observe o quarto quadro

Finalize o desenho à sua maneira. Escureça o tronco.

Escureça algumas folhas, deixando à mostra o céu entre elas.

Acrescente galhos em forma de "V" ou "Y".

Encurve as vegetações na parte inferior. Assine, acrescente a data e curta!

Uau! Você conseguiu!

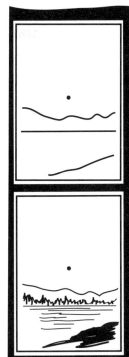

326 *Chi* Mental

Desenhe sua obra-prima aqui!

A aula de arte de Conni Gordon demonstra que as atividades mais complexas podem ser reduzidas a uma série de pequenos passos e aprendidas em uma sequência ordenada. O *Chi Mental* na prática incorpora uma série de passos sequenciais para você atingir seu objetivo. São esses vários pequenos passos que executamos todos os dias que nos ajudam a obter bons resultados.

É bem provável que você experimente uma "lacuna de inaptidão" (página 124) quando for desenvolver novas habilidades artísticas ou qualquer outra atividade criativa ou de desenvolvimento pessoal. Um recurso extremamente importante é o ADOCTA (página 115). Utilize-o e prossiga. Seu sucesso estará garantido!

Descobrindo o que você de fato deseja

As crenças matizam e moldam nossos pensamentos e desencadeiam emoções e atitudes que determinam nosso sucesso na vida. Elas representam um conjunto de filtros por meio dos quais nós nos vemos e enxergamos o mundo ao nosso redor. Elas moldam nossos pontos de vista e preconceitos e as decisões que tomamos. Desenvolvemos essas crenças para ter a sensação de controle e administrar as várias situações que enfrentamos diariamente. Algumas nos servem melhor do que outras. Algumas de nossas percepções podem ser mais objetivas ou racionais do que outras. É chegado o momento de rever e melhorar seu sistema de crenças.

Apresentamos aqui algumas orientações para ajudá-lo a começar a descobrir o que você de fato deseja:

1. Pergunte a você mesmo o que de fato deseja. Registre sua resposta no tempo verbal "presente" como se já tivesse conseguido o que deseja.
2. Seja específico. Para testar, pergunte: "Eu conseguirei reconhecer esse desejo quando ele se concretizar?".

3. Não deixe seus sentimentos e/ou emoções ditarem suas escolhas. Afinal de contas, você está estabelecendo um novo padrão de pensamento e não quer voltar a padrões de pensar infrutíferos e enraizados, independentemente do quanto eles possam ser tentadores.
4. Escolha o que **você** deseja e não o que outra pessoa qualquer deseja para você. Quantas pessoas estão em profissões e ocupações nas quais se sentem infelizes porque foram coagidas ou sentiram-se no dever de segui-las?
5. Não condicione suas escolhas acrescentando conjunções do tipo "se" — elas são um reforço para a protelação e estimulam falsos desejos. Com que frequência você ouviu a frase "Se eu receber uma promoção, terei condições de comprar..."?
6. Expresse claramente o que você gostaria de obter (o que você quer) e separadamente o processo (a forma como você obterá ou chegará lá). Não caia na armadilha de fundi-las em uma única frase. Por exemplo, "Quero ganhar US$70.000 mais ou menos nesta época do ano que vem" é um resultado. Essa frase não menciona de que forma você ganhará os US$70.000. Entretanto, "Vou aprender outro idioma no ano que vem (processo) que me ajudará a ganhar mais (resultado)" explicita tanto o plano de ação que você pretende utilizar quanto o resultado final que pretende obter. Ambos (processo e resultado) são bastante distintos e você precisa ter essa distinção clara em sua mente.
7. Não deixe os investimentos prévios (de tempo, aprendizagem, relações etc.) ditarem o que você deseja no futuro. Por exemplo, "Passei os últimos dez anos trabalhando em uma empresa e agora tenho de escolher entre ficar e receber uma promoção ou **fazer o que de fato desejo**, que é criar meu próprio negócio".
8. Por fim, não limite os seus "desejos" apenas ao que você pensa atualmente que é possível. Existem inúmeros estudos de caso de empresários que se deram bem na vida porque não restringiram sua maneira de pensar. Um exemplo é Fred Smith, fundador e presidente da Federal

Express, que gerou mais de 22 bilhões de dólares em receitas anuais. Fred Smith dirigiu a Federal Express por mais de 30 anos e é um dos homens mais ricos nos EUA. Alguém lhe disse que sua ideia era um sonho impossível. Isso não o impediu de investir em sua ideia e tornar a Federal Express o sucesso mundial ela é hoje.

20 Tudo se encontra em seu *Chi Mental*

> **Visão geral**
>
> Sobre estresse e tensão
> Sobre os sentidos
> Sobre a imaginação
> Sobre o meme do *Chi* Mental
> Nosso desejo

O capítulo final deste livro examina quatro aspectos significativos frequentemente citados no programa *Chi* Mental: **estresses**, **sentidos**, **imaginação** e **criação** do *meme* do *Chi* Mental. Se você compreender a força dessas influências, conseguirá ter maior controle sobre sua vida e dirigi-la de maneira positiva.

Sobre estresse e tensão

O termo *stress* (força aplicada que tende a deformar um corpo) tem suas raízes na engenharia. É um termo que está relacionado ao peso colocado nas vigas e nas paredes de sustentação. Ao construí-las, é necessário ter certeza de que elas suportarão a tensão. *Stress* ou pressão é a "carga aplicada" e a tensão mostra "o nível de deformação". O aço, por exemplo, tem um grau de elasticidade e, portanto, pode absorver um elemento que aplique essa pressão. Contudo, se essa pressão for contínua, a tensão começa a deformar o metal e a pressão (*stress*) começa a ficar aparente. Se essa pressão for extrema, a tensão tornará o metal instável e atingirá o ponto de ruptura.

Em alguns materiais (como concreto e vidro), os pontos de resistência (força) e tensão são os mesmos. A resistência do material é medida pela quantidade de energia que ele pode absorver antes de se romper.

Outro aspecto interessante é o nível de **resiliência** de um material: sua capacidade de absorver energia quando é deformado pela pressão e em seguida de retornar ao seu estado original quando a pressão é removida (ou diminuída). O vidro utilizado em recipientes tem pouca resiliência. Portanto, ele não retorna ao seu estado original. Já as velas das embarcações têm grande resiliência e conseguem retornar facilmente à sua forma original.

No programa *Chi* Mental, esses conceitos apresentam uma metáfora interessante em relação ao modo como devemos reagir aos estressores (fatores que provocam pressão) em nossa vida. O mesmo estressor (por exemplo, dificuldades financeiras) quando aplicado a diferentes materiais (pessoas) com diferentes graus de resistência e resiliência, em situações distintas, terá diferentes níveis de rendimento, elasticidade e ruptura. Observe que o estressor é sempre o mesmo, mas os fatores de influência é que fazem a tensão se apresentar em diferentes níveis, mais intensa ou menos intensa. Portanto, uma situação estressante para uma pessoa representa um desafio positivo para outra pessoa. Isso depende da personalidade de cada uma e de circunstâncias individuais. Uma dificuldade financeira poderia ser considerada mais grave se mais de uma pessoa dependesse da fonte financeira ou se houvesse dívidas, hipoteca e assim por diante.

Qual seria sua autoclassificação com relação aos fatores material, elasticidade, resistência e resiliência? Mais importante do que isso: o que você pode fazer para mudar qualquer um desses fatores?

Durante vários anos investigamos os efeitos da tensão sobre as pessoas, especificamente a pequena porcentagem de pessoas que se mantêm resilientes e flexíveis quando estão sob um enorme estado de tensão e ainda assim conseguem sobreviver e até mesmo prosperar quando o nível de estresse está acima do quociente padrão (que é uma forma de medir o nível de estresse).

A imagem anterior mostra a mesma quantidade de estresse: O *Chi* do lado esquerdo **consegue aguentar** a tensão porque utiliza o programa *Chi* Mental e o *Chi* do lado direito está demonstrando a **tensão** (deformação). O estressor é o mesmo. Apenas a resposta individual mostra a diferença quando a tensão é ou não controlada.

O *Chi* Mental é a última corporificação de tudo o que nós, autores, aprendemos ao longo de vários anos. Ele incorpora um conjunto eficaz de instrumentos para combater os estressores negativos, desenvolver a elasticidade, a resistência e a resiliência e impedir qualquer ruptura sob pressão. E isso não é nada engraçado!

Sobre os sentidos

Todas as informações são processadas por meio de nossos sentidos. O que ouvimos, vemos e tocamos oferecem os estímulos mais intensos. Todos nós temos uma maneira predileta de guardar as informações na memória. Como você pode determinar a forma mais adequada para você?

Tente se lembrar da última vez em que comprou algo que precisava ser montado. Você voltou para casa, abriu a caixa e encontrou os diversos componentes necessários para a montagem, instruções escritas e o número de telefone da assistência.

As respostas a estas perguntas são reveladoras:

1. Você leu as instruções e depois fez a montagem?
   Você utilizou uma abordagem **visual**.
2. Você precisou utilizar o telefone de assistência?
   Você utilizou uma abordagem **auditiva**.
3. Você ignorou todas as orientações e fez a montagem?
   Você utilizou uma abordagem **sinestésica**.

Utilizamos cada uma dessas abordagens em diferentes situações e às vezes as três em conjunto. É por isso que propomos vários métodos diferentes para treinar a memória. Por exemplo: escrever o *meme* do plano de *Chi* Mental em um pequeno cartão, repetir o novo pensamento várias vezes (ou entoá-lo!) ou entrar em sintonia com sua intuição e aprender intuitivamente uma experiência completa por meio dos sentidos.

Os sentidos são como uma antena que nos ajuda a interagir com o mundo. Por meio deles, percebemos o que está ocorrendo com nós mesmos. O filósofo Aristóteles foi o primeiro a propor os cinco sentidos humanos: visão, audição, paladar, olfato e tato. Mais recentemente, foram identificados mais seis sentidos. São eles: **nocicepção** (percepção de dor), **equilibriocepção** (percepção de equilíbrio), **propiocepção** ou **sinestesia** (percepção de movimento e aceleração), **noção de tempo**, **termocepção** (percepção de diferenças de temperatura) e uma fraca **magnetocepção** (percepção de direção). (Nosso obrigado à Wikipedia!)

Gostaríamos de ser audaciosos e propor mais dois sentidos:

- Nosso senso de humor: ficar de bem com a vida, independentemente do que sejamos obrigados a enfrentar.
- O "**sexto sentido**": o **sentimento de intuição** ou resposta intuitiva é outra forma de *Chi* — sua voz interior. Ele dirige sua atenção para um rápido resumo de todas as suas experiências e aprendizagens e diz **"vá"** ou **"não vá"**. Tomar decisões complexas exige uma boa mistura de pesquisa de qualidade, pensamento lógico e atenção à nossa voz interior, o *Chi*.

Um pouco sobre o humor

Há mais ou menos 20 anos as "oficinas de humor" eram uma coqueluche. Elas precisam voltar! Sempre utilizamos o humor natural em nossos seminários (e algumas vezes fomos solicitados a reprimi-lo porque estávamos em uma ambiente de trabalho sério; meu Deus!). Nosso escritório é um lugar em que sempre temos oportunidade de ouvir risadas e sabemos que isso significa que nossos funcionários estão animados, trabalhando com afinco e felizes.

Com que frequência você ri? É triste constatar que as crianças riem várias centenas de vezes por dia e os adultos menos de vinte vezes. Rir é um magnífico remédio. Foi demonstrado que o riso fortalece o sistema imunológico e melhora a circulação — enviando maior quantidade de oxigênio para o corpo e o cérebro e oferecendo ao cérebro uma lavagem de substâncias químicas positivas —, é um ótimo redutor do estresse e nos ajuda a ter a sensação de esperança. Isso é extremamente bom!

Apresentamos a seguir algumas sugestões valiosas para rir:

1. Classifique, em uma escala de 0 – 10, o quando você ri ao longo do dia. Esse é o seu "quociente de riso". Peça ao seu *Chi* para trazer para a sua consciência lembranças de momentos de muita risada. Procure curtir esses momentos!

2. Escolha colegas do trabalho e amigos que tenham senso de humor. Nossa inteligência tem certa sagacidade e agudeza de espírito. Portanto, interaja e procure rir com todas as pessoas que você possa encontrar ao longo do dia.

3. Desligue o noticiário, pare de ler jornais e assistia novamente a alguns daqueles programas e filmes geniais e engraçados. Humor é algo bastante pessoal. Nós, por exemplo, adoramos Charlie Chaplin, Tony Hancock, Victor Borge e Peter Sellers. Eles são perenes para induzir o riso.

4. Ouça outras pessoas rindo: tal como o bocejo, você perceberá que é quase impossível não rir. No momento em que estávamos escrevendo este quadro era Dia do Nariz Vermelho, evento para angariar fundos para a Comic Relief, uma instituição de solidariedade do Reino Unido. O nariz ri quando é tocado. **Nós o tocamos com frequência!**

5. Observe todas as coisas engraçadas ao seu redor, inclusive você mesmo! Nós, autores, geralmente procuramos oportunidades para rir e esperamos que você perceba que também pode encontrar momentos "hilariantes" em sua vida. Dar boas risadas com um colega e/ou companheiro acrescenta uma qualidade bastante especial ao relacionamento. Uma boa dica é nunca levar você mesmo extremamente a sério.

Sobre a imaginação

A imaginação e visualização são um recurso para ver uma experiência como se ela estivesse ocorrendo, utilizando o poder da mente. Muitas pessoas duvidam do poder da imaginação e dizem que elas conseguem ver apenas a escuridão quando tentam enxergar algo imaginariamente. Contudo, se perguntarmos o que elas veem quando estão lendo uma história de mistério emocionante e absorvente e se elas conseguem ver imagens ou sentir a emoção e o entusiasmo da história, elas responderão que veem além da história e que sim, elas conseguem ver imagens. Quando essas pessoas tentam se recordar do lugar em que deixaram um objeto, elas remontam mentalmente seus passos? Novamente, a resposta é **"sim"** — embora elas não tenham certeza sobre como de fato obtiveram a informação. Mesmo as pessoas cegas de nascença têm capacidade para enxergar mentalmente. É um feito e tanto!

No contexto do *Chi* Mental, utilizamos a palavra **"imaginação"** em relação à experiência de conseguir trazer à mente (evocar) uma experiência futura como se estivéssemos vivenciando uma série de atividades (ou recordando e revivendo algo do passado).

Empregamos o mesmo processo de projeção quando estamos preocupados com alguma coisa: reproduzimos em nossa mente um fluxo de pensamentos sobre algo que está ocorrendo e de alguma forma está dando errado. Fazer isso habitualmente significa utilizar o poderoso ato da imaginação/visualização contra nós mesmos. É um ato invasivo e degradante. Imaginar pensamentos negativos nos rouba a energia que poderíamos empregar em uma atitude positiva. O *Chi* Mental consiste em virar essa atitude ao contrário e utilizar a imaginação e a visualização para melhorar nosso desempenho e bem-estar.

No início da década de 1980, um estudo clássico realizado nos EUA demonstrou os benefícios da visualização (ou imagística guiada) para a melhoria de desempenho. Esse estudo examinou a utilização da visualização em três grupos de jogadores de basquete da escola do ensino médio: aqueles que utilizaram tanto o treinamento físico quanto técnicas de visualização tiveram melhor desempenho. Eles melhoraram não apenas suas habilidades físicas, mas também seu nível motivacional natural.

Para melhorar a eficácia da visualização ou imaginação, Errol Korn e Karen Johnson propõem o seguinte no livro *Visualization: The Use of Imagery in the Health Professions* (*Visualização: A Utilização da Imagística nas Profissões de Saúde*):

- **Comprometa-se** com o treinamento diário que é necessário para obter resultados.
- **Valorize** a função do pensamento consciente e paraconsciente a fim de ativar a paraconsciência, utilizar a atenção dirigida, empregar todos os seus sentidos, aumentar seu interesse por seu objetivo e desse modo obter o máximo de eficácia.

Já na década de 2000, os cientistas conseguiram demonstrar que a atividade neural é afetada pela capacidade de visualização. Novas conexões são formadas e aquelas que não são utilizadas atrofiam, do mesmo modo que um caminho não utilizado pode ser encoberto por um matagal se ficar abandonado. Visualizar ou imaginar os resultados fortalece as vias neurais tal como se você já tivesse de fato concretizado o que imagina. No programa *Chi* Mental, você utiliza o potencial de sua "imaginação" para conseguir influenciar e direcionar os resultados que deseja obter.

A ciência já demonstrou que no mínimo seis respostas do **sistema nervoso autônomo** (SNA) têm a mesma natureza independentemente de uma atividade estar sendo **imaginada** ou de fato **executada**. São elas: taxa de batimentos cardíacos, digestão, ritmo da respiração, salivação, transpiração e diâ-

A mente responde da mesma forma ao que é "imaginado" e ao que é "real".

metro das pupilas. Essa observação é fundamental. Normalmente, o cérebro não faz nenhuma diferença entre "realidade" interna (pensamento/imaginação) e "realidade" externa. Essa hipótese está no âmago do programa do *Chi* Mental.

Se não estiver convicto de que isso é verdade, faça um teste. Imagine um limão. Sinta o peso dele em sua mão, a textura da casca e o aroma. Esfregue-o para liberar um pouco do sumo. Visualize sua cor amarela e atraente. Agora, perfure a casca com o dedo polegar e sugue um pouco do suco. Mmm, não é delicioso! Sua boca está salivando? Mas não há nenhum limão **real** em suas mãos!

Além disso, e o que é ainda mais significativo, você aumentará sua percepção consciente daqueles momentos que afloram quando você consegue tomar uma decisão com a ajuda de seu *Chi*. Seu poder para mudar sua mente terá um valor bem maior para você. Por isso, você terá maior consideração por ele porque agora sabe que de fato tem capacidade para mudar. Na verdade, como explicamos anteriormente sobre a imaginação, de certo modo, do ponto de vista mental, "só" de imaginar alguma coisa podemos torná-la realidade! Como o primeiro passo de uma mudança é quase sempre o mais difícil, pensar que **já o executamos** nos ajuda a prosseguir com tranquilidade!

Sobre o *meme* do *Chi* Mental

Uma nova ideia! Uma nova forma de pensar. Um "vírus" positivo da mente. Um hábito bom e contagiante. O *Chi* Mental é tudo isso e muito mais.

Por exemplo, os *memes* já "programados" em nossa mente podem afetar nosso futuro como uma profecia autorrealizável — uma previsão fadada a se cumprir. Esse é um dos motivos pelos quais o *meme* é tão importante. É por isso que passamos tanto tempo mostrando de que forma você deve criar os programas que poderão conduzi-lo ao futuro desejado.

O *meme* é uma faca de dois gumes, um pouco parecido com aquele velho ditado sobre os computadores — "Lixo entra, lixo sai!" —, e se você preencher sua mente com alguns dos *memes* que o bombardeiam diariamente pode não obter resultados satisfatórios ou desejados. Televisão, propagandas, Internet, todas as demais mídias, música, moda e até mesmo as conversas que você tem com seus colegas podem lhe passar os *memes* mais recentes. Os *memes* em massa tornam-se um vírus. Nesse caso, basta resistir e pedir ao *Chi* para fazer uma "triagem" e filtrar o que é imprestável, aviltante, sem sentido e perda de tempo. Dois exemplos recentes de vírus-*meme* são a "gripe suína" e os falsos vírus de computador (em que amigos bem intencionados o advertem sobre um vírus de computador que não existe — para comprovar, visite www.snopes.com). Os *memes* "ruins" chegam até você por meio de seus instintos mais básicos — os quatro **Fs: furor** (leia-se raiva), **fobia** (leia-se medo), **fome** e **f...** ups... isto é, **cópula**!

O *meme* benéfico do *Chi* Mental provavelmente terá de travar algumas batalhas com relação à "plasticidade competitiva". Temos alguns hábitos enraizados que abriram "vias neurais expressas" e tornaram-se "rígidos". Em determinadas situações, o padrão é recorrer à antiga "via expressa". Desaprender ou mudar essa rigidez é mais difícil do que aprender algo novo.

Isso se torna ainda mais difícil quando os *memes* estão em uma mesma área (é mais fácil dominar um segundo idioma na infância antes de o "idioma materno" enraizar-se). O novo idioma procura um lugar totalmente novo no cérebro — é por esse motivo que as vítimas de **acidente vascular cerebral** (AVC) que perdem a capacidade de falar sua língua materna algumas vezes conseguem falar o segundo idioma que aprenderam na escola. Portanto, é melhor adotar uma abordagem totalmente nova e aprender de "uma nova maneira"!

Plástico, mas NÃO elástico!

Quando o cérebro muda, o que ocorre em **todo** confronto e em **toda** interação, ele **nunca** volta a ser o que era! Quando de fato começamos a perceber a inacreditável característica dessa pesquisa científica — e isso tem a ver com *você* —, fica mais fácil utilizar um filtro e permitir apenas aqueles *memes* que mudarão o cérebro para melhor.

Quantos anos você tem?

Conhecemos alguns adolescentes que já exibem alguns *memes* "antigos" e algumas pessoas de 90 anos de idade que nunca serão contagiados por um *meme* "antigo". Quais são as qualidades desejáveis da infância? Curiosidade, entusiasmo, interesse, alegria, envolvimento e diversão, para citar apenas alguns. Tudo está relacionado com a nossa postura em relação aos *memes*. A mãe de um dos autores deste livro ainda guardava a mesma vivacidade, entusiasmo e interesse e alegrava-se facilmente até com as coisas mais insignificantes mesmo depois de 93 anos de vida neste planeta! **Quantos anos você tem?** Se você for uma daquelas pessoas que se apegam ferrenhamente a uma maneira de fazer e ver as coisas, não gostam de mudar e resistem a todas as coisas novas, isso significa que seu cérebro tornou-se rígido e que você alimenta *memes* **"antigos"**. Isso não é benéfico para o seu bem-estar de forma geral.

O *Chi* Mental é o seu brado de alerta!

Para mudar um *meme* "antigo", planeje algo diferente. Faça uma nova amizade, adquira um passatempo, coma uma comida que ainda não experimentou, aprenda a tocar algum instrumento, leia livros diferentes, faça testes mentais, tome aulas de dança, conheça algum lugar novo, aprenda algo com uma criança, mantenha sua plasticidade viva e maleável e preserve **sua** jovialidade.

A natureza adora o vazio — ela se apressa para preenchê-lo!

Auxílio do hipocampo

Na parte central do cérebro — com frequência chamada de sistema límbico — vivem dois cavalos-marinhos! (Descoberto por um anatomista britânico no século XVIII, o hipocampo recebeu o nome latino de hippocampus, que corresponde a cavalo-marinho, porque tem a forma desse peixe!) Durante vários anos, supunha-se erroneamente que após o nascimento as células cerebrais simplesmente começavam a morrer de forma gradativa, diminuindo em quantidade à proporção do envelhecimento — um conceito mórbido! Essa suposição é equivocada em vários sentidos — um ótimo exemplo de meme "ruim". A verdade (como agora sabemos) é que temos uma quantidade **tão** grande de células — as quais interagem entre si de várias outras formas — que nossa possibilidade de perda equivale a recolher um dedal de água do mar e achar que é possível notar alguma diferença. Mais recentemente foi descoberto que o hipocampo **de fato** continua a produzir novas células e — o que é ainda mais maravilhoso e instigante — a aprendizagem contínua estimula o desenvolvimento de novas células e prolonga a sobrevivência. Isso não o faz querer sair correndo e aprender logo alguma coisa?

Chaves liga e desliga

O poder de sua mente pode remodelar seu cérebro.

Diferentes emoções produzem diferentes efeitos no cérebro. Mais especificamente, a agressão e a hostilidade são chaves "desliga": elas desligam a atividade cerebral — consequentemente, a culpabilização e a culpa podem obstruir seu raciocínio. Não obstante, a compaixão, o amor, a meditação e o contentamento são chaves "liga": eles fortalecem, estimulam e acalmam a mente. A consequência é menos estresse físico. Por exemplo, não é possível ficar com raiva e fazer as pazes ao mesmo tempo: precisamos escolher uma "chave" em detrimento da outra.

A melhor chave "liga" é chamada de **fator neurotrófico derivado do cérebro** (*brain-derived neurotrophic factor* — BDNF).

Sua função é fundamental para reforçar mudanças na plasticidade do cérebro. Quatro coisas extraordinárias ocorrem:

1. Você talvez já tenha ouvido a frase "os neurônios que disparam juntos permanecem unidos". Isso significa que quando as conexões neuronais se fortalecem elas disparam mais confiavelmente.
2. A transmissão dos sinais cerebrais acelera.
3. O BDNF também nos permite concentrar a atenção (é o cúmplice secreto do nosso *Chi*) e **mantê-la** focalizada, o que significa que a nossa capacidade de recordação torna-se cada vez mais eficaz.
4. Por fim, assim que a experiência de aprendizagem termina, o BDNF fortalece as principais conexões cerebrais e em seguida "arruma a bagunça da festa". Isso equivale ao nirvana da aprendizagem sem esforço. **Isso não é admirável?** E você tem isso em abundância e ao alcance das mãos em suas células cerebrais.

Nosso desejo

Desejamos imensamente que o programa *Chi* Mental o desperte para o seu pleno potencial e que você reconheça o quanto você é prodigioso! Do mesmo modo que seria um imenso desperdício ter o mais lindo castelo já construído e viver em uma minúscula masmorra, gostaríamos igualmente que você se desse a oportunidade de utilizar toda a sua magnífica capacidade cerebral e vivesse a vida com plenitude. Infelizmente, conhecemos várias pessoas que tinham uma preciosa promessa de vida e tiravam dela o mínimo proveito possível. O propósito deste livro é dizer: **"Acorde! Você é capaz de muito mais e as recompensas de uma vida vivida dessa forma são um tesouro para o qual não existem palavras"**.

Seja tudo o que deseja ser — e faça isso ficar fácil com o *Chi* Mental!

Para obter mais informações, assistência, recursos e compartilhar conosco sua experiência com o programa *Chi* Mental, visite www.mindchi.com.

Glossário do *Chi Mental*

Do mesmo modo que um contrato jurídico tem uma introdução com os termos empregados, apresentamos aqui uma introdução satisfatória e adequada de palavras e conceitos que fazem parte de nossa existência diária e são citadas com frequência neste livro.

Consciência geralmente é considerada um aspecto da mente que engloba características como subjetividade, autoconsciência, sensibilidade (capacidade de sensações ou sentimentos), sabedoria (ter ou demonstrar grande sabedoria ou opiniões judiciosas) e a capacidade de perceber a relação entre nós mesmos e o nosso ambiente.

Eudemonismo (*eudaimonia*) é uma doutrina cujo objetivo é a busca da felicidade. O significado grego original do prefixo *eu* é "bem" ou "bem-estar" e do substantivo *daimon* é "espírito" ou "divindade menor". Mais ampla que felicidade e até mesmo júbilo, seu significado original é "florescimento humano". **Certamente!**

Imaginação é nossa capacidade inata e um processo para inventar domínios pessoais parciais ou completos em nossa mente com base em elementos deduzidos de nossas percepções sensoriais sobre o mundo. As imagens imaginadas são vistas com o "olho da mente". (Lembre-se de que o cérebro responde a essas imagens como se elas fossem reais!)

Meme é um termo que foi criado da palavra grega *mimema* — cujo significado é "algo imitado". "O *meme*, enquanto unidade, é um meio conveniente de discutir 'uma ideia copiada de uma pessoa para outra', independentemente de essa ideia abranger outras ideias ou formar parte de um *meme* mais amplo. Um *meme* poderia ser uma única palavra ou todo um discurso em que essa palavra aparece pela primeira vez. Isso forma uma analogia com a ideia de gene enquanto unidade de informação autorreplicante encontrada no cromossomo autorreplicante." (Nosso obrigado à Wikipedia!) Foi isso que inspirou Richard Dawkins a criar essa palavra em 1976. Nosso objetivo é lhe oferecer um *meme* benéfico que você possa **"adotar"** e outras pessoas possam copiar de você para transformar o *chi* mental em um "vírus"!

Memória é nossa capacidade de armazenar, reter e subsequentemente recordar informações. No início do século XX a memória já era investigada pela psicologia cognitiva. Recentemente, a memória tornou-se parte de um novo campo da ciência denominado neurociência cognitiva, uma aliança entre a psicologia cognitiva e a neurociência. O dicionário *Merriam-Webster* define saúde mental da seguinte forma: "Estado de bem-estar emocional e psicológico em que um indivíduo é capaz de utilizar suas capacidades cognitivas e emocionais, viver em sociedade e cumprir as exigências comuns da vida cotidiana." Uma maneira de pensar sobre saúde mental é observar o nível de eficácia e sucesso de uma pessoa. Sentir-se capaz e competente, conseguir lidar com níveis normais de estresse, manter relacionamentos satisfatórios, ter vida independente e ser capaz de recuperar-se ou recobrar-se de situações difíceis, todos são sinais de uma boa saúde mental. É isso o que estamos tentando conseguir com a utilização direcionada do seu *Chi* Mental.

Paraconsciente. Encontra-se ao lado e em torno da consciência imediata, mas não é tão inacessível quanto o pensamento inconsciente ou subconsciente.

Psicologia positiva — bem-estar mental. Está fundamentada no trabalho de Abraham Maslow (1954). Carl Rogers e Erich Fromm foram incorporados no espectro do pensamento moderno por Martin Seligman (1998), que gerou um enorme interesse por esse assunto. O positivo não é totalmente oposto ao negativo. É possibilitar um *continuum* (o qual todos nós percorremos). O livro *Character Strenghts and Virtues* (CVS) [*Pontos Fortes e Virtudes de Caráter*], escrito para contrabalançar o livro *Diagnostic and Statistical Manual of Mental Disorders* (*Manual Diagnóstico e Estatístico de Transtornos Mentais*), fala sobre **seis virtudes** observadas ao longo da história e entre culturas que podem aumentar a felicidade quando praticadas. São elas:

1. **Sabedoria (bom senso) e conhecimento:** criatividade, curiosidade, mente aberta, paixão pela aprendizagem, perspectiva.
2. **Coragem:** bravura, persistência, integridade, vitalidade.
3. **Humanitarismo/humanidade:** amor, bondade, inteligência social.
4. **Justiça:** cidadania global, equidade, liderança.
5. **Moderação:** perdão e clemência, humildade, prudência, autocontrole, força de vontade.
6. **Transcendência:** valorização do que é belo e excelente, gratidão, esperança, humor, espiritualidade.

Psicoterapia é uma intervenção interpessoal e relacional utilizada por psicoterapeutas formados para ajudar pessoas com problemas existenciais. A psicoterapia intencional baseada em teorias foi iniciada no século XIX pelos psicanalistas. Psique significa "alma, espírito ou mente". Seu significado grego original é sopro, vida, alma. Entretanto, a interpretação atual tem a ver com transtornos mentais.

Raciocínio envolve o processamento de informações pelo cérebro, quando, por exemplo, criamos conceitos, participamos da resolução de problemas, ponderamos e tomamos decisões.

O raciocínio é uma função cognitiva superior. A análise dos processos de raciocínio faz parte da psicologia cognitiva. A **terapia cognitivo-comportamental** (TCC) é uma delas.

Volição/força de vontade é o controle exercido com um propósito deliberado sobre um impulso. É o autocontrole. É um desejo propositado, que tem uma intenção definida e estável; é a força e firmeza da intenção. Esse é um dos conceitos que devemos examinar mais a fundo porque pesquisas recentes de fato demonstraram em que lugar a volição reside no cérebro e como podemos utilizar esse atributo. A volição é como um músculo e precisa ser exercitada!

Bibliografia

Adler, M. G. e Fagley, N. S. *Appreciation: Individual Differences in Finding Value and Meaning as a Unique Predictor of Subjective Well-Being. Journal of Personality*, 73, 2005, p. 79-114.

Amen, D. G. *Making a Good Brain Great*. Three Rivers, 2005, p. 4-6, 62-67.

Baddeley, A. *Your Memory: A User's Guide*. Firefly, 2004, p. 97-99, 253-261.

Beattie, M. *Codependent No More*. Fundação Hazelden, 1987.

Begley, S. *Train Your Mind Change Your Brain*. Ballantine, 2006, p. 26-48.

Ben-Shahar, T. *Happier*. McGraw-Hill, 2007, p. 97-110.

Braiker, H. B. *The Power of Self-Track. Psychology Today*, dezembro de 1989, p. 23-27.

Brodie, R. *Virus of the Mind*. Hay House, 2009, p. 1-18.

Carroll, M. *The Mindful Leader*. Trumpeter, 2007, p. 115-125.

Collins, S. F. *The Joy of Success: 10 Essential Skills for Getting What You Want*. William Morrow, 2003, p. 9-33.

Dawkins, R. *The Selfish Gene*. Oxford University Press, 1976. Dawkins, biólogo de Oxford, foi o primeiro a cunhar o termo *meme*.

Damasio, A. R. *How the Brain Creates the Mind. Best of Scientific American*. Dana, 2007, p. 58-67.

Fletcher, J. E. *Physiological Foundations of Intrapersonal Communication. In* Roberts, Charles V. e Watson, Kittie W. (eds.). *Intrapersonal Communication Processes*. Nova Orleans, Spectra, 1989.

Gage, F. *Brain Repair Yourself. Best of Scientific American*. Dana, 2007, p. 121-131.

Gordon, C. e Israel, R. *How to Think Creatively Using the 'TILS' 4 Step Technique*. Miami, Quicksilver, 2002, p. 18-19.

Grainger, R. D. *The Use and Abuse of Negative Thinking. American Journal of Nursing*, 91(8), 1991, p. 13-14.

Higbee, K. L. *Your Memory and How It Works*. Marlowe, 1996, p. 188-200.

Iddon, Jo e Williams, Huw. *Memory Booster Workout*. Hamlyn, 2003, p. 8-10.

Israel, R.; Whitten, H. e Shaffran, C. *Your Mind at Work: Developing Self-Knowledge for Business Success*. Kogan Page, 2000, p. 17-30.

Kashdn, T. B.; Unswatte, G. e Julian, T. *Gratitude and Hedonic and Eudemonic Well-Being in Vietnam War Veterans. Behaviour Research and Therapy*, 44, 2006, p. 177-199.

Korba, R. *The Cognitive Psychophysiology of Inner Speech. In In* Roberts, Charles V. e Watson, Kittie W. (eds.). *Intrapersonal Communication Processes*. Nova Orleans, Spectra, 1989, p. 217-242.

Levine, B. H. *Your Body Believes Every Word You Say: The Language of the Body/Mind Connection*. Boulder Creek, Califórnia, Aslan, 1991.

McCullough, M. E.; Emmons, R. A. e Tsang, J. *The Grateful Disposition: A Conceptual and Empirical Topography*. *Journal of Personality and Social Psychology*, 82, 2002, p. 112-127.

McGonicle, D. "Making Self-Track Positive". *American Journal of Nursing*, 88, 1988, p. 725-726.

North, V. *Get Ahead: Mind Map Your Way to Success*. Oakdale Printing, 2001, p. 58-91.

Ouspensky, P. D. *The Fourth Way*. Routledge and Kegan Paul, 1957, p. 43, 173, 314-315.

Pearson, J. C. e Nelson, P. E. *Understanding and Sharing: An Introduction to Speech Communication*. 3ª ed. Dubuque, Iowa, William C. Brown, 1985.

Restak, R. *The Naked Brain*. Harmony, 2006, p. 121-136.

Schdletsky, L. J. *Meaning and Mind: An Intrapersonal Approach to Human Communication*. Bloomington, Indiana, ERIC Clearinghouse on Reading and Communication Skills, 1989, [ED 308 566].

Small, G. e Vorgan, G. *iBrain: Surviving the Technological Alteration of the Modern Mind*. HarperCollins, 2008, p. 6-8, 20-22.

Turkington, C. *Memory: A Self-Teaching Guide*. John Wiley, 2003, p. 17-26.

Watkins, P. C.; Woodward, K.; Stone, T. e Kolts, R. L. *Gratitude and Happiness: Development of a Measure of Gratitude, and Rela-*

tionships with Subjctive Well-Being. *Scial Behavior and Personality*, 31, 2003, p. 431-451.

Weaver, R. L. and Cottrell, H. W. *Destructive Dialogue: Negative Self-Track and Effective Imaging*. Artigo apresentado no Encontro da Associação de Comunicação Oral, 1987 [ED 2990 176].

Wood, A. M.; Joseph, S. e Maltby, J. *Gratitude Predicts Psychological Well-Being above the Big Five Facets. Personality and Individual Differences*, 45, 2009, p. 655-660.

Wood, A. M.; Joseph, S. e Maltby, J. *Gratitude Uniquely Predicts Satisfaction with Life: Incremental Validity above the Domains and Facets of the Five Factor Model. Personality and Individual Differences*, 45, 2008, p. 49-54.

Wood, A. M.; Joseph, S. e Linley, P. A. *Coping Style as a Psychological Resource of Grateful People. Journal of Social and Clinical Psychology*, 26, 2007, p. 108-125.

Wood, A. M.; Joseph, S.; Lloyd, J. e Atkins, S. *Gratitude Influences Sleep through the Mechanism of Pre-Sleep Cognitions. Journal of Psychosomatic Research*, 66, 2009, p. 43-48.

Wood, A. M.; Maltby, J.; Gillett, R.; Linley, P. A. e Joseph, S. *The Role of Gratitude in the Development of Social Support, Stress, and Depression: Two Longitudinal Studies. Journal of Research in Personality*, 42, 2008, p. 854-871.

Zimmer, C. *The Neurobiology of the Self. Best of Scientific American*. Dana, 2007, p. 47-57.

Sugestões de leitura

Allen, Robert. *Improve Your Memory*. Collins and Brown, 2004.

Amen, Daniel G. *Magnificent Mind at Any Age: Natural Ways to Unleash Your Brain's Maximum Potential*. Crown, 2008.

Amen, Daniel G. *Making a Good Brain Great: The Amen Clinic Program for Achieving and Sustaining Optimal Mental Performance*. Crown, 2006.

Amen, Daniel G. *Change Your Brain, Change Your Life: The Breakthrough Program for Conquering Anxiety, Depression, Obsessiveness, Anger, and Impulsiveness*. Crown, 1999.

Bate, Nicholas. *Get a Life*. Capstone, 2005.

Begley, Sharon. *Train Your Mind, Change Your Brain: How a New Science Reveals Our Extraordinary Potential to Transform Ourselves*. Random House, 2007.

Black, Octavius e Bailey, Sebastian. *The Mind Gym*. Time Warner, 2006.

Blyth, Laureli. *Brain Power'*. Metro, 2002.

Braverman, Eric R. *The Edge Effect*. Sterling, 2004.

Brizendine, Louann. *The Female Brain*. Broadway Books, 2007.

Brown, Paul B. e Davis, Alison. *Your Attention Please*. Adams Media, 2006.

Buzan, Tony. *Use Your Head*. BBC Books, 1974 e 1999.

Buzan, Tony. *Use Your Perfect Memory*. Penguin, 1991.

Callahan, Roger. *Tapping the Healer Within*. Judy Piatkus, 2001.

Chernow, Fred B. *Memory Power Plus*. Prentice Hall, 1997.

Cialdini, Robert B. *Influence: Science and Practice*. 4ª ed. Pearson, 2008.

Collins, Susan. *Our Children Are Watching*. Barrytown, 1995.

Collins, Susan Ford. *The Joy of Success: 10 Essential Skills for Getting the Success You Want*. Harper Collins, 2003.

Curry, Don L. *How Does Your Brain Work*. Scholastic, 2004.

Dispenza, Joe. *Evolve Your Brain: The Science of Changing Your Mind*. Heath Communication, 2008.

Doidge, Norman. *The Brain That Changes Itself: Stories of Personal Triumph from the Frontiers of Brain Science*. Penguin, 2007.

Eden, Donna. *Energy Medicine*. Jeremy P. Tarcher/Putnam, 1999.

Felberbaum, Frank. *The Business of Memory*. Rodale, 2005.

Felgoise, Sthephanie H. *Encyclopedia of Cognitive Behavior Therapy*. Springer, 2005.

Feinstein, David; Eden, Donna e Craig, Gary. *The Promise of Energy Psychology*. Jeremy P. Tarcher/Penguin, 2005.

Fritz, Robert. *The Path of Least Resistance: Learning to Become the Creative Force in Your Life*. Random House, 1989.

Gelb, Michael. *Present Yourself?* Jalmar, 1988.

Gordon, Conni. *Oops and Ahas*. Gordon Trust, 2004.

Green, Cynthia R. *Total Memory Workout*. Bantam, 1999.

Hagwood, Scott. *Memory Power: You Can Develop a Great Memory: America's Grandmaster Shows Your How*. Simon and Schuster, 2007.

Howard, Pierce J. *The Owner's Manual for the Brain: Everyday Application from Mind–Brain Research*. Bard, 2006.

Hyman, Mark. *The UltraMind Solution: Fix Your Broken Brain by Healing Your Body First*. Simon and Schuster, 2008.

Jensen, Eric. *The Learning Brain*. Turning Point for Teachers, 1994.

Kagan, Jocelin. *Stand and Deliver*. Knowers, 2006.

Katz, Lawrence e Manning, Rubin. *Keep Your Brain Alive: 83 Neurobic Exercises'*. Workman, 1998.

Le Messurier, Mark. *Cognitive Behavior Training: A How to Guide for Successful Behavior*. Corwin, 2005.

Leary, Timothy. *Chance Your Brain*. Ronin, 2000.

LeDoux, Joseph. *Synaptic Self: How Our Brains Become Who We Are*. Penguin, 2003.

Levitin, Daniel J. *This Is Your Brain on Music: The Science of a Human Obsession*. Penguin, 2007.

Lundn, Stephen. *Fish! A Remarkable Way to Boost Morale and Improve Results*. Hyperion Books, 2001.

MacDonald, Matthew. *Your Brain: The Missing Manual*. O'Reilly Media, 2008.

McPherson, Fiona. *The Memory Key*. Career, 2000.

Magee, Patrick. *Brain Dancing*. BrainDance, 1998.

Mandhayan, Raju. *The Heart of Public Speaking*. WLF-IDC Publishing House, 2004.

Meshel, Jeffrey W. *One Phone Call Away*. Portfolio, 2005.

Mukajea, Dilip. *Brainfinity*. Oxford University Press, 2005.

Nast, Jamie. *Idea Mapping*. John Wiley, 2006.

Newberg, A. e Waldman, M. R. *How God Changes Your Brain: Breakthrough Findings from a Leading Neuroscientist*. Ballantine Books, 2009.

Newquist, H. P. e Kasnot, Keith. *The Great Brain Book: An Inside Look at the Inside of Your Head*. Scholastic, 2005.

O'Brien, Dominic. *Quantum Memory Power: Learning to Improve Your Memory with World Memory Champion*. Simon and Schuster, 2003.

O'Donohue, William. *Cognitive Behavior Therapy: Applying Empirically Supported Techniques in Your Practice*. John Wiley, 2009.

Osho. *Body Mind Balancing: Using Your Mind to Heal Your Body*. St. Martin's Griffi, 2005.

Papageorge, Andrew. *Go Innovate!* Go Innovate Publishers, 2004.

Pink, Daniel H. *A Whole New Mind: Moving from the Information Age to the Conceptual Age*, Riverhead, 2005.

Rackham, Neil. *Spin Selling*. McGraw-Hill, 1988.

Ratey, John J. *A User's Guide to the Brain: Perception, Attention, and the Four Theaters of the Brain*. Knopf, 2002.

Restak, Richard. *The Mind*. Bantam, 1988.

Russell, Peter. *The Brain Book*. Routledge and Kegan, 1979 e 2009.

Samples, Bob. *The Metaphoric Mind*. Addison-Wesley, 1983.

Schulz, Mona Lisa. *The New Feminine Brain: Developing Your Intuitive Genius*. Free Press, 2005.

Schwartz, Jeffrey M. e Begley, Sharon. *The Mind and the Brain: Neuroplasticity and the Power of Mental Force*. HarperCollins, 2003.

Sousa, David A. *How the Brain Learns*. Corwin, 2006.

Spirduso, Waneen. *Exercise and Its Mediating Effects on Cognition*. Human Kienetics, 2007.

Stafford, Tom e Webb, Matt. *Mind Hacks: Tips and Tools for Using Your Brain*. O'Reilly, 2005.

Vitale, Barbara. *Free Fligh*. Jalmar, 1986.

Wang, Sam e Aamodt, Sandra. *Welcome to Your Brain: Why You Lose Your Car Keys But Never Forget How to Drive and Other Puzzles of Everyday Life*. Bloomsbury, 2008.

Wenger, Win. *The Einstein Factor*. Prima, 1996.

Whitten, Helen. *Cognitive Behavioural Coaching Techniques for Dummies*. John Wiley, 2009.

Wycoff, Joyce. *Transformation Thinking*. Berkley Books, 1995.

Zander, Benjamin. *The Art of Possibility*. Penguin, 2000.

Zeigler, Kenneth. *Organizing for Success*. McGraw-Hill, 2005.

Recursos adicionais

> Para obter informações atualizadas sobre o programa *Chi* Mental e todos os produtos e treinamentos, visite www.mindchi.com.

Mentores do programa *Chi* Mental

Estamos procurando instrutores de treinamento internos (*in company*) ou empreendedores, facilitadores, especialistas do departamento de recursos humanos e de treinamento e instrutores de *fitness*/estresse e bem-estar para conduzir sessões e seminários sobre o *Chi* Mental (*Mind Chi Matters*) no mundo inteiro. Como mentor deste programa você:

- terá oportunidade de aumentar sua renda;
- terá credibilidade porque seu nome estará registrado no *site* oficial do *Chi* Mental (*Mind Chi*);
- obterá planos de ensino e dicas para conduzir de maneira eficaz as sessões *Mind Chi Matters*;
- terá acesso ao *blog* do *Mind Chi*;
- obterá um excelente retorno sobre seu investimento porque seus funcionários se sentirão mais motivados;
- obterá um certificado oficial de mentor do programa *Chi* Mental;
- fará parte de uma comunidade global para melhorar a qualidade de vida das pessoas em geral;
- colherá para si mesmo os benefícios do programa *Chi* Mental!

Entre em contato com www.mindchi.com, para obter informações mais detalhadas.

Sessões *Mind Chi Matters*

As sessões *Mind Chi Matters* podem ser realizadas internamente nas empresas, em academias de ginástica ou com qualquer grupo já formado. Essas sessões são conduzidas por mentores qualificados no programa *Chi* Mental (que podem ser confirmados pelo *site* oficial do *Mind Chi*) e podem ser realizadas semanal, quinzenal ou mensalmente em oito blocos. Para obter o maior impacto possível, é recomendável que as sessões *Mind Chi Matters* sejam contínuas, isto é, que novas pessoas se associem à medida que a notícia se espalhar. Não há limite para o número de pessoas que podem frequentar as sessões ao longo do ano. O mentor do programa *Chi* Mental pode ser também um funcionário interno ou um consultor externo (desde que sejam qualificados). Se as sessões *Mind Chi Matters* forem conduzidas por um funcionário interno, não haverá taxas por participante e a única exigência é que todos recebam um exemplar deste livro. (Se as sessões forem conduzidas por um consultor externo, será ajustada uma taxa que incluirá um livro por participante.)

Aconselhamento (*coaching*) sobre o Programa *Chi* Mental

Os mentores do que já são aconselhadores (*coachs*) certificados ou são oradores programáticos experientes podem acrescentar o programa *Chi* Mental em sua lista de intervenções especializadas.

Páginas de modelo

As páginas a seguir podem ser copiadas (ou recortadas) para servirem de referência.

Se desejar, você pode também baixar essas páginas em nosso site: www.mindchi.com.

Incluímos aqui as seguintes páginas:

Questionário do *Chi* Mental (da página 28)

Carta de Compromisso com o *Chi* Mental (da página 35)

Mapa do Exercício de Oito Passos do *Chi* Mental básico (da página 49)

Calendário de 31 Dias do Monitorador do *Chi* Mental básico (página 365)

Matriz de 31 Dias do Monitorador do *Chi* Mental básico (página 366)

Exercício de Oito Passos do *Chi* Mental aplicado (página 368)

Plano de *Chi* Mental (da página 369)

Questionário do programa *Chi* Mental

Para lhe dar uma ideia de seu nível de desempenho e bem-estar no momento e sobre como o *Chi* Mental pode ajudá-lo, responda este breve questionário. (Na página 28 e no *site* www.mindchi.com, você encontrará uma cópia complementar deste questionário.)

Instruções: Utilize uma pontuação em que 0 = nenhum/negativo e 10 = alto/perfeito.*

Perguntas

	Agora	Posteriormente
1. Que pontuação você daria ao seu nível de energia ao longo de um dia de trabalho?		
2. Qual o seu nível de energia ao final de um dia de trabalho?		
3. Você está dormindo bem?		
4. Que pontuação você daria à sua memória?		
5. Que pontuação você daria à sua concentração?		
6. Qual é a sua capacidade de tomar decisões?		
7. Até que ponto você consegue raciocinar claramente?		
8. Até que ponto seus "pensamentos íntimos" são positivos?		
9. Que pontuação você daria à sua autoestima?		
10. Até que ponto você está lidando com o estresse negativo?		
11. Até que ponto você está satisfeito com o equilíbrio entre sua vida profissional/pessoal?		
12. Como está sua saúde geral?		

O que este questionário lhe revela a respeito de como você está utilizando atualmente seu *Chi* Mental (energia mental)? Qualquer resposta inferior a cinco precisa de atenção — **já!**

Nome:...Data:...........................

Datas: ....; ....; ....

Retorne a este questionário após o *Chi* Mental básico e responda novamente às perguntas para observar seu progresso.

*Observação: Este breve comentário vale para todas as atividades e é também uma filosofia de vida! Utilizamos uma classificação de 0-10 porque é a escala que a maioria das pessoas considera mais fácil. Entretanto, nas oficinas que ministramos preferimos utilizar a classificação de 0-100, porque ela oferece um nível mais amplo de refinamento (por exemplo, uma pontuação de 93 em contraste com uma de 97, em uma classificação de 0-100, expressa uma ideia clara que uma pontuação simples de 9 em uma classificação de 0-10 não expressa). Fique à vontade para utilizar a classificação de 0-100 em qualquer atividade do *Chi* Mental (e em sua vida) se assim desejar.

Prezado Leitor,

Queremos que você tenha êxito no programa *Chi* Mental e sabemos que você precisa estar 100% comprometido a **EXECUTÁ-LO APENAS OITO MINUTOS POR DIA**, nos próximos 28 dias.

Isso só funcionará se você tiver:

- identificado seu verdadeiro benefício;
- classificado esse benefício como extremamente importante para a sua vida;
- reservado um tempo para dedicar-se oito minutos por dia;
- sentido seu coração bater um pouco mais rápido em virtude da expectativa; e
- assinado esta página com uma testemunha que o ajudará a manter sua palavra.

Temos você em alta conta e desejamos o que é melhor para você. Foi por esse motivo que escrevemos este livro. Entretanto, devemos adverti-lo de que, se não estiver 100% comprometido, provavelmente você desperdiçará seu tempo. Esse é o melhor conselho que podemos lhe oferecer antes de você iniciar.

Eu, (seu nome) _____

estou 100% comprometido a me dedicar oito minutos por dia ao *Chi* Mental básico, nos próximos 28 dias.

_____   _____   _____
Sua assinatura   Testemunha   Data

                     Richard Israel   Vanda North

Mapa do exercício de oito passos do *Chi* Mental básico

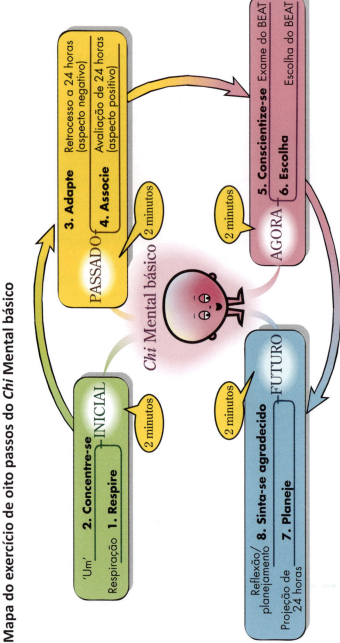

Calendário de 31 dias do monitorador do *Chi* Mental básico

Segunda	Terça	Quarta	Quinta	Sexta	Sábado	Domingo

Matriz de 31 dias do monitorador do Chi Mental básico

	Respire	Concentre-se	Adapte ☺	Associe ☺	Conscientize-se BEAT	Escolha BEAT	Planeje 24 horas	Sinta-se agradecido
1								
2								
3								
4								
5								
6								
7								
8								
9								
10								
11								
12								
13								
14								
15								

Páginas de modelo **367**

16	**17**	**18**	**19**	**20**	**21**	**22**	**23**	**24**	**25**	**26**	**27**	**28**	**29**	**30**	**31**

Chi Mental Aplicado

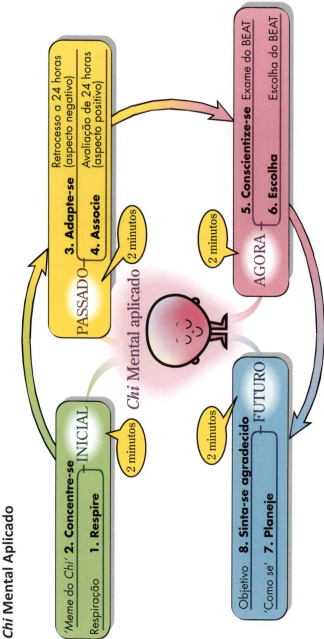

Páginas de modelo **369**

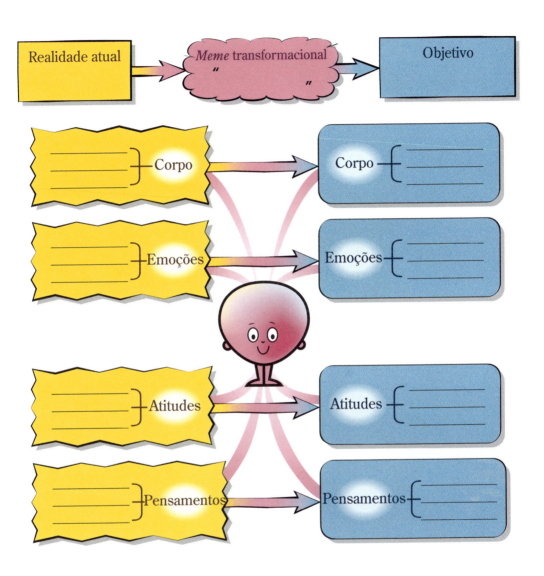

O início já chegou...

Vença os obstáculos e torne seu *Chi* Mental maravilhoso!!!

Índice remissivo

A

Abordagem positiva 70, 71, 72, 270–271
  projeção de 24 horas 73
Academias desportivas 151
Adapte (Passo 3) 59–60, 106, 111, 157
ADOCTA 115–119, 158
Ansiedade 27–28
Aprendizagem 149–150, 242–244
Apresentações em público 208–209
Associe (Passo 4) 61–62, 111, 157
  florescimento 61
  fluxo 62
  fortalecimento 64
Atenção 43, 51, 54–55, 105, 110, 158
  dirigida 57
  dividida 57
  flexível 95, 158, 317
  seletiva 57
Atitudes/ações 320
Autoanálise 322
Autoconsciência 65
Autoestima 274
Avaliação de 24 horas (aspecto positivo) 63–64, 106

B

BEAT (corpo *[body]*, emoções *[emotions]*, atitudes *[actions]* e pensamentos *[thoughts]*) 10, 22, 43, 66–67, 68, 74
  acesso 45–46
  apresentação em um mangá 48
  atual 92
  escolha 106
  exame 106
  preferido 92
Bens materiais 26
Budismo 65

C

Calma interior 51
Cartas, redigindo 240–242
Cérebro 10–11, 123
  aspectos históricos 12–13
  chaves de liga e desliga 342–343
  definição 11
  dividido 284
  hipocampo 342
  mapeamento e imagiologia 11–12, 14
  mente e pensamento 11, 14
  reprogramação 30, 34
  tratamentos 15

Chi 1–2, 22
  entrando em contato com 39–40
  função 37–39
  reconhecendo 37
  sobreviver ou prosperar 40
Chi Mental
  adequabilidade 25–28
  aplicado 9, 156–158
  apoio 210
  benefícios 6–7
  como um brado de alerta 341
  compromisso 30, 32–34
  conceito 1–2
  definição 1
  efeito 10
  ganhando domínio 25
  métodos 10
  na prática 9, 156
  perguntas frequentes 77–78
  perguntas por quê, o quê, quando e onde 31
  plano 9
  propósito 32
  terminologia 9
  utilidade 24–28
  utilizando 24–25
  visão geral 7–8
Círculo vicioso 287–288, 289
Como se, técnica 113, 114–115
Compromissos 278–279
Comunicação
  aceitando críticas 200–201
  esclarecendo mal-entendidos 204–205
  fazer boas apresentações orais 208–209
  oferecendo *feedback* 198–199
  ouvindo com atenção 206–207
  saber negociar e entrar em entendimento 202–203
  trabalhando com o chefe 221
Concorrência 194–195
Consciência (percepção) 11, 12, 15, 343
Consciência plena (atenção plena) 65
Controle 5
Coragem 27, 347
Corpo 320
  palavras negativas 97–98
  palavras positivas 99
Crenças 319
  contestando 324
  descobrindo 322–323, 327–328
  identificando 320–321
  método artístico de 4 passos de Conni Gordon 324, 325–327
Criatividade 174–175
Crítica 200–201

D

Delegação 170–172
Depressão 250–251
Diferença 276–277

E

Efeito da reminiscência 297
E-mails 238–240
Emoção (emoções) 315–316, 319, 342–343
  palavras negativas 98
  palavras positivas 99
Energia 28
  mental 28
Equilíbrio entre vida e trabalho 6, 261–262
Equipes 181–182
Escolha 43, 68–69, 112, 157
ESMART (específico, mensurável, alcançável, realista e com tempo determinado) 117
Espiral virtuosa 289
Esquecimento 303–307
Estar preparado 272–273
Estratégia de tornar-se um conhecedor 213
Estratégias de autoconceito
  criando motivação 268
  desenvolvendo habilidades de liderança 266
  elevando a autoestima 274–275
  estar bem preparado 272–273
  fazendo diferença 276–277
  honrando os compromissos 278–279
  mantendo a positividade 270–271
Estratégias de gerenciamento
  aumentando a criatividade 174
  desenvolvendo equipes positivas 181–182
  gerenciando mudanças 177–178
  habilidades de aconselhamento *(coaching)* 183–184
  realizando reuniões eficazes 179–180
Estratégias de saúde
  acalmando o estresse 255–256
  controlando a depressão 250–251
  estabilizando o equilíbrio entre vida e trabalho 261–262
  executando várias tarefas ao mesmo tempo 246–247
  fazendo pequenas pausas 256–257
  perdoando 253–254
  transformando a raiva 248–249
Estratégias de trabalho
  formar habilidades de *networking* 219–220
  lidar com pessoas difíceis 223–224
  melhorar a estabilidade no emprego 214–215
  preparar-se para entrevistas 216–217
  trabalhar bem com o chefe 220–221
Estratégias de vendas
  concluindo vendas 192–193
  fazendo prospecção 188–189
  lidando com a rejeição 190–191
  superando a concorrência 194–195

Estresse 150–151, 331–333, 341–342
  acalmando o 254–255
Eudemonismo 1, 345

F

FACES (focar, agir, confirmar, exagerar, suavizar) 230–231
Fatores que roubam tempo 118
Fator neurotrófico derivado do cérebro (BDNF) 342
fazendo transições 258–259
Feedback 198–199
Filosofia de pontualidade 117
Florescimento 86–87
Fluxo 87
fMRI (imagiologia de ressonância magnética funcional) 11, 14
Foco/concentração 6
Força de vontade 28, 34, 40, 41–43, 123, 348

G

Gerenciamento
  de informações 215
  de tempo 166–167
Gratidão 74–75, 107, 112, 157

H

Habilidade(s)
  de aconselhamento *(coaching)* 183–184
  para ler na tela do computador 236–238
  de liderança 266–267
  interpessoais 215
Hábitos, novos 123
Humanitarismo/humanidade 347
Humor 336

I

Imaginação 337–339, 345
Inovação 215
Intenção 43

J

Justiça 347

L

Lacuna de inaptidão 124, 125, 125–126
Leitura dinâmica 232, 233–235
Lendo
  na tela do computador 236–238
  velocidade 233–235

M

Mal-entendidos 204–205
Manter um diário 321
Mapa
  completo 88
  estendido 87

Mapas 9, 21–22
   aplicações 85–86
   benefícios 86
   conceito 83
   criando 84–85
   terminologia e significados 86–89
   utilizando 83, 83–84
Marchas de trabalho 150–151
Medicina tradicional chinesa (MTC) 4
   aprendendo a aprender 242–244
   controlando a sobrecarga de informações 231–233
   controlando os e-mails 238–240
   leitura dinâmica 233–235
   recordando-se de nomes e rostos 229–231
   redigindo relatórios e cartas 240–242
   revertendo a memória ruim 226–227
Megamapa 88
Meme 9, 100–101, 339–340, 346
   definição 101
   plástico, e não elástico 341
   quantos anos você tem? 340
   transformacional 91
Memória 39, 58, 106, 346
   adaptação 59
   a força do PUERIA 300–303
   associação 62, 64, 299–300
   avaliação de 24 horas (aspecto positivo) 63, 106
   futura 74, 113–114
   intensificadores naturais 296–303
   interesse 299
   longo prazo 58, 305
   melhorando ao longo do tempo 305–307
   momentos extraordinários (memoráveis) 298
   pontos de queda 306–307
   primeiros e últimos 297–298
   processo 22, 58
   repetição 299
   repetição espaçada 227, 305–307
   retrocesso a 24 horas (aspecto negativo) 60, 106
   revertendo a memória ruim 226–227
Mente 11, 15
Mentor 10, 23
Método Artístico de 4 Passos 324, 325–327
Método ds 4 Rs 293–296
Minimapa 87
Moderação 347
Motivação 268–269
Mudança 27
Multimapa 88
Múltiplas tarefas simultâneas 246–247

N

Negativo, negatividade 3, 70, 151
Negociação (saber chegar a um entendimento) 202–203
Networking (formando redes de relacionamento) 218–219
Nomes, relembrando 229–231

O

Objetivos e metas 6, 89, 91
   alcançando 160–268
   estabelecer prioridades 164–165
   saber delegar 170–172
   saber planejar 162–163
   vencer a protelação 168–170
Observando outras pessoas 323
Oito 19–20
   minutos 20
   passos 1, 19–20
Olhos, cuidados para 237–238
Ouvir 206

P

Paraconsciente 162–163, 321, 338, 346
Pensamento 347
   automático 313
   do pedinte 317–318
   emocional 315–316
   pensamentos que você não deveria ter 314–315
   primeiro vem o pensamento 313–314
   racional 311–312
   tipos de 311–312
Pequenas pausas 256–257
Percepção (consciência) 43, 65, 66–67, 106, 112, 157
Perdão 252–253
Peso ideal 135–143
Pessoas difíceis 222–223
PET (tomografia por emissão de pósitrons) 11, 14
Plano 72–73, 157–158
   BEAT atual 92, 95–96
   BEAT preferido 92, 96
   criando 92–99
   eficaz 162–163
   escolha de palavras 97–99
   exemplos 101–103, 125–142
   lacuna de inaptidão 124–125
   mantendo ao alcance da vista 104
   meme transformacional 91, 95
   monitorador 120–123
   na prática 105–113
   realidade atual e objetivo 91, 94–95
   tornando-o permanente 125
Poder e propósito 6
Postura 72
Preparação para entrevistas 216–217
Princípio de Peter 221
Prioridades 164–165
Processos básicos 9, 19–23
   agora (presente) 65–70
   futuro 71–75
   inicial 51–56
   passado 59–64
   preparação 49–50
Programa *Chi* Mental 9, 20–21
Projeção de 24 horas 106

Prospecção 188–189
Protelação, vencendo a 108, 168–170
  agora 112
  futuro 112
  inicial 110
  passado 111
Psicologia positiva 1, 347–348
Psicoterapia 347
PUERIA (primeiro, último, extraordinário, repetição, interesse, associação) 300–303

Q

Qigong 2
Quatro Rs 22
Questionando outras pessoas 323
Questionário 28

R

Raiva 248–249
Reatribuir 294, 295
Reavaliar 294, 296
Reclassificar 293–294, 295
Reconcentrar 294, 296
Reflexão e planejamento 76, 107
Reinvenção de si mesmo (autotransformação) 212–213
Relacionamentos 6, 86–87, 147, 150–151, 205, 207, 215, 247, 253, 278, 336
Relatórios 240–242
Repetição espaçada 59, 227, 305–307
Resiliência 332
Resistência 332
Resolução de problemas 123
Respiração 50, 53, 106, 110, 156
  poder e controle 51
  técnica de 52, 53
Retrocesso a 24 horas (aspecto negativo) 60, 106
Rostos, memorizando 229–231

S

Sabedoria (bom senso) e conhecimento 128, 347
Satisfação 5
Saúde mental 346
Segurança 147, 149–151
Sentidos 333–335
Ser o melhor de si 6
Sistema nervoso autônomo (SNA) 338
Sobrecarga de informações (SI), controlando 231–233
Sucesso 72
  arquivamento 64
  estratégias 154–156

T

Tai chi 2
Tensão 331–333
Tensão estrutural (TE) 22, 290–293
  oscilação 290
  progressão 290
Teorias de desenvolvimento pessoal. *Consulte* Método dos 4 Rs; Terapia cognitivo-comportamental (TCC); Intensificadores naturais da memória; *Consulte* Tensão estrutural (TE)
Terapia cognitivo-comportamental (TCC) 22, 45, 286–289
Terapia de movimento induzido por restrição (TMIR) 12
Terapia multimodal 286
Terapia racional 286
Tomada de decisões 42, 126–132
Trabalhador emergente 148
Transcendência 347
Transições, lidando bem com as 258–259
Transtorno obsessivo-compulsivo (TOC) 293
  reatribuir 294
  reavaliar 294
  reclassificar 293–294
  reconcentrar 294

U

"Um" do *Chi* Mental 55, 79, 106

V

Valores 27, 319
Veículo do *Chi* Mental 10, 22
  intensificadores naturais da memória 296–298
  método dos 4 Rs 293–296
  pondo sua mente em ordem 308–309
  superando o "esquecimento" 303–307
  tensão estrutural (TE) 290–293
  teorias de desenvolvimento pessoal 285–286
  terapia cognitivo-comportamental (TCC) 286–289
Vinte e oito dias 20
Visualizar (visualização) 74
Viver o aqui e agora 6
Volição 28, 42–44, 348
Vontade própria 28, 43
Voz interior. *Consulte Chi*